山东大学（威海）主办
山东大学东北亚学院
山东大学国际问题研究院承办

主　　　编：张蕴岭
副　主　编：张景全
执行副主编：徐海娜
编　　　辑：崔明旭
编　　　务：刘孟娇

编委（按姓氏音序排列）

毕颖达　董向荣　方浩范　黄大慧　刘　文　罗　洁　李　文
苗　威　牛林杰　邵滨鸿　时殷弘　杨鲁慧　佟家栋　郑　羽
张景全　张慧智　张丽娟　赵玉璞　张蕴岭

编辑部联系方式：

地　　址：山东省威海市文化西路180号山东大学东北亚学院
邮　　编：264209
投稿邮箱：dongyapinglun@163.com
电　　话：0631-5680812

(总字第30辑)
山东大学（威海）主办
山东大学东北亚学院承办

东亚评论

2019年　第1辑

张蕴岭◎主编

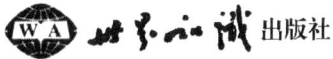

图书在版编目（CIP）数据

东亚评论.2019年.第1辑/张蕴岭主编.—北京：世界知识出版社，2019.6
ISBN 978-7-5012-6021-8

Ⅰ.①东… Ⅱ.①张… Ⅲ.①政治—东亚—丛刊 Ⅳ.①D731-55

中国版本图书馆 CIP 数据核字（2019）第 123480 号

责任编辑	刘豫徽
责任出版	王勇刚
责任校对	陈可望
书　　名	东亚评论（2019年第1辑） Dongya Pinglun（2019nian Di1ji）
主　　编	张蕴岭
出版发行	世界知识出版社
地址邮编	北京市东城区干面胡同 51 号（100010）
经　　销	新华书店
网　　址	www.ishizhi.cn
投稿信箱	lyhbbi@163.com
印　　刷	北京虎彩文化传播有限公司
开本印张	787 毫米×1092 毫米　1/16　15 印张
字　　数	186 千字
版次印次	2019 年 7 月第一版　2019 年 7 月第一次印刷
标准书号	ISBN 978-7-5012-6021-8
定　　价	48.00 元

版权所有　侵权必究

目录

主编笔记

中美会陷入"百年冲突"吗？　　　　张蕴岭 / 1

专家笔谈　如何认识百年大变局

如何认识百年未有之大变局　　　　黄仁伟 / 4
百年大变局的深刻含义是什么　　　　朱　锋 / 6
中美权力转移的第三种方式　　　　吴心伯 / 9
百年大变局与中国的作用　　　　林宏宇 / 14
世界经济的大变局与未来挑战　　　　张丽娟 / 16

国际政治

百年大变局、中国与国际关系学学科的起源

　　　　　　　　　　　　　　　钟飞腾 / 19
"亚洲观念"的历史想象：

　以 5000 年、500 年和 50 年为视角　耿协峰 / 60
美国"航行自由"与

　《联合国海洋法公约》　　　　潘　玉 / 79
新一轮朝韩关系互动评析　　　　虞少华 / 101
日本社会党的兴与衰　　　　王雅丹 / 113

经济与合作

新时期东亚区域分工的重构与中国角色
　　　　　　　　　　　　　　　　　　刘洪钟 / 136

"一带一路"建设中的廉洁问题
　　　　　　　　　　　　　　刘翔峰　苑生龙 / 163

思想与社会

韩国人口结构变化与高龄人口就业促进政策
　　　　　　　　　　　　　　　　　　李雪威 / 187

历史与文化

空间维度下《蜻蛉日记》叙事艺术研究
　　　　　　　　　　　　　　　　　　楚永娟 / 211

学术信息　　　　　　　　　　　　　　 / 231

主编笔记

中美会陷入"百年冲突"吗?

张蕴岭*

当今世界看起来很乱,对于未来,人们越来越担心。最近,英国《金融时报》评论员马丁·沃尔夫发表了一篇文章,题目是《迫在眉睫的美中百年冲突》,其主要观点是,冷战结束以后,美国终于找到了值得花时间去对付的真正对手——中国,因为中国符合美国关于对手的定义——集意识形态、军事和经济威胁于一体。他认为,与中国的全面对抗正在成为美国经济、外交和安全政策的原则。沃尔夫用了"百年冲突"这个词,在他看来,这场斗争会是长期的,尽管他本人并不赞成美国这样做。

用"百年"来描绘中美关系之变,其实并不少见,影响较大的当属被称之为特朗普中国政策顾问的白邦瑞所写的一本书,书名叫《百年马拉松》,主要是讲中国战略的。他认为,中国有一个隐藏的大阴谋,就是做长期的准备,超过美国、排斥美国。前不久美国国务院规划司主任斯金纳讲到,美国与中国之争"是一种完全不同文明和不同意识形态之间的斗争",称中国"是一个非白人的强大竞争对手",她虽然没有直接用"百年"这个词,但放到了文明冲突、人种冲突的高度上,定是考虑得长远。斯金纳是现任美国国务院的政策规划司司长,并非一个平民学者,

---

* 张蕴岭,中国社会科学院学部委员,山东大学特聘一级教授。

由此可见一斑。

前不久,我与一位日本朋友交谈。他告诉我,他刚刚出访美国回来。令他吃惊的是,他访问期间所接触的美国学界、专家、政府官员在对中国的看法上几乎"众口一词",即美国必须对中国采取强硬的政策,在各次会议上、座谈中,几乎听不到不同的声音。在他看来,美国对华关系的转变并非特朗普本人的恶行,而是美国政治的转变。他甚至提出,比较而言,特朗普还是美国保守团队中对华最不强硬的,甚至是对华较友好的。美国前助理国防部长傅立民撰文提出警告:不应低估中美之间经济脱钩、政治敌对和军事对抗可能造成的潜在影响。

中国国家主席习近平多次强调中国正处在百年未有之大变局。大变局,当然包括中美之变,且中美之变应是百年大变局中最主要的、也是最有影响的变化。中国与美国在诸多问题上存在分歧,甚至是利益冲突,但中国主张通过协商、谈判解决分歧,推动与美国构建"相互尊重,不冲突、不对抗,合作共赢"的新型大国关系,提出"太平洋足够大,容得下中美两国",甚至形容"中美是夫妻关系",等等。就在最近,尽管美国对中国发起贸易摩擦和对中国的科技打压,习近平主席仍强调美国是伙伴,称特朗普总统是他的朋友,明确表示,中美难割裂,中国不愿意,相信特朗普总统也不愿意。

尽管中国在美国发起的贸易摩擦中并不示弱,但总的来看,中国对美国的基本定位没有改变,仍然在努力争取最好的结果。当然,美国对中国不信任,对中国的说辞并非欣然接受。就像2018年美国副总统彭斯发表的对华长篇讲话,通篇对中国表现出极度不信任,声言美国不再对中国容忍。

中美真的会陷入"百年冲突"吗?国内讨论热烈,肯定者有之。笔者好像不那么悲观,或者说是保持"谨慎的乐观"。时代不同了,人们还是需要用新的思维和观念来思考未来，认识中美未来"百年"，既需要考虑现实的关系，也需要考虑影响未来关系的大势。

什么是现实的关系？在我看来，大体有以下几个基本点：其一，双方关系和利益纠缠，难以割裂。如要割裂，政府难做到，企业、社会也不太愿意；其二，"新冷战"、贸易摩擦等，特别是发生战争，绝无胜者，会两败俱伤；其三，即便美国有盟友，然真正愿意被绑上战车，或者真愿做帮凶者少，"第三方们"会尽力劝阻，甚至会集体阻止中美发生恶斗；其四，"一个巴掌拍不响"，中国会坚持走和平发展道路和改革开放的大方向，不会去争霸。这几点是中美关系"前所未有"的。

什么是影响未来关系的大势呢？大体可以预测三个大趋势：其一，力量对比会发生大变化，主导未来世界的力量不会是美国，也不是中国，美国继续是强国，但一家独霸的局面定难维持，中国力量会上升，但也难言一家独大，大势应该是多种力量并存，其中包括越来越重要的"非国家行为体"（大公司集团、非政府组织等）；其二，全球化大势难逆，尽管形式和内容与前不同，然而世界会变得更为开放，推动变革的主要力量可能不主要是大国，而是新科技，以智能技术为核心的超国家网络体系；其三，基于相互依赖与共同利益，区域、国际合作以多样的形式发展，共同利益和共同安全性提升，由此，提供给中美冲突，特别是百年冲突的空间变小。

新时代，世界变化得太快，有些大趋势已经显示出不同以往的突出特征。那些用传统思维（不仅仅是冷战思维）和方式思考与布局未来的当权政治家们能左右长远的未来吗？

爱因斯坦曾留下名言：我从来不想未来，它来得太快。就我的理解，爱因斯坦是在告诫人们，还是不要武断地对未来下结论吧。

专家笔谈 如何认识百年大变局

编者按：2019年3月28日，山东大学国际问题研究院暨百年大变局专家高端论坛在威海举行。本刊选取部分与会专家的发言要点以飨读者。

如何认识百年未有之大变局

黄仁伟[*]

"百年未有之大变局"是中央领导同志提出来的，提出以后，学术界有很多讨论，看法不一。在我看来，可以归纳为以下几个观点。

其一，关于"百年"时间的概念，是从什么时候开始，到什么时候结束？一种说法是，百年指20世纪的百年和21世纪的百年，世界处于大动荡、大变局时期。另一种说法是指第二次世界大战后到现在的百年，即从1945年到2050年左右。还有一种说法是指2000年以后的百年，即整个21世纪。另有一种说法更加宽泛，百年不是一百年，是几百年，可以从1500年新航路开辟开始算起，到现在已经500多年了，是整个世界体系建立的过程，也是变化的过程。"百年"时间范围不确定的话，内涵

---

[*] 黄仁伟，上海社会科学院前副院长、研究员。

是不一样的，对中国的影响、对世界的影响也不一样。所以，怎么理解百年，需要破题。如何破题非常重要，我们站在什么角度上来讲这个百年，决定了时间范围，更决定了探讨的内容。

其二，大变局指的是什么？大变局的内容包含什么？第一，是原来的世界中心发生了转移，从欧洲中心到美国中心，整个20世纪就是这样一个转移。现在的变局是从西方中心到非西方中心，或者是西方中心和非西方并列的大变局，这个变局刚刚开始，还要很长时间才能完成。第二，世界市场的变局。这个变局和前面的变局相似，其中特别重要的是中国市场在世界市场中作为主要动力的作用越来越大，这个变局是很大的。第三，新科技革命带来的大变局，其中很重要的影响因素是人工智能、网络数字经济带来的整个世界的变化。第四，制度、文化、价值，社会流动性的大变局。过去封闭的各个区域现在全部打开了，由此带来融合与冲突。

其三，对中国产生重大的、长远的影响，领导人把大变局的问题，放到了我们每个人的面前。大变局涉及的内容很多、程度很深，中国要准备承受长时间的结构变化带来的挑战，也需要承担大变局带来的责任。而我们的能力目前还有不足，需要提升。和需要承担的责任相比，能力跟不上，这给我们带来很大的压力，搞不好要出问题。世界要接受中国在大变局中的地位和作用还需要很长时间，所以，我们要有长时间的准备，各国对中国的不理解到理解需要一个较长的过程。

总而言之，关于大变局的内涵和大变局产生的后果，都是我们从事国际问题研究的人应关注的大课题。

百年大变局的深刻含义是什么

朱 锋[*]

百年未有之大变局并不是一个特殊的判断，而是一个一般的判断，是对事实的描述。人类历史有周期性，有周期性的时间点，百年是一个很漫长的时间点，是一个世纪的时间点。这么长的时段，国际政治一定有大变局。

百年未有之大变局这样一个描述和中国今天的发展结合在一起，它的意义就非常深刻而且具有战略性。因为今天中国的发展正处在一个特定的历史时刻，不仅我们要实现中华民族的复兴梦，而且随着中国的崛起，我们所面临的国际国内环境都在发生深刻而又严峻的变化。

在这种情况下，从百年未有之大变局这个视角来思考中国的民族复兴征程，这才是百年未有之大变局最重要的战略含义。所以，为什么说百年未有之大变局是一般的判断，或者说是世界政治人类社会生活的一般现象？很简单，一百年前，1918年一战结束，随后创设了凡尔赛体系，第一次出现了人类社会合作治理的早期形态。二战后建立了以联合国为中心的多边体系，涉及各个领域，欧洲实现了联合。显然，过去的一百年中发生了巨大的变化。

今天我们面临的大变局中的变动因素，第一是权力再分配和力量再分配的大变局，东升西降，这个态势还在延续。第二是世界秩序结构中

---

[*] 朱锋，南京大学中国南海研究协同创新中心执行主任、国际关系研究院院长。

规则结构的大变局,原来是由西方主导规则的制订,而今天在全球或者世界秩序中,中国不仅是世界秩序的参与者、建设者、贡献者,而且也会从规则的接受者变成一个重要的规则贡献者,或者是规则的制订者。第三是全球化正在面临新的挑战。原来流行的观点是,全球化由市场主导,世界就会产生繁荣,人民就会受益,但是现实并不是如此。特朗普上台代表一种势力和诉求成为主流,民粹主义也代表一种势力和诉求,全球化过程中如何能更多地照顾到民众的利益,特别是底层民众的利益,是亟须解决的问题。第四是科技创新结构中主导的科技要素与从前大不一样,工业革命4.0会让未来人类的生活方式发生巨大的变化。第五是政治思潮结构中的价值大变局,什么是今天和未来主导性的思潮?二战以后是自由主义的,是基于人权的最基本的信仰和尊重。但是今天情况发生变化,恐怖袭击、移民潮、单边保护,还会不会有西方社会所说的基于自由、公平的,对外来移民的完全开放?人权的价值正在接受新的一波冲击,这个冲击很可能是文明冲突的回归。

我们正面临前所未有的严峻而又深刻的挑战。在这样的挑战面前,中国的利益在哪里,我们的价值定位在哪里?在利益和价值的双重推动中,中国的道路选择应该如何坚持与创新,这是我们需要回答的。

当前,一个现实的挑战是如何处理中美之间的关系。中美之间发生新冷战的可能性不能排除,但是,最大的问题是中美未来到底会是一个什么样的态势,这只能是双方互动的结果。新冷战绝对不符合中国的利益。美国是否已经下定决心要跟中国进行新冷战,其国内的意见也不一致,仍在辩论之中。国际关系,特别是大国之间的利益竞争和博弈是一个互动的过程。只要我们坚持战略信心和战略定力,新冷战的可能性就不大。最令人担心的是双方都冲动,双方都觉得不愿意示弱,双方都觉得真理在手,这样一种对抗的不断升级,就有可能导致新冷战,甚至是战争。必须明确的是,中国不希望有任何形式的新冷战,完全不符合中国的利益,我们应该有能力避免新冷战发生。只要我们坚持中美关系的冲突管控,坚持两国之间通过对话来解决问题,坚持直面冲突性的议题,必要的斗争和适当的让步相结合,让新冷战难以成为事实。

中美权力转移的第三种方式

吴心伯[*]

"百年未有之大变局",变局内容很多,我个人认为,其主线是中美之间的权力转移,所有的情节里面最核心的就是这个关系。我们看到历史上的权力转移无非有两种,一种是成功的转移,就是新的崛起大国取代旧的霸权国家,比如,19世纪末,美国取代英国。第二种是不成功的转移,比如,一战前德国挑战英国失败。今天,中美之间的权力转移会是哪一种形态?我的判断是它会创造第三种形态,叫不完全的权力转移。不是完全成功,也不是完全失败,是介于二者之间的。

围绕这个命题讲三个方面。第一,权力转移主要体现在哪些方面,第二是这个权力转移的有限性又体现在哪些方面。第三,这样有限性的权力转移对世界格局的影响是什么?

第一,中国的崛起带来的权力转移表现在很多方面,但主要是四个方面:(1) 经济上。历史上新的国家的崛起首先是体现在军事力量方面,而中国不一样,中国崛起走的是经济发展的路径,所以中国崛起对世界的影响首先让人感觉到的就是它的经济实力和地位的上升。在今后十年左右的时间里,中国会在经济总量上超过美国,这就是一种权力转移。(2) 在亚洲地区,中国会有越来越多的地缘政治和地缘经济优势。如今在这个地区,中国已经成为多个国家最主要的贸易伙伴,而不是美国。

---

[*] 吴心伯,复旦大学国际问题研究院院长、教授。

经济关系会导致政治关系的冲突。二战以后，在这个地区，美国处于地缘政治和地缘经济的主导地位，但是美国的主导地位正在逐渐受到削弱。(3) 不管是世行还是国际货币基金组织，还是在联合国会费的缴纳方面，中国在多边机制中的地位在不断上升。此外，中国还在不断地创设新的多边体系。中国的发起行为在某种意义上起到了主导型的作用。(4) 中国的文化和治理模式的影响力不断扩大。中国已经是一个比较成功的发展中国家，不管中国有没有这个意愿去推广，其发展模式肯定对其他国家有借鉴意义。除了苏联模式和美国模式之外，又多了另外一个参考模式就是中国的模式。

第二，这种权力转移是有限的。为什么有限？在经济方面，再有十年左右，中国经济可能会超过美国，但是在教育、科技、创新、文化方面，中国不大可能在可以预见的未来超过美国。比如，在今天全世界高校的排名中，中国现在只有两家高校进入前五十、前二十名，前十名里几乎全都是美国的高校。哪一天中国有两个学校进入前十名，那一定是不得了的事情。但是很难想象在可预见的将来，前十名里面会有中国六到七所高校。教育、科技等这些不一定就会像经济那样哪一天就成为第一。这就牵扯到教育、科技制度，企业与市场的关系，创新，文化各个方面的因素。它们跟经济的增长不一定成正比，经济总量上去了，教育、科技水平不一定就很自然地能够赶超美国。在军事方面，很难想象哪一天中国会在军事实力上超过美国。为什么？第一，我们不需要拥有像美国这样强大的军事力量，美国强大的军事力量是在冷战的背景下，美苏军备竞赛的背景下建立起来的。比如十几艘航空母舰，中国不需要这么多，中国有三到五艘就可以了，这是我们的国家利益决定的。我们也不可能去海外建几百个军事基地，外派几万的驻军，以上都是美国在特定的历史条件下构建的。中国所处的历史环境已经不允许中国这么做，也不需要这么做。那么从中国的战略文化来讲，我们更多强调的是安全而不是权力。强调安全相对简单，只要与对手形成可靠的威慑能力就可以了，而不是重视权力所要求的主导，如果是主导，要达到90%的优势。安全仅要求50%，或者是51%就够了。这就是我们强调的在西太平洋这个有限地区对美国的威慑力量。所以这就决定了我们军事力量的发展，不可能在总量上去超过美国，既没有这个必要，也不符合我们的战略文化。国际影响力方面，美国当前的国际影响力主要体现在两个方面：一是二战以后建立的多边机制，从联合国到世界银行等；二是在全世界同盟体系，现在其有60多个盟国。很难想象中国将现有的多边机制全部推翻来创建新的机制，这不大可能。也不可能在全世界有几十个军事盟友。除非现有的国际体系发生颠覆性的变化，我们的影响力在这些方面没办法超过美国。在文化和价值观方面，作为一个成功的发展中国家，中国的文化、价值观和发展模式会产生某种外溢效应，这是不可避免的。但并不意味着我们的治理模式会取代美国为代表的西方文化和治理模式，这个几乎不可能。更加可能的情况是各有各的影响力，各有千秋，各有特长，大家相互竞争、共存。这就是中美权力转移的限度，我们不可能也没必要全面超过美国。

第三，中美之间这样一种权力转移会对今后的国际格局产生什么影响？其一，中美之间权力竞争会上升。实际上这两年我们感觉到中美可能已经进入了一个以战略竞争为突出特点的相互博弈的时代。这个竞争只会加强，不会削弱。但是中美之间的竞争有三点跟以前美苏竞争是不一样的。（1）它不是全球性的，从地缘经济的角度来看，中美竞争可能主要是在西太平洋、亚洲或欧亚大陆的经济层面，在"一带一路"的沿线地区，所以它是一个有限的区域性的竞争。（2）这些竞争不是全方位的，美苏竞争是在政治、军事、经济各个领域，而中国和美国之间的竞争主要是在经济和社会领域,各自的经济发展和技术竞争创新,而不是在军事上,中国不可能跟美国搞军备竞赛,也不可能像当初冷战时期美苏两家在意识形态领域进行激烈的竞争。(3)中美之间的竞争是在同一个体系内的竞争,这跟美苏不一样,美苏之间是体系间的零和竞争,是有我的体系就没你的体系。而中美实际上还是在同一个体系,中国没有这个意图也没有这个必要把现在的这个体系完全颠覆掉。这三个因素决定了中美的权力竞争也是有有限性的。其二,对国际格局的影响就是中国崛起对美国霸权地位的影响。中国的实力上升,然后国际体系中的权力转移当然会不断地削弱美国的霸权地位,但是这并不意味着中国会取代美国的地位。中国不是一个主导型的、一个引领型的国家。在世界历史上我们看到更多的是争霸、是国际政治一个传统的模式,但是这一次可能就会打破既有模式。中国崛起可能是某种程度的权力转移,但是它本身是不会成为下一个霸权国家。也就是说,由此世界政治在逐渐进入一个后霸权时代。美国的霸权地位在削弱,但是没有新的霸权国家崛起。其三,其他重要行为者的地位上升。在一个单极世界里面,除了霸权者以外,其他行为体都不重要。如果中国崛起逐渐在削弱美国的力量、地位和影响力,这样一来其他重要行为者的运筹能力就会大大地提升,就像今天我们看到的俄罗斯、欧盟,甚至日本和印度。在中美竞争越来越激烈的时候,他们可以或者是选边站,或者是在二者之间寻求利益最大化,中美都希望争取他们的支持,不管是在军事上、经济上还是科技上。我们看一看华为事件可以知道,这些国家在中美之间实际上能够影响竞争权力天平的平衡。在这个过程中,这些国家的内部发展和对外运作的空间就会大大地扩展。当然,我们讲的这个新的多极时代并不意味着所有国家在其中的力量是均衡的,它是非对称的多极时代。那么更多的国家实际上希望可以避免传统的两极模式,他们在很多的具体议题领域决定自己的立场，从而实现其国利益的最大化，这也是国际政治一个新的现象。其四，随着美国全球影响力的衰退，地区性组织的作用上升，地区和地区组织的影响会越来越大。同时，世界的结构变得更为复杂，不再是民主和非民主，或者西方和非西方。比如，还有支持全球化与反对全球化，主张多边主义和搞单边主义等。所以，多议题和多立场会在很大程度上削弱美国的领导地位。

从中美关系看，两国合作的基本面没有变，主要是两个：其一是经济层面，中国对美国的重要性在上升，美国对中国的重要性在下降，我们对美国是第三大出口市场，是美国对外经贸增长最快的国家，这就造成了美国对中国市场的依赖越来越大。失去增长最快的市场，对美国经济损害太大了，中国当然也深受其害。所以，这是双边关系中的大利益基础。其二是国际层面，美国现在在国际上发挥作用的意愿和能力都在下降，维持现有国际体系的能力和意愿也在下降。而中国处在一个上升的通道，所以不管美国喜欢不喜欢，客观上它也需要中国在国际事务中承担更多的责任。关键就是美国能不能在中国分担责任的时候跟中国分享权力。美国要明白一点，中国是要分权，不是要夺美国的权。美国需要做的是接纳中国。中国的力量上升，影响力就上升，所以美国在处理国际事务的时候要面对中国影响力上升这样一个事实，接纳而不是让位，就有处理空间。中国无意抢夺美国地位，并且希望在很多方面与美国都开展合作。

中美之间的权力转移在 21 世纪刚刚开始。这一次的权力转移可能会表现出历史上前所未有的一些新特征，这些特征不仅决定了中美权力竞争的方式，而且也会对 21 世纪的国际政治和经济格局产生重大的影响。

百年大变局与中国的作用

林宏宇[*]

"百年未有之大变局"这个议题很大,有很多解读,有很丰富的内涵。目前,学界还没有一个权威的界定,大家还是在围绕这个话题进行探讨。百年大变局有很多内涵,其中,最为重要的是中国的崛起是百年未有之大变局的非常重要的组成部分。中国是一个超大型国家,特别值得重视的是其人口规模。历史上有很多的大国崛起,都基本上是停留在千万级的人口规模。人口太重要了,规模改变性质,比如说原来的欧洲那些大国的崛起,其人口规模并不太大。后来,到20世纪以后,美国、苏联人口到了亿级,而中国是属于十亿级的,是一个超量级的。因此,中国的崛起可以把它界定为巨型国家的崛起。巨型国家本身就有特点,不需要对外界改变太多,只需要改变自己,这个世界就变了,为什么?因为我们就是世界非常重要的组成部分。

中国这样一个巨型国家的崛起有一个很大的特点,就是会极大地加强新兴国家对世界秩序话语权的界定。2008年金融危机以后,国际治理转向了20国集团,既包括发达国家,也包括发展中国家,因此,发展中国家的话语权增大。同时,发展中国家也建立了"金砖国家"合作机制,中国提出了"一带一路"倡议,推动成立了亚投行,特别是"一带一路"成为一种新型的发展合作方式,影响很大。显然,中国和发展中国

---

[*] 林宏宇,华侨大学国际关系学院院长、教授。

家对世界经济的话语权大幅度提升。

中国积极开展特色大国外交,特别是党的十九大以后,中国元素凸显,中国的特色不断地为世界秩序提供新的内涵。尤其是随着"一带一路"的日益推广,更多国家加入其中,共同推动基于共商、共建、共享的新型发展合作,中国特色大国外交思想正在日益进入世界秩序的演变进程,参与当前世界秩序话语的构建。在未来的世界秩序构建过程中,中国要有理论的创新,要打破一些常规的思维方式,大胆地去做,敢于担当,敢于出手。中国要抓住机遇,为世界秩序的变革要做出应有的贡献!

世界经济的大变局与未来挑战

张丽娟[*]

今天,世界经济正在经历着新一轮的大变革、大调整。在这个大变局当中,最值得关注的还是新兴市场和发展中国家加速发展,国际力量特别是国际经济力量的对比发生了历史性的变化。现在,发展中经济体之间的贸易总量超过了发达经济体之间的贸易总量。全球化是当前我们所处时代的关键词,到底是什么力量推动了全球化?可以用三个"一"来概括。第一个"一"就是一股技术创新的浪潮,每一次全球化的向前推进都是与工业革命相伴;第二个"一"就是一个或者多个经济增长的引擎。在开放时代,中国自然是世界经济增长引擎的一部分;第三个"一"就是一套有效的全球治理体系,国际货币基金组织、世界银行、关贸总协定以及后来的世界贸易组织在全球治理当中都发挥着不可替代的作用。

关于世界经济大变局、大趋势,值得关注的是世界经济的新趋势、世界经济的结构性调整和全球化今后面临的不确定性。在当前出现的新趋势中,最突出的是经济的数字化,制造业服务化和服务业的智能化。在经济数字化趋势下,电子商务、手机商务、软件服务快速发展。根据世界贸易组织(WTO)的统计,50%的服务贸易和12%的货物贸易都是通过跨境电商来实现的,而且全球零售业电子商务的60%是在中国。在

---

[*] 张丽娟,山东大学国际问题研究院副院长,山东大学经济学院教授。

制造业服务化发展方面,以往是制造与服务分开,而如今,制造与服务一体化,而且服务在整体构造中所占比例越来越大。更为重要的是,服务业的智能化快速发展,比如,消费者服务领域将有相当大一部分进入智能化。

世界经济的结构也正在快速调整,世界经济的结构正在发生哪些变化呢?主要体现在贸易结构、产业结构、产品结构、劳动力结构以及就业结构。从贸易结构看,货物贸易的比重在下降,跨境商品贸易在全球贸易中的比重也在下降,增速也在放缓。技术变革改变了传统制造业导向的传统经济发展模式,先进制造业的选址更多受到智能化的影响,而不是劳动力比较优势的影响。技术优势和贸易结构的变化会对出口导向型经济发展方式产生重要影响。从产业结构来看,劳动力成本的重要性正在降低。根据统计,现在不足20%的货物贸易成本是基于劳动力成本。从就业结构来看,技术进步也在推动就业结构的变化,2007年全球最大的五家公司集中在石油、银行和通信领域;2017年,全球最大的五家公司都是技术公司。从劳动力结构的变化来看,21世纪初,1/2以上的劳动力需求是低数字技术背景的人,对高数字技术背景的需求只有5%。如今,高技术背景的工作岗位占23%,中等技术背景需求达到48%,而低数字技术背景的需求只有30%。显然,世界经济的结构性大变局正在发生。

变局导致不确定性。根据国际货币基金组织的预测,世界经济增长动力弱,金融体系不稳定,贸易保护主义上升。在这种情况下,世界经济需要合力构建新的动力机制,需要完善全球经济的治理体系。当前,支撑世界经济开放发展的多边贸易体系正在面临严峻的挑战。世界贸易组织面临调整与改革的多重挑战,对于如何改革,各主要成员分歧仍然很大。世界经济的新趋势要求加速21世纪贸易规则的制定与体系构建,原有的贸易规则已经远远落后于贸易实践，但全球贸易规则的重构必须考虑到世界大多数国家还不发达这个事实。与此同时，世界经济发展的不平衡问题、财富分配不合理问题、劳动力的就业结构性变化问题、气候变化威胁的问题等，都需要各国凝聚共识，加强合作，共同应对。除此之外，世界面临的共同议题还有很多，比如，如何解决经济增长与收入均衡的问题、如何解决智能化导致传统就业减少的问题、如何应对新科技变革对经济、社会、政治带来的挑战，等等，这些问题看似是各国国内的问题，其实都离不开世界各国的共识与合作。如今，中国对世界经济的影响和世界经济对中国的影响大致相当，这也是大变局，大变局需要大战略来应对。

国际政治

百年大变局、中国与国际关系学学科的起源

钟飞腾*

摘　要　在推动国际问题研究学科发展的因素中,第一重要的是国内社会的发展程度,第二是国家参与国际事务的力度,第三是学术的传承,即某一种学问能否适应社会的发展要看其培养的人才是否能得以延续。本文以1919年为中心,以百年大变局为思考线索,分析了英国、美国和中国在面对巴黎和会产生的大变局时,在学科体系上如何加以更新。本文深入讨论了被界定为国际关系学科诞生的若干关键性人物及其对国际关系学建设的贡献,还通过对英、美学科体系发展对比分析了中国国际关系学科发展不足的原因,指出,作为巴黎和会的受害者,中国虽然由此激发出民族主义势力,也认识到权力的重要性,不再迷信西方的自由主义理念。但百年前中国的一个重大不足在于,学养高的一批学者多数从事更为紧迫的外交事务,没有从事研究工作,从而失去了中国国际问题研究理论创建所需要的先决条件。

关键词　国际关系学科　百年大变局　知识谱系　英国　美国　中国

---

* 钟飞腾,中国社科院亚太与全球战略院大国关系研究室主任、研究员;上海研究院国际战略研究中心研究员。

1919年被西方国际关系学界当成是本学科建立的起始年份。从1919年到2019年，正好是国际关系学科在西方诞生发展的百年历程，虽然一些国外的学术机构也在2019年前后对这门学科的百年发展历史进行了回顾，但总体而言，国外学术界也是最近才开始重视20世纪早期本学科创建的动力。比如，英国学派的巴里·布赞（Barry Buzan）新近撰文指出，如果国际关系学科要更好地理解它所探究的领域，那么就要将19世纪的全球性转变置于中心位置。布赞强调的"19世纪的全球性转变"，并不是历史学家通常论述涵盖的1815—1914年这个世纪，而是采用了英国学者埃里克·霍布斯鲍姆（Eric Hobsbawm）所谓的"漫长的19世纪"的概念，即从1793年美国革命和法国大革命开始算起，到第一次世界大战结束为止。① 也就是说，对于西方世界来说，国际关系学科为何能在一战之后迅速生成，并成为霸权国家的标配，其背后有更为深厚和长远的政治经济动因。在当前世界形势处于百年未有之大变局的时刻，重新探寻学科发展的历史规律，也成为诸多社会科学研究创新的基础。

中国多数教科书在界定国际关系学发展的历史时，往往也将1919年当成是本学科诞生的时间。但在回溯中国的国际关系学科发展时，一些高校的学者通常将1964年北京大学、中国人民大学、复旦大学三校的国际政治系建立作为学科建立的起始点，并将改革开放作为中国国际关系学科重建的开端。② 少数国际关系学论著则从新中国成立之初开始回顾中国国际关系学科的发展历史。有一篇重要文献指出，"自新中国建立到50

---

① Barry Buzan and George Lawson, "The Global Transformation: The Nineteenth Century and the Making of Modern International Relations", *International Studies Quarterly*, Vol. 57, No. 3, September 2013, pp. 620-634.

② 赵宝煦：《关于加强外国问题研究的一点史料》，《国际政治研究》2004年第3期，第142—143页；梁守德：《中国国际政治学学科建设的回顾与思考》，《河南社会科学》2005年第1期，第1—6页。

年代中期,是我国国际问题研究的起步阶段"。① 也有文献认为,"从1949年全国解放前后至1956年底,在党中央的统一部署下,新中国相继组建了一些国际问题和中国外交的教学和研究机构,尽管它们尚处于初创阶段,但毕竟为后来的研究工作起到了一个必要的铺垫作用"。② 据外交学院官网介绍,1955年,经党中央、毛主席批准成立外交学院,首任院长为国务院副总理兼外交部长陈毅。③ 2015年,外交学院庆祝建院60周年,学院成立时间也进一步明确为1955年9月10日。④ 2016年,中国国际问题研究院庆祝建院60周年,将其历史追溯至1956年成立的"中国科学院国际关系研究所",并认为是"新中国首家国际问题研究机构"。⑤ 在探索新学科与新建国际问题研究机构的背后,我们则发现了1955年万隆会议这个显著的背景,这是一次新独立的亚非国家主导的大型国际会议,提出了不同于西方社会的和平共处五项原则。少数学者则从晚清开始论述中国国际关系研究的起源。例如,北京大学袁明教授1991年就撰文认为,林则徐是将西方国际关系研究介绍到中国的第一人,西方国际关系研究传入中国可以分为五个阶段:晚清时期、五四时期、抗日战争时期、1949—1978年以及改革开放新时期。⑥

简而言之,影响西方创立国际关系学科的重大事件主要是第一次世界大战,而影响新中国创立国际关系研究机构和学院的则主要是万隆会

---

① 李琮、刘国平、谭秀英:《新中国国际问题研究50年》,《世界经济与政治》1999年第12期,第6页。
② 陈迎春:《建国初期的中国国际问题研究(1949—1956年)》,《国际关系学院学报》2012年第3期,第89页。
③ 参见外交学院网站,http://www.cfau.edu.cn/col/col2851/index.html。
④ 秦亚青:《在庆祝外交学院建院六十周年大会上的讲话》,《外交评论》2015年第6期,第4页。
⑤ 《喜迎中国国际问题研究院六十华诞》,《国际问题研究》2016年第5期,第3页。
⑥ 袁明:《西方国际关系研究在中国:回顾与思考》,载袁明主编:《跨世纪的挑战:中国国际关系学科的发展(修订版)》,北京:北京大学出版社2007年版,第177—194页。

议。同样都是国际大事件，然而中外的评价与认识都存在显著差异。在西方学术界，对第一次世界大战的研究长久不衰，在不同历史时期研究的重点和结论都存在代际差异。20世纪40年代的学者侧重于国际体系的原因，60年代的学者则强调对单个国家及外交政策国内根源的研究，到了90年代，学者们则又转向民族主义、经济一体化、权力政治的文化等因素。但到目前为止，西方学术界仍在争论为何会爆发一战。[1] 相比之下，华语世界对一战的研究却非常薄弱，对万隆会议的研究也不够突出。[2] 总的来看，很少有学者从比较的角度研究中外学术界创立国际关系学科的动力机制。

认识国际关系学科的起源对于理解百年未有之大变局具有重要意义。即那个时代的西方人物怎么想起来要创建一种新的社会科学，以及通过什么样的方式做到了这一点，并最终将之发扬光大；而中国的优秀知识分子尽管已经处在学科巨变的前夜，但为什么却不能在中国本土建立这门学科？本文试图通过还原被长期忽视的20世纪中国早期知识分子的努力，将他们与西方创立国际关系学科的同代学者进行比较，揭示学科发展的动力。按照本文的总结，推动国际问题研究学科发展的因素中，第一重要的是国内社会的发展程度，第二是国家参与国际事务的力度，第三是学术的传承，即某一种学问能否适应社会的发展，要看其培养的人才是否能得以延续。尽管这几个观点单独来看并不新鲜，但结合在一起，却具有积极的启示意义。很多时候，我们都注意到第一点和第二点，但

---

[1] ［英］戴维·史蒂文森：《第一次世界大战的爆发：回首1914》（程文进译），北京：北京大学出版社2018年版。

[2] 最近一些年出现了引人关注的作品，如徐国琦：《中国与大战：寻求新的国家认同与国际化》（马建标译），上海：上海三联书店2013年版；唐启华：《巴黎和会与中国外交》，北京：社会科学文献出版社2014年版；侯中军：《中国外交与第一次世界大战》，北京：社会科学文献出版社2017年版。

却容易忽视第三点。不少学者将第一和第二点作为一种系统加以研究，即国家的兴衰；而将第三点作为学科发展的断代史来加以研究，比如研究汉斯·摩根索（Hans J. Morgenthau）的影响。但我们发现，这些学者至少在两点上做得不够，第一，很少讨论某一学者的学术传承，比如汉斯·摩根索学问的鼎盛时期与衰落时期之间的关系，美国学界从什么时候开始真正认识到摩根索现实主义的价值，而摩根索式的现实主义又从何时被冷落；第二，很少讨论国家兴衰与学术传承之间的关系，即学术思想创造者和应用者之间的关系。[①] 用著名经济学家凯恩斯的话说，政治人物的思想往往不自觉地受制于学术思潮。然而，多数人在大学受训练时阅读的国际关系史论著，浮在面上的俱是政治人物的言论和行动，以政治人物为线索组织历史发展脉络是很多论著的通常做法，我们通常很少看到政治方案背后的知识框架以及知识发展脉络。

当然，探究政治事件背后的知识脉络这一课题难度极大，需要阅读的文献以及处理的人物关系和思想谱系异常复杂，不是一篇文章能够完成，因而本文的探讨是非常初步的，意在抛砖引玉，引起学界更多的关注。

一、百年大变局与国际关系学科

根据法国学者雅克·勒高夫（Jacques Le Goff）的研究，直到18世纪末19世纪初，西方社会才将历史作为一门学科，并将之转化成可以教学的科目。其中，法国直至1820年，历史学科才归入高中会考的口试项

[①] 少数例外如 Erkki Berndtson, "The Rise and Fall of American Political Science: Personalities, Quotations, Speculations," *International Political Science Review*, Vol. 8, No. 1, 1987, pp. 85–105。该文主张美国政治科学的兴起和衰落与美国的国际地位密切相关。

目,1830年历史和地理教师资格考试也才初步创建。如果以大学设立历史学科讲席教授的时间顺序划分,那么德国最早于1568年在弗赖堡大学(后多作弗莱堡大学)设立独立的历史学讲席教授,英国牛津大学则从1622年起设立古代史讲席教授,瑞士的巴塞尔大学于1659年设立历史讲席,意大利的比萨大学于1673年设立教会史讲席,而法国直至1775年才在法兰西公学院设立历史与道德讲席,第一个现代史讲席则始于1812年。总体而言,在西方社会,历史成为一门独立的学科始于19世纪。①

沃勒斯坦(Immanuel M. Wallerstein)等人在《开放社会科学》报告中则提出,19世纪后半期到20世纪前半期是现代社会科学创立的时间节点,包括历史学、经济学、社会学、政治学和人类学,而且主要集中在英国、法国、日耳曼国家、意大利半岛以及美国等五个地区。② 对于历史学是否属于社会科学,目前仍有争议。多数人认为,社会科学包括五大基础学科:人类学、经济学、政治学、心理学和社会学。以美国各学会创立时间为例,美国历史学会(1884年)、美国经济学会(1885年)、美国心理学会(1892年)、美国人类学会(1902年)、美国政治学会(1903年)和美国社会学会(1905年)等创立于19世纪末和20世纪初。③ 从目前各学会会员人数看,从低到高依次是美国人类学学会(1万人)、美国政治学会(1.1万人)、美国历史学会(1.2万人)、美国经济学会(2万人)、美国社会学会(2.1万人)和美国心理学会(11.8万人)。其

---

① [法]雅克·勒高夫:《我们必须给历史分期吗?》(杨嘉彦译),上海:华东师范大学出版社2018年版,第29—32页。
② [美]华勒斯坦等:《开放社会科学:重建社会科学报告书》,北京:三联书店1997年版,第15—16页。
③ 依据各学会网站公布的时间,https://www.historians.org/about-aha-and-membership; https://www.aeaweb.org/about-aea; https://www.apa.org/about/apa/archives/apa-history; https://www.americananthro.org/ConnectWithAAA/Content.aspx?ItemNumber=1665; https://www.apsanet.org/ABOUT/About-APSA; https://www.asanet.org/about-asa。

中，美国心理学会人数的增长主要是二战后的事情，其会员人数从学会建立之初的31人，增长至1916年的300人，到1940年增加至2100人，1970年则超过3万人。到目前为止，最晚成立的美国社会学会也有接近115年的历史。就人类社会漫长的历史而言，19世纪开启的时代的确是伟大变革的时代。19世纪后半叶社会科学在大学逐步制度化，其中的关键性背景是以牛顿物理学、哈维的生理学和富兰克林的新试验电学为代表的科学战胜了经院派的哲学思辨，取得了良好的社会声誉，开始影响到几乎所有学科的发展。①

站在中国的视角，多数时候中国官方教科书将1911年作为20世纪的开端，但更富有象征意义的时间节点似乎是1894—1895年的甲午战争。例证之一，经由甲午战争的刺激，中国知识分子开始注意到近代民族主义，个人身份的界定开始从某个地域转向中华民族的一员。美国华裔学者叶维丽（Weili Ye）认为，中国知识分子向民族主义的转化是"从19世纪最后十年的那一代开始，由20世纪初登上舞台的一代完成的"。② 又如，一些学者认为，中国五四一代与辛亥革命的一代具有很强的连续性。香港中文大学教授陈万雄认为，"从十九世纪九十年代到二十世纪的前两个十年即1900年到1920年的二十年间，是中国第一代近代型的知识分子的形成与成长期"③。按照陈万雄对人物谱系和文化思想的考证，"辛亥革命与五四新文化运动都有内在的联系，其中的发展是一脉相承的条理"④。在提出这种论证思路时，陈万雄的一个方法是列举那一代的年龄。

---

① ［美］I.伯纳德·科恩：《自然科学与社会科学的互动》（张卜天译），北京：商务印书馆2016年版，第1页。
② ［美］叶维丽：《为中国寻找现代之路：中国留学生在美国（1900—1927年）（第二版）》，北京：北京大学出版社2017年版，第22页。
③ 陈万雄：《五四新文化的源流》（增补版），香港：三联书店有限公司2018年版，第10页。
④ 陈万雄：《五四新文化的源流》（增补版），香港：三联书店有限公司2018年版，第212页。

除了吴稚晖、蔡元培、杨昌济、吴虞等几位与戊戌为新一辈知识分子略同期之外,其他新文化运动的核心人物则从陈独秀(1879年)开始,经鲁迅(1881年),到胡适(1891年)为止。陈万雄认为,这一代人的教育背景是中国历史上独一无二的,"传统与近代新式教育参半,新旧学问兼备,中外思想的影响集于一身"。①

从东亚国际关系的转变看,1895年是关键的一年。传统的朝贡秩序由于清政府败于日本明治政府而衰败,东亚开启了日本领先的时代。尽管清朝晚期乃至于民国时期,甚至直至20世纪20年代末,中国的经济总量仍然位居世界第二,仅次于美国,但是东亚格局却在发生巨变。不少有识之士认为,中国真正进入了李鸿章说的"三千余年一大变局"的时刻。②《东方杂志》的主编杜亚泉,甚至将辛亥革命后,中国以共和替代帝制,称作是"五千年以来之大变"。③ 不管是"三千年""五千年"还是"百年",其实都是国人从情感上感受到巨大的转变,而从知识体系上还难以完全认识清楚。而且,时人大都更多从时间序列审视变局,欠缺的是从空间角度看待这种变化。在西方社会,只是从16世纪开始才用"世纪"来表示"一百年的时期"。而且绝大多数历史学家通常认为,18世纪始于1715年,20世纪始于1914年。④ 正如前文提到的,少数历史学家,如霍布斯鲍姆则认为19世纪始于1793年,而不是通常认为的1815

---

① 陈万雄:《五四新文化的源流》(增补版),香港:三联书店有限公司2018年版,第214页。
② 学界普遍认为李鸿章于清朝同治十一年(1872年)在一份论述制造轮船的奏折中首次提出了上述论断。其原话为"臣窃惟欧洲诸国,百年来,由印度而南洋,由南洋而中国,闯入边界腹地,凡前史所未载,亘古所未通,无不款关而求互市。我皇上如天之度,概与立约通商,以牢笼之,合地球东西南朔九万里之遥,胥聚于中国,此三千余年一大变局也"。另外,同治十三年,李鸿章表述过另外一段话,用的是"数千年来未有之变局",参见蒋廷黻:《中国与近代世界的大变局》,《清华大学学报(自然科学版)》1934年第4期,第783页。
③ 罗志田:《中国的近代:大国的历史转身》,北京:商务印书馆2019年版,第164页。
④ [法]雅克·勒高夫:《我们必须给历史分期吗?》(杨嘉彦译),上海:华东师范大学出版社2018年版,第3—4页。

年。因此,每个国家在讲述历史性巨变时,都存在民族特色的起点和终点。

如果从空间关系看待中国面临的大变化,则主要是应对中国与世界的关系。当我们用中国与世界的关系这种说法时,并不是指中国独立于世界之外,而主要是指站在中国立场上考虑外部世界的变化时产生的一种感受,我们并没有与世界同步发展,更不用说以基于中国本土经验总结出来的理论体系和思想文化引领世界。尽管19世纪和20世纪之交的20年属于中国现代知识分子第一代人物成长和发展的黄金时代,而且新中国建国一代基本也是出生于这个年份,但中国早期的现代知识分子却缺乏国际视野,他们面临的更主要的挑战是处理传统与现代的关系,而不是处理中国与世界的关系。由于他们对国际的理解不够全面和深入,很多时候缺乏足够的知识储备来处理好与外部世界的关系,由此导致面对国际力量的变革不断催生中国国内激荡的形势却缺少作为。

国际视野缺失的一个重要标志是,中国的大学缺乏培养国际问题研究人才的意识与土壤,中国的精英人物普遍缺乏应有的国际知识。尽管我们不能下断言说,留美学者回国之后没有将在欧美社会学习的国际知识用于中国社会,也至少可以做出如下判断,这些人获得的知识仍然只适用于传统(古典)外交。在欧美学习国际法、政治学的人才进入了清政府和北洋政府,虽然在外交上成就突出,但多数并没有从事国际问题相关的教学科研。例如,受李鸿章委派,马建忠(1844—1900)于19世纪70年代后期在巴黎大学学习国际法,首次将"均势论"介绍给中国,但其后从事的专业研究却主要是语言文字。[①] 唐绍仪(1862—1938)曾在哥伦比亚大学和纽约大学学习7年,虽然没有获得学士学位,但是仍得

[①] 袁明:《西方国际关系研究在中国:回顾与思考》,载袁明主编:《跨世纪的挑战:中国国际关系学科的发展(修订版)》,北京:北京大学出版社2007年版,第179页。

到清政府重用，1882年回国后受马建忠委派至朝鲜，结识了袁世凯，开启了浓墨重彩的外交生涯。按照台湾地区学者杨凡逸的代际划分，唐绍仪属于中国第三代外交家，第一代是鸦片战争时期的耆英和桂良，第二代是第二次鸦片战争时期的恭亲王和李鸿章等，而第四代则是民国时期的顾维钧、颜惠庆、施肇基、王正廷、王宠惠等。① 众所周知，顾维钧从美国回来之后，成了唐绍仪的女婿，虽然这种联系因为妻子早逝而弱化，但不可置疑的是唐绍仪在外交界的地位对顾维钧的帮助甚大。尽管如此，我们也发现，这些学成归国的国际事务人才，没有进入教育研究机构，更谈不上为中国培养研究型人才。而欧美社会却在经历第一次世界大战后迅速认识到古典外交的弊端。鉴于战争是如此具有破坏性，西方的学者开始从国际法转向建立探究和平与战争问题的国际关系学科，他们认为不能再让少数人秘密地决定公众的命运。

尽管我们可以将中国缺乏国际问题研究归结于国力的衰败，但以经济总量而言，那个时代中国仍领先于其他国家。因此，我们不得不寻求一个新的角度，即中国尽管体量大，但人均却很少。相对欧美社会的巨变，中国社会是相对停滞的。按照英国著名经济学家安格斯·麦迪森（Angus Maddison）于20世纪70年代后逐步整理的数据，我们得以审视20世纪初中国的生存境遇。总体而言，无论是知识分子自身还是他们所要理解的中国社会，总体上都十分贫穷。例如，1913年，中国的人均GDP约为550美元，日本约为1400美元，而英国约为4900美元，美国甚至超过了5300美元。到1929年，中国人均GDP约为560美元，日本略超出2000美元，英国为5500美元，而美国上涨至6900美元。② 在一个

---

① 杨凡逸：《折冲内外：唐绍仪与近代中国的政治外交：1882—1938》，北京：东方出版社2016年版。

② 数据来自麦迪森，参考Groningen Growth and Development Centre数据，http://www.ggdc.net/maddison/oriindex.htm。

农业社会，我们很难设想能够创造出属于工业社会的国际关系学科。

尽管在欧美求学时很多中国早期现代知识分子都接触到国际问题相关的知识体系，但回国之后，他们却很难构建出西方式的国际关系学知识体系。具有启发意义的是，中国知识分子最终发现，最符合中国国情并指导了中国革命的是马克思主义。按照香港大学历史系教授徐国琦的分析，中国在巴黎和会的经历标志着中国加入西方体系的失败，很多人开始认识到俄国革命是中国进行国家建设的楷模。亲历巴黎和会的知识和外交精英，如梁启超、顾维钧等人，均认识到国际关系上的"强权即公理"的合理性。这一说法迅速在中国知识界传播。而列宁主义，尤其是帝国主义理论为中国没能获得应有的国际地位提供了一个合理的解释。[1] 从这个意义上说，巴黎和会是东西方开始分野的一个重要节点，西方开始建构理想主义的国际关系学说，而东方社会正朝着社会主义的潮流大幅迈进。

二、英国国际关系学科制度化的创始

世人都将1919年英国威尔士大学设立国际关系学系作为学科起源。但是，目前也很少看到中国学者去追溯学科诞生的具体过程及其与中国的关系。例如，我们很少论述担任全世界第一个国际关系学讲席教授的阿尔弗雷德·齐默恩（Alfred Zimmern）爵士的生平、作为。[2] 齐默恩出生于1879年，于1957年在美国去世，在那个年代能活到78岁，可谓是长寿之人。生于英国，死于美国，从另一个侧面反映出英国的衰落和美

---

[1] 徐国琦：《中国与大战：寻求新的国家认同与国际化》（马建标译），上海：上海三联书店2013年版，第286—288页。

[2] 笔者查到的中文文献主要为李冈原、王黎：《历史学家视野中的国际关系——论齐默恩关于国际社会建构思想》，《浙江学刊》2011年第4期，第63—68页。

国的霸权地位，通常知识分子和商界精英的迁徙去向，都会反映出一种大的趋势和变局的方向。尤为缺失的是，在二次大战期间，中国走向国际舞台，但中国学者很少有人去追溯这些活动背后国际问题研究者的故事。实际上，没有哪一国的政治领导人物可以单独擘画外交和国际事务，都需要研究的支撑，特别是智囊团的辅助。从中国有关国际关系史的教科书来看，绝大多数是政治、经济和战争史，而较少描述重大事件背后的决策过程，也很少讨论政治人物背后的知识体系。

1919年，为了纪念在第一次世界大战中丧生的英国青年们，英国工业家、世家子弟、出生于威尔士蒙哥马利郡的大卫·戴维斯（David Davies）捐赠2万英镑，在亚伯大学（Aberystwyth University，1919年时被称为威尔士大学，2007年重新改回为亚伯大学）设立了国际政治学讲席教授。① 威尔士大学设立国际政治讲席教授，以美国总统伍德罗·威尔逊冠名，体现了当时的人们对威尔逊推动建立国联的认可。同时，一定程度上也是对威尔士出生的英国首相劳合·乔治的致敬。② 西方世界普遍认为这是全球第一个专门针对国际关系学科的教授职位，1919年也被很多后世西方学者当作是国际关系学科诞生的标志。按照华勒斯坦（现在通常译作沃勒斯坦）等人在《开放社会科学》报告中对现代社会科学诸学科建立标准的归纳，在大学里设立首席讲座职位是第一步，其余步骤还包括课程、学位、专业期刊、学会以及图书收藏制度等。③ 按照这一标准，应当说设立讲席教职只是学科建设走出了第一步，学科的真正建立则有赖于诸要素的完整性。事实上，直到20世纪60年代，莫顿·卡普兰

---

① 参见该校国际政治系的简介，https://www.aber.ac.uk/en/interpol/about/history/。
② [加拿大] 玛格丽特·麦克米伦：《缔造和平：1919巴黎和会及其开启的战后世界》（邓峰译），北京：中信出版社2018年版，第53页。
③ [美] 华勒斯坦等：《开放社会科学：重建社会科学报告书》（刘锋译），北京：生活·读书·新知三联书店1997年版，第33—34页。

(Morton A. Kaplan)仍在发出"国际关系是一门学科吗?"的疑问。① 但是,对于更为年轻的一代来说,进入20世纪70年代后,国际关系作为一门社会科学已经确定无疑。②

齐默恩担任国际政治讲席教授时年40岁,而捐赠人戴维斯为39岁。按照当时英国大学的教授层级,此时的齐默恩说不上德高望重。但从齐默恩的经历来看,获得这一教职也有其自身的原因。③ 齐默恩出生于德国犹太背景的家庭,具有浓厚的自由主义思想。1902年,齐默恩毕业于牛津大学新学院——这是牛津大学最古老的学院之一——并担任牛津大学的古代史讲师。1909年为了进一步拓宽视野,在父亲的资助下到希腊旅行,后来于1911年出版了《希腊联邦》一书,该书使齐默恩获得了学术界的关注,迄今也是这一领域的必读书。在一战期间,齐默恩给一些报刊投稿,撰写文章帮助民众理解战争的起因与结果,还倡导签署阻止战争发生的条约。1918—1919年,齐默恩曾任英国外交部政治情报司成员,与历史学家阿诺德·汤因比(Arnold J. Toynbee)是同事。其间,他撰写了有关国联的备忘录,而这一备忘录成为英国代表团赴巴黎谈判的底稿。齐默恩在巴黎和会期间,尤其是对待德国的问题上,观点与经济学家凯恩斯一致,也认为对德国过于严厉的处罚将引发更大的冲突。

从巴黎回来后,齐默恩很快被任命为国际政治讲席教授,但由于与同一所大学的一位女教授结婚,招致了一些非议,他很快离职。1921年

---

① Morton A. Kaplan, "Is International Relations a Discipline?" *The Journal of Politics*, Vol. 23, No. 3, August 1961, pp. 462-476.

② Jeffry A. Frieden and David A. Lake, "International Relations as a Social Science: Rigor and Relevance," *The ANNALS of the American Academy of Political and Social Science*, Vol. 600, No. 1, 2005, pp. 136-156.

③ 其个人经历主要参考如下文献:D. J. Markwell, "Sir Alfred Zimmern Revisited: Fifty Years On," *Review of International Studies*, Vol. 12, No. 4, October 1986, pp. 279-292。

9月,齐默恩参加完日内瓦的国联会议之后,和妻子一起远赴美国,在康奈尔大学待了两年。在美国期间,齐默恩完成了专著《恢复期中的欧洲》(1922年)(Europe in Convalescence),该书在一定程度上批评了劳合·乔治的做法。1923年,齐默恩在美国外交关系委员会主办的《外交季刊》发表了《民族主义与国际主义》一文,主张民族主义与国际主义的兼容性。① 1926—1930年间,齐默恩担任位于巴黎的国联情报合作研究所副所长,主要任务是探讨作为一门学科的国际关系建设。与此同时,齐默恩也在继续关注英联邦,并且影响了1926年的帝国会议。正是在这次会议上,英国和已经由殖民地变为自治领的加拿大、澳大利亚、新西兰和南非等国决定组成"自由结合的英联邦的成员"。1931年,《威斯敏斯特法案》从法律上对此予以确认,英联邦正式形成。1930—1944年,担任牛津大学国际关系学教授。按照维基百科的介绍,齐默恩出版过《第三英帝国》(The Third British Empire)一书,是第一个用"英联邦"替代"英帝国"称呼的人物,而且还首次构造了"福利国家"这个术语。

从牛津大学退休后,齐默恩担任了新组建的联合国教科文组织(UNESCO)的主席,并受聘为英国教育部顾问一职。1947年,齐默恩移居美国康涅狄格州,担任三一学院访问教授,并致力于推动建立教科文组织美国全国委员会。联合国教科文组织在推动地区国别研究和世界各国建立政治学会方面曾扮演了积极角色。1949年,齐默恩当选为美国艺术与科学院院士。在美国期间,齐默恩仍然笔耕不辍,1953年出版了《美国走向世界和平的道路》,齐默恩断言,美国是世界上第一个自由的强国,未来在美国手中,美国应该在创建强有力的联合国方面扮演领导角色。

---

① Alfred E. Zimmern, "Nationalism and Internationalism," *Foreign Affairs*, Vol. 1, No. 4, June 15, 1923, pp. 115-126.

除了担任最早的国际政治大学讲席教授，齐默恩的另一项重要贡献是参与组建了英国皇家国际事务研究所（RIIA）。1919年5月30日，巴黎和会临近结束之际，英美两国的谈判代表们在巴黎商议，拟在各自国家成立研究战争与和平问题的研究机构。当时的一个重要背景是国联，6月9日和6月17日，英美两国代表在进一步讨论创立国际事务研究机构的意义时强调，"直到最近，一般都认为外交事务主要（如果不是全部的话）是一个国家政府为其人民所考虑的事情。随着'国联'的成立，协约国现在认识到，国家政策应当置于整个国际社会的框架内考虑。巴黎和会的进程已经显示，创造一些组织来研究相关的实际问题是多么必要。"[①] 1920年7月5日，英国国际事务研究学会正式成立，会议由英国殖民者罗伯特·赛西尔（Robert Cecil）勋爵主持。学会有两个特点，第一是首创的新机构，第二是会员主要由官员、记者、议员和专家组成。首批原始会员达到了756人，几乎囊括了英国权势集团中最为活跃的成员，其中来自学术界的人物有111名，包括伦敦经济学院院长威廉·贝弗里奇等。[②]

由于建立后不久搬入查塔姆大楼（Chatham House），英国国际事务研究所也简称为查塔姆研究所。查塔姆研究所从1922年起即出版国际问题研究刊物——《英国国际事务研究所杂志》（自1946年以后改名为《国际事务》）。1922年1月，第一期一共刊发了两篇文章，第一篇是英国研究古希腊的权威学者、公共知识分子吉尔伯特·默雷（Gilbert Murray）的《民族自决》。第二篇是英国哲学家赫伯特·佩顿（Herbert

---

① RIIA Annual Report, 1919–1930, Appendix, p. 51，转引自陈广孟：《皇家国际事务学会与英国外交：1939—1945》，南京：南京大学出版社2017年版，第34—35页。

② 陈广孟：《皇家国际事务学会与英国外交：1939—1945》，南京：南京大学出版社2017年版，第38—39页。

J. Paton)论述德占区的《上西里西亚》。① 从学术训练来说,这两位学者与国际关系的渊源不大,但是两位均参与了一战的大辩论以及巴黎和会。尤其是佩顿,据说是英国外交大臣寇松的智囊。也就是说,这两位是站在具体从业者的角度来论述国际问题,而这种特性一般在学科初创时期比较明显。另外,从学术规范来看,当时发表论文需要在会议上宣读,发表的论文也没有注解。这与今天我们看到的西方论文形式有很大不同。

《英国国际事务研究所杂志》第一期上还出现了阿诺德·汤因比的一份读者来信,建议研究所今后应组织小型研讨会、而不是大会的形式来深入交流一些问题。尽管汤因比是一位历史学家,但从发表论著的相关性而言,汤因比可算得上是佳作迭出、名副其实的国际问题专家。1915年,汤因比进入英国外交部政治情报司工作,参与战争宣传活动,由此其学术重心也随着工作重心而转移至国际问题。1919年巴黎和会期间,汤因比也是英国代表团成员。截至1922年,汤因比发表了与国际事务相关的12部著作。1924起,汤因比担任查塔姆研究所所长,编辑出版了著名的《国际事务概览》年度系列读物,被誉为英国国际专家的"圣经"。1925年,他还受聘担任伦敦政治经济学院国际关系史教授。从1934年起,汤因比开始陆续出版12卷本的《历史研究》,这一著作为汤因比带来不朽的声望。汤因比的学问继承自赫伯特·斯宾塞(Herbert Spencer)和奥斯瓦尔德·斯宾格勒(Oswald Spengler),但在他手中又发扬光大。汤因比将文明比作生命周期,存在起源、成长、衰落和解体四个阶段。在此基础上,汤因比进一步用挑战与回应作为分析视角。汤因比将希腊、意大利和英格兰视作西方文明成长中的三个重要阶段,每一个文明都是

---

① Gilbert Murray, "Self-Determinantion of Nationalities," *Journal of the British Institute of International Affairs*, Vol. 1, No. 1, January 1922, pp. 6–14; H. J. Paton, "Upper Silesia," *Journal of the British Institute of International Affairs*, Vol. 1, No. 1, January, 1922, pp. 14–28.

对前一个的继承性发展。①

拥有学术刊物是学术共同体诞生的重要标志。作为世界上第一个国际政治系，威尔士大学国际政治系并没有像查塔姆研究所那样很快就创办刊物。直到1957年，威尔士大学主办的《国际关系》才适时而生，但初期刊登的文章篇幅比美国的《外交事务》（Foreign Affairs）发表的文章还短，一期的页码数不到40页，缺乏学术影响力。而此时，美国已经创办了一些著名的刊物，例如创刊于1948年的《世界政治》。国力衰落的英国要办出与美国相抗衡的学术杂志难度加大了。按照2018年期刊引证报告（JCR）的排名，在全部86份英文的国际问题刊物中，以5年发表的文章的被引用率计算，《国际关系》列第43位。② 按照期刊评价分析网站SJCR(Scimago Journal & Country Rank)的排名，2018年度该刊物在全球所有463份政治科学与国际问题刊物排名中列第87位。③ 显然，英国尽管是国际关系的诞生地，但是国际关系研究的重心却在二战后转移到了美国。不过，在二战结束之前，英国人的研究水准和声望之高是无疑的，特别是通过智库查塔姆研究所来拓展国际关系研究的影响力。这一经验对于我们重新认识中国的国际关系学科起源提供了视角。

齐默恩在担任世界上第一个国际政治系教授时，又参与了最为重要的国际关系研究智库的创立，这可能说明了国际关系学科创立的政治基础以及所需要的广泛人脉。顺这一话题展开，当时英美有一批重要人物

---

① ［英］阿诺德·汤因比著、D. C. 萨默维尔编：《历史研究（上卷）》（郭小凌等译），上海：上海人民出版社2019年版，第230—237页。

② 数据来自该刊物所在数据库SAGE, https://journals.sagepub.com/metrics/ire。原始数据来自由科睿唯安（Clarivate Analytics）2018年发布的Journal Citation Reports。

③ Scimago journal & country rank 的排名基于Scopus数据库，包括27各领域，313个分支学科，覆盖全球。2018年度列前十位的刊物分别为《美国政治学杂志》《国际组织》《政治学季刊》《美国政治学评论》《政治分析》《国际安全》《世界政治》《冲突解决杂志》《和平研究杂志》和《西欧政治》，https://www.scimagojr.com/journalrank.php?category=3320&type=j&page=2&total_size=463。

都参与了这些事件,例如查塔姆的另外一位创始人是英国在巴黎和会的代表莱昂内尔·柯蒂斯(Lionel Curtis),柯蒂斯年长齐默恩七岁。[①] 柯蒂斯1891年入读齐默恩后来所在的牛津大学新学院,不过学习的是法律,后来还担任了牛津大学殖民史讲师。1916年,他出版了专著《民族的联邦》(The Commonwealth of Nations),其政治理念是构建一个联邦的世界政府(Federal World Government)。由此可见,柯蒂斯和齐默恩都有深厚的挽救英帝国衰落的执念。对于那个时候的英国来讲,不能不感受到美国崛起带来的挑战,最为突出的是,在巴黎和会提出新理念的是美国总统威尔逊,其民族自决学说决定性地吹响了瓦解英帝国的号角,也受到了中国人的欢迎。不过,威尔逊关于建立国际联盟的构想并没有得到美国参议院政客们的支持。

柯蒂斯之所以能在巴黎和会上成为英美智囊团的核心人物,并且有这种远见和强烈的冲动去建立研究国际问题的智库,既与其学识有关,也与其政治经历是分不开的。可以说,在当时的英国,一些学者从事学术创作只是其工作之余的一份休闲行当。比如,经济学大师凯恩斯就担任过数个英国政府的重要职位。齐默恩也于1924年加入英国工党,积极参与政治活动。柯蒂斯从牛津大学毕业之后,参加过1899年的第二次布尔战争,这是一场在南非进行的种族战争。带着军功回到英国后,加上牛津大学的背景,柯蒂斯很快成为当时英国国务活动家、殖民主义者阿尔弗雷德·米尔纳(Alfred Milner)的秘书,负责处理英国在南非的殖民地业务,1905年又开始涉及英帝国的印度殖民地事务,结识了年长3岁的甘地。而甘地当时刚从南非回到印度不久,已经酝酿了非暴力不合

---

① 关于柯蒂斯生平的介绍可参考:Alex May, "Curtis, Linoel George (1872-1955), writer and public servant," in *Oxford Dictionary of National Biography* (Oxford University Press, 2004), http://treaty.nationalarchives.ie/wp-content/uploads/2011/11/Curtis.pdf。

作的思想，甘地在印度的运动也影响到柯蒂斯。柯蒂斯在《民族的联邦》一书中的思想，缘于他在南非和印度的经历，同样也是米尔纳领导的学习小组——"米尔纳学前班"（Milner's Kindergarten）① 发展的结果。在米尔纳周围团结了一批志同道合者，这些人当时主要关注如何处理英帝国及其殖民地的关系，而柯蒂斯认为南非正是英帝国对外关系的缩影。为此，米尔纳于1909年为柯蒂斯出资组织了一系列研讨会，参加者中就包括齐默恩。从1909年至1919年，柯蒂斯一直奔走于英帝国的各个殖民地，在调查基础上撰写了很多文章，核心问题是如何帮助英国实现从帝国到联邦的转变，思想结晶是1916年的专著，而实践成果是探讨建立英美两国的国际关系研究机构，柯蒂斯也因此被誉为"英国皇家事务所之父"。②

米尔纳年轻时也毕业于牛津大学，曾担任过牛津大学新学院的研究员，与柯蒂斯、齐默恩等人实际上是关系很近的院友。米尔纳主导了第二次布尔战争，对同样参加过该战争的院友柯蒂斯留下印象也不算奇怪。米尔纳后来参加了劳合·乔治的战时内阁，是五名内阁成员之一。1917年1月，米尔纳率西欧各国的代表与俄国进行外交谈判，具有与大国打交道的丰富经验。米尔纳还以殖民大臣的身份出席了1919年的巴黎和会，是6月28日《凡尔赛和约》的英国签署人之一。和约签署不到一个月前，米尔纳的秘书柯蒂斯、齐默恩以及汤因比等人在巴黎商谈建立查塔姆研究所。

---

① 1899—1902年第二次布尔战争后，米尔纳组建的一个幕僚团队，团队中有人戏称为"米尔纳学前班"。该组织在1909年前后发起了一份刊物叫《圆桌论坛》，主要发表政论，该组织的核心目标是讨论英帝国与殖民关系，最后促成了英联邦的形成，少数人一直活动至二战前夕。参考 https://everipedia.org/wiki/lang_en/Milner%27s_Kindergarten/。——作者注

② Alex May, "Curtis, Linoel George (1872–1955), writer and public servant," in *Oxford Dictionary of National Biography* (Oxford University Press, 2004), p. 6, http://treaty.nationalarchives.ie/wp-content/uploads/2011/11/Curtis.pdf.

三、美国国际关系学科的创立

美国创建国际关系学科要晚于英国,但成果远较英国突出。美国巴黎和会代表团智囊的领军人物是出生于1858年的爱德华·豪斯(Edward M. House)上校,豪斯与英国的米尔纳资历相当。豪斯的主要任务是,为威尔逊总统赴巴黎谈判组建名为"调查"(The Inquiry)的智囊团,以便为即将来临的和平勾勒蓝图。豪斯不仅与纽约的金融家有深厚渊源,而且在学者中间也有号召力。前文提及,英国方面同样招募了一批专家,包括同在战时情报部工作的齐默恩、汤因比以及刘易斯·纳米尔(Lewis Namier)。① 纳米尔曾被誉为与吉本相当的英国著名历史学家,1915年出版了小册子《德国与东欧》,在这本专著中,纳米尔警告德国的军国主义野心,对英国政府产生了影响。② 纳米尔的学生是专攻19世纪和20世纪欧洲外交史的历史学家艾伦·约翰·珀西瓦尔·泰勒(Alan John Percivale Taylor),20世纪80年代末,中国商务印书馆还翻译了泰勒1954年出版的有关欧洲争霸的专著。③ 笔者之所以在此提及泰勒,主要是为了展示学术传承的重要性。纳米尔于1960年去世,在此之前泰勒的大作已经出版,作为泰勒的导师,纳米尔有足够的资源和威望推动学生的学术发展。而从英美学术共同体来看,学生与导师之间存在紧密的合作,这一现象并非孤立。泰勒的著作对理解一战、二战的起源颇有帮助,也被

---

① Priscilla Roberts, "A Century of International Affairs Think Tanks in the Historical Perspective, " *International Journal*, Vol. 70, No. 4, December 2015, p. 540.

② Henry R. Winkler, "Sir Lewis Namier, " *The Journal of Modern History*, Vol. 35, No. 1, March 1963, pp. 1–3.

③ [英] A. J. P. 泰勒:《争夺欧洲霸权的斗争:1848—1918》(沈苏儒译),北京:商务印书馆1987年版。

当代的国际关系学者反复引用。①

尽管巴黎和会后,豪斯与威尔逊分道扬镳,但是豪斯所组建的团队对美国国际关系学科的发展却产生了重要影响,入选"调查"智囊团的人物俱是一时之选。例如,负责西欧事务的美国中世纪史权威人物查尔斯·哈斯金斯(Charles H. Haskins),哈斯金斯于1922年当选为美国历史学会主席;疆域领土顾问、地理学家艾赛亚·鲍曼(Isaiah Bowman),威尔逊关于民族自决论的思想方案来自于鲍曼。鲍曼在二战期间还追随罗斯福总统参加敦巴顿橡树园会议,并于1945年担任联合国会议美国代表团顾问,可谓老资格的学者和外交谋士;国际法学家戴维·米勒(Daivd H. Miller),参与国联条款的设计;另外一位国际法学家是詹姆斯·斯科特(James B. Scott),斯科特曾担任卡内基国际和平基金会秘书长,参与海牙会议;另外一位来自卡内基国际和平基金会的人物是詹姆斯·肖特威尔(James T. Shotwell),1900年获得博士学位,主要研究领域为国际组织,也是日后联合国制度的设计者之一,曾获得1952年诺贝尔和平奖提名;负责奥匈帝国事务的查尔斯·西摩(Charles Seymour)是威尔逊总统智库中最为年轻的一位,也是美国智库对外关系委员会的创始人之一,日后成为耶鲁大学的校长;负责西亚事务的威廉姆·韦斯特曼(William L. Westermann)是古希腊罗马研究的权威学者,在巴黎和会期间负责处理希腊和土耳其问题;还有负责巴尔干事务的克里夫·戴(Clive Day),1907年晋升耶鲁大学经济史教授;甚至包括后来提出收益递增的经济学家阿林·杨格(Allyn Young)。

---

① Richard Ned Lebow, "Agency versus Structure in A. J. P. Taylor's: Origins of the First World War," *The International History Review*, Vol. 23, No. 1, March 2001, pp. 51-72; Norman J. W. Goda, "A. J. P. Taylor, Adolf Hitler, and the Origins of the Second World War," *The International History Review*, Vol. 23, No. 1, March 2001, pp. 97-124;

从威尔逊智囊团的组成来看，其成员基本都以研究欧洲问题为主，没有负责东亚和日本事务的。从其原因来看，一战时美国的东亚研究还处于传统汉学的发展阶段，日后美国东亚研究的领军人物费正清出生于1907年，尽管费正清被誉为开创了美国地区研究的中的东亚研究范式，但其真正产生影响力是在二战后。而参与规划和设计巴黎和会的这一批人多数出生于19世纪70年代，大多数都在二战结束后去世。一定程度上可以说，这批经历了一战的精英人物，在年轻的时代通过积累处理国际大事的经验，为二战后美国问鼎权力之路奠定了基础。对于很多发展中国家的精英人物来说，这种经历很难获得，因为多数发展中国家是国际舞台上的边缘性角色，更不用说像英美的参与者那样通过与智库、大学的联系，将这种经历凝练成富含学理性的文字，传之后世。

昆西·赖特（Quincy Wright）是美国国际关系学科创立中的代表性人物。赖特出生于1890年，赖特的父亲与祖父都出现在美国的《名人字典》中，这表明其家庭成员学养深厚，有学术传统。在赖特幼年时期，其父菲利浦·赖特是伊利诺伊州伦巴第大学的一名数学教授，同时还教授天文学和金融史等课程。在昆西·赖特就读伊利诺伊大学之后，菲利浦·赖特去了东部的哈佛大学应聘经济学教职岗位，随后还进入了美国关税委员会工作。最终，菲利浦·赖特到布鲁金斯学会就职，专门研究美国的关税问题。当时著名的经济学家、哈佛大学经济学教授弗兰克·陶西格（Frank W. Taussig）认为，菲利浦·赖特是那一代美国经济学家中研究关税问题的权威学者。陶西格自1892年成为哈佛教授之后，一直在哈佛任教至1935年，1917—1919年间担任美国关税委员会主席一职。需要提及的是，雅各布·维纳（Jacob Viner）是陶西格的得意门生，出生于1892年。学习国际贸易的学者至少听说过维纳此人，对学习国际政治经济学的学者来说，维纳的名字也并不陌生。国际关系领域著名的

《世界政治》学术杂志，1948年创刊号的首篇文章《17和18世纪对外政策目标中的权力和财富》即出自维纳之手。①

就年龄段而言，维纳与赖特是同龄人，事实上两人在事业上也有交叉。1917—1919年间，维纳在其老师领导的美国关税委员会工作，而昆西·赖特的父亲此时也在该委员会工作。从1916年起，维纳担任芝加哥大学讲师，1922年从哈佛大学获得博士学位之后，于1923年担任芝加哥大学经济系副教授，并很快于1925年获得全职教授职位。维纳是经济学中芝加哥学派的早期领导人物，培养了不少杰出的学者，例如第一位诺贝尔经济学奖得主保罗·萨缪尔森，1935年听了维纳一个学期的课程。20世纪60年代掀起美国经济学革命的米尔顿·弗里德曼，是芝加哥大学1933届的毕业生。维纳不仅因为提出企业行为模式、成本曲线等名声大噪，在贸易理论上则提出了"贸易创造"和"贸易转移"效应，更重要的是他对经济史的深入认识。实际上，他对重商主义的理解，直接为国际政治经济学的创建提供了重要思路。例如罗伯特·吉尔平就曾提及维纳的贡献。作为美国知名高校的知名学者，维纳也参加了美国政府的不少活动，例如1933年参加国联在日内瓦举行的经济会议，1934—1942年间担任美国财长亨利·摩根索的特别顾问。1939年，维纳担任美国经济学会会长一职。

昆西·赖特自伊利诺伊大学获得博士学位之后，曾在宾夕法尼亚大学、哈佛大学和明尼苏达大学任教，最终于1923年转入芝加哥大学，并获得教授职称，时年32岁。赖特获得教授职称时的年龄，甚至要比陶西格都小一岁，比维纳也要早两年。陶西格于1892年获得哈佛大学教授职称时，年方33岁。在30岁出头获得美国名牌大学教授职称，基本上预示

---

① Jacob Viner, "Power Versus Plenty as Objectives of Foreign Policy in the Seventeenth and Eighteenth Centuries," *World Politics*, Vol. 1, No. 1, October 1948, pp. 1–29.

着有很大可能成为全美乃至全球知名的学者。赖特获得教职的专著是《美国对外关系的控制》,该著作还获得美国哲学学会奖。1927—1941年间,赖特致力于《战争研究》的写作,最终于1942年出版,该著作奠定了赖特的学术地位。按照赖特的学生威廉·福克斯(William T. R. Fox)的评述,《战争研究》"并不是一项关于战略的工作,也不是使用暴力的手册,甚至并不打算用于防务目的。二战后兴起的战略研究只能从其他地方寻求智力支持。该专著是考察世界政治中作为一种制度的战争,它澄清了获取和平的条件,而且赖特将世界当作一个整体加以看待。当有权势的人们准备减少甚至最终消除战争时,那么《战争研究》已经为此指明了道路。"①

在这一巨著完成之后,赖特开启了第三项大的研究计划,最终于1955年、临近退休之际出版了《国际关系研究》。基于这一专著,当时的政治学圈子将赖特界定为20世纪50年代国际关系研究"英雄十年"学术的三杰之一。其他两位是卡尔·多伊奇(Karl Deutsch)和莫顿·卡普兰(Morton Kaplan)。这三位学者的研究结束了一种旧范式,开启了新的范式。从20世纪50年代后起,美国的国际关系研究进入了一个新时代,在此之前流行的是政治现实主义、地缘政治、以国家利益为导向的研究和战略研究,而上述三人开启的则是国家体系研究,研究对象并不是某一个国际体系中特定的行为体。从资历看,后两位年轻得多,与威廉福克斯是同辈人。就此而言,作为老师辈的赖特还能在60岁以后开创新的研究潮流,足见学术创新能力之强。

任教于芝加哥大学政治学系的赖特培养了一批一流的学生,其中包括威廉·福克斯。福克斯于1944年出版的《超级大国:美国、英国和苏

---

① William T. R. Fox, "'The Truth Shall Make You Free': One Student's Appreciation of Quincy Wright," *The Journal of Conflict Resolution*, Vol. 14, No. 4, December 1970, p. 451.

联,他们对和平的责任》,成为耶鲁国际问题研究所的另一本招牌代表作。福克斯创造的新词——"超级—大国",后来被简写成"超级大国",是冷战时代的象征。① 凑巧的是,福克斯是芝加哥大学 1940 年毕业的博士,曾协助昆西·赖特撰写《战争研究》一书,其个人研究深受昆西·赖特、哈罗德·拉斯韦尔(Harold Lasswell)、经济学系主任雅各布·维纳等所谓芝加哥学派的影响。福克斯曾讲过拉斯维尔的特点是,既是理论化程度高的学者,也是政策相关性很强的学者。中国当时也有很多深受拉斯维尔影响的年轻政治学者,或许是因为这个特点,他的学说在中国也有不少拥趸。这一点如同约瑟夫·奈在当今中国的影响一样。

福克斯于 1950 年转入哥伦比亚大学,应当时担任校长、后来成为美国总统的艾森豪威尔之请,创建了战争与和平研究所,并担任所长长达 25 年。福克斯帮助哥伦比亚大学招募了塞缪尔·亨廷顿(Samuel P. Huntington)、赫德利·布尔(Hedley Bull)等年轻学者。在哥伦比亚大学,福克斯指导了 30 名博士,最出名的学生或许是肯尼斯·沃尔兹(Kenneth N. Waltz)和白鲁恂(Lucian Pye)。美国老布什政府时期的国家安全事务顾问斯考克罗夫特(Brent Scowcroft),20 世纪 50 年代入读哥伦比亚时,指导教师是时年 38 岁的福克斯。

英美之所以能在二战后迅速构建起一套新的国际秩序,与这些国际关系学者的努力是分不开的。中国的国际关系史教科书通常是政治人物的历史,但是对于真正需要领会政治人物思想的学者而言,更需要关注政治人物背后的思想资源和线索。1947 年,齐默恩和柯蒂斯这两位老同

---

① William T. R. Fox, *The Super-Powers: the United States, Britain, and the Soviet Union—Their Responsibility for Peace*(Harcourt, Brace New York, 1944). 原来是两个词 super 和 power,中间有一个连字符,后来逐渐就变成了一个新的词 superpower。在英文学术界,类似做法并不少见,例如沃勒斯坦在其世界体系论中,将资本主义世界经济体系界定为整体性的"世界—经济"(The Capitalist World-Economy)演变,表示了与通常意义上从部分角度分析世界经济的不同。——作者注

学同时被提名为诺贝尔和平奖候选人。而汤因比也因出版多卷本《历史研究》而成了世界知名人物,于1947年3月成为美国《时代》周刊封面人物。

爱德华·卡尔(Edward H. Carr)也是与赖特同时代的学者,在国际关系学科上以批判乌托邦而出名,也是现实主义理论的早期代表性人物。1986年,时年27岁的澳大利亚学者唐纳德·马克威尔(Donald J. Markwell)撰文回顾了齐默恩的生平及其对国际关系学的贡献,马克威尔认为:"很大程度上,由于国际合作这一实验的失败,特别是国联的失败,而这是齐默恩以及其他人期待很高的一项事业,如今人们不再关注那个时代的一些理想主义作品。他们那一代人的简单和无知,被强调权力政治更适合于那个时代,并自称为'现实主义'流派的作家猛烈地攻击,齐默恩他们的影响力也被摧毁了。"① 攻击者主要是号称现实主义者的爱德华·卡尔。

爱德华·卡尔属于齐默恩的后辈同事,在卡尔的现实主义大作《20年危机(1919—1939):国际关系研究导论》(以下简称《20年危机》)中,齐默恩作为批评对象被多次提及。在1939年版的序言中,卡尔以比较自信的论断总结了1919—1939年间的国际关系研究:"过去20年里,出版了许多历史性和记述性的优秀著作,涉及国际关系的各个侧面⋯⋯这些著作中没有一部旨在分析现代国际关系危机更深层次的原因。"② 卡尔的这部书被誉为现实主义流派的里程碑式著作,影响了二战后美国的学术潮流。尽管如此,随着时间的流逝,这本书在当前美国学术界的影

---

① D. J. Markwell, "Sir Alfred Zimmern Revisited: Fifty Years On," *Review of International Studies*, Vol. 12, No. 4, October 1986, p. 279.
② [英]爱德华·卡尔:《20年危机(1919—1939):国际关系研究导论》(秦亚青译),北京:世界知识出版社2005年版,第6页。

响力并不大,例证之一是该书在 Web of Science① 数据中的被引用率不超过 300 次,而诸如罗伯特·基欧汉等人的著述被引用率则在 2000 次以上。② 在国际关系学术史上,齐默恩被归类为理想主义者。但目前有争论说,一战后并不存在理想主义这个国际关系学术类型,现实主义与理想主义之间的第一次大辩论并未发生。③

卡尔之所以能够获得这种地位,一方面与其出色的才华分不开,但也与其外交官的经历密切相关。对那一代人而言,坐在书斋里研究国际事务难以做出好学问。但更重要的是,英国的强大为其学者构建学问体系提供了保障。卡尔 1916 年从剑桥大学毕业后,进入英国外交部工作,并作为代表团成员参加了巴黎和会。和会结束之后,被英国外交部委派到巴黎,参与处理国际联盟创建工作。20 世纪 20 年代末大萧条期间,卡尔开始跟踪研究苏联问题,并成为苏联问题专家。这一经历与美国驻苏联大使、后来成为现实主义代表人物的乔治·凯南如出一辙。对今天参与国际关系研究的中国学者而言,绝大多数难以获得当年国际关系学科创立时期西方学者的那种历练。尤其是在学术分工细化的当代学术界,绝大多数人要始终专注于某一个学术领域,才有可能取得成绩。但从卡尔等人的经历中也有可以学习之处,例如,研究最重要的大国的动向,才能写出里程碑式的作品。一定程度上,学术研究使得卡尔的观点与众不同,在如何处理德国的问题上卡尔与英国高层产生了分歧和矛盾。

---

① Web of Science 是科睿唯安(Clarivate Analytics)开发的信息服务平台,支持自然科学、社会科学、艺术与人文学科的文献检索,数据来源于期刊、图书、专利、会议录、网络资源等,目前收录了超过 3.3 万学术种期刊,包括我们所熟悉的 SSCI 等社会科学引文索引等都在其中,数据每周更新。Web of Science 还有 Web of Knowledge 作为检索平台,实施多种方式的文献检索。

② 可参考该数据库的检索,www.webofscience.com。

③ Lucian M. Ashworth, "Where Are the Idealists in Interwar International Relations?" *Review of International Studies*, Vol. 32, No. 2, April 2006, pp. 291–308.

1936年，卡尔从外交部辞职，开始担任威尔士大学国际政治系第四任伍德罗·威尔逊讲席教授。

卡尔的大作《20年危机》正是在国际政治学教授任上完成的。在大学里做研究的一个好处是时间比较充裕。但仅有时间保障，并不一定能写出好的作品。一定程度上的思想激荡也很重要。卡尔在书的第一版序言中感谢了三个人物的三本书，其中两个是他的同龄人。卡尔·曼海姆（Karl Mannheim）出生于1893年，霍尔德·尼布尔（Reinhold Niebuhr）出生于1892年。曼海姆的代表性著作是1936年出版的《意识形态与乌托邦》，尼布尔的著作是1932年出版的《有道德的人与不道德的社会》。前者提供了乌托邦这个说法，后者则是帮助卡尔处理了道德和现实主义的关系。而第三个人则是晚辈，出生于1909年的彼得·德鲁克（Peter Drucker），卡尔提到的书是德鲁克1939年出版的《经济人的终结》。显然，卡尔吸收了那个时代最为活跃的年轻新锐学者的思想。不过，细读《20年危机》这部书，处处可见马克思主义学说的影响。卡尔自己也承认，尽管这部书不属于马克思主义一脉，但多数时候是在使用马克思的方法来思考国际问题。不算巧合的是，曼海姆和德鲁克的出生地均在奥匈帝国。另外一位国际关系学现实主义大师汉斯·摩根索也出生于此。可以说，在思辨能力上，卡尔与德国人有近缘性。

在《20年危机》这部书中，卡尔明确显示了哲学偏好和战斗精神。他首次将国际关系的有关看法系统地整理成理想主义与现实主义两大流派。卡尔书中批判的对象则包括理想主义流派的齐默恩和诺曼·安吉尔爵士（Norman Angell），一定程度上也包括汤因比。从策略上讲，拿前辈开刀，的确是冒着风险的，但高风险也会带来巨大的收益。安吉尔1933年获得诺贝尔和平奖，但其最为后人提及的作品是1910年出版的《大幻觉》，该书的主题与20世纪70年代以后兴起的复合相互依赖有共同点，两本书均认为欧洲经济一体化足以阻止战争。① 而汤因比当时正好担任查塔姆研究所所长一职，毫无疑问也是英国国际关系学界的重要人物。卡尔在《20年危机》一书中臧否的人物线索可以简单概括为：19世纪的90后挑战19世纪的70后。

尽管汤因比以提出"挑战—回应"模式的历史理论闻名于世，但后世学者仍然认为汤因比有自己独特的国际政治理论。美国现实主义大师汉斯·摩根索的弟子肯尼思·汤普森（Kenneth Thompson）早在20世纪50年代就总结过美国学者和英国学者的不同风格，认为后者超越了简单的因果关系，试图构建更为一致的框架。汤普森强调，汤因比的国际政治思想体现出这种英国特色，分外相信均势的回归。②

四、巴黎和会与中国的国际问题研究

1919年不仅是中国历史的一个转折点，也是中外在国际关系认知和学科发展上的一个重要转折点。这一年被国际学者当作是国际关系学科的诞生之年，然而中国人对此缺乏应有的认识。

从年龄代际看，豪斯与康有为同为1858年出生。在豪斯率领美国智囊团辅助威尔逊总统时，康有为却因与北洋政府关系不佳，潜逃上海，只能靠发表文章，抨击让他退出政治舞台的北洋政府。长期以来，康有为的国际政治思想很少受到关注。随着中国走进国际舞台，青年学者们也开始探索中国百年来关键人物的国际思想变迁。其中，康有为也成为

---

① 最近有文献认为，一战并不能证明经济相互依赖理论的失败，Erik Gartzke and Yonatan Lupu, "Trading on Preconceptions: Why World War I Was Not a Failure of Economic Interdependence," *International Security*, Vol. 36, No. 4, Spring 2012, pp. 115-150。

② Kenneth W. Thompson, "Toynbee and the Theory of International Politics," *Political Science Quarterly*, Vol. 71, No. 3, 1956, pp. 365-386.

学者们讨论中国与国际体系之间关系的一个重要思想资源。北京大学教授章永乐的研究表明，康有为虽然不是国际关系这一学术传统的成员，但却可以称得上是一名思想先驱。康有为对国际问题的研究始于1895年甲午战争，"万国竞争"是其标志性用语，他试图借鉴春秋战国经验来分析维也纳体系中的列强争霸。康有为认可帝国主义的政治逻辑和丛林法则，尤其推崇在国际体系中占据显要位置的国家，当时主要是德国。依据章永乐的分析，康有为的国际政治思想有三个不足：第一，寄希望于列强帮助中国成为强国这一点不切实际；第二，严重低估了自下而上的民族主义；第三，不重视工人运动。①② 尽管康有为对西方国际体系有深刻认识，但由于康有为于1927年去世，没有机会更好地修正他对维也纳体系的认识，特别是无法分析凡尔赛—华盛顿体系的影响。

为了准备巴黎和会的会谈，当时的中国政府和社会名流也组建了不少国际问题研究小组。③ 如总统保和会准备会、国务院国际政务评议会、战时国际事务委员会及筹备处。1918年12月，徐世昌还在总统府设立了外交委员会，由汪大燮任外交委员会委员长，汪曾任留日学生总监督，后又于1905年出任驻英公使、1910年出任驻日公使，林长民也是委员会负责人之一。林长民1902年入日本早稻田大学学习政治经济学，回国后参与起草《中华民国临时约法》，拥戴袁世凯。1919年2月，张謇等发起

---

① 章永乐：《万国竞争：康有为与维也纳国际体系的衰变》，北京：商务印书馆2017年版，第23—24页。

② 笔者认为章的分析和概括有道理，19世纪英国的工人运动是马克思主义的来源之一，但工人运动并不为康有为所重视，这是说得过去的。因为作为旁观者，康有为更加重视整体性的国家的外部行为，而作为内部人的马克思，却可以看到更深处，洞察英国内部政治经济变化的深远影响。这种分野，就像今天我们观察特朗普的美国，多数外国人重视作为整体的美国，但是对于特朗普以及很多美国人而言，更加重要的是国内形势。

③ 侯中军：《中国外交与第一次世界大战》，北京：社会科学文献出版社2017年版，第280—283页。

成立国民外交协会，其理事包括熊希龄、王宠惠、林长民等。王宠惠曾留学日本，后转赴美国留学，先后入读加利福尼亚大学和耶鲁大学，专业训练为法学。从代际上划分，汪大燮与威尔逊总统的顾问豪斯上校是同代人，而林长民、王宠惠等与齐默恩是一代人。王宠惠于1947年当选为南京国民政府中央研究院首届院士。从学术能力看，王宠惠并不输给齐默恩。

中国因为西欧列强不同意对山东问题的处置，成为唯一没有在该合约上签字的国家。当时中国代表团的成员之一顾维钧博士后来回忆道："6月27日晚，凡尔赛和约签字前夕，我去圣·卢克德医院，在陆总长（陆征祥——作者注）卧室内向陆报告全部情况。那时，和会对中国问题的不利决定已经引起人们的极大不满，而且，对于五四运动的爆发，它即使不是唯一的原因，也是一个主要原因。在巴黎的中国政治领袖们、中国学生各组织，还有华侨代表，他们全部每日往中国代表团总部，不断要求代表团明确保证，不允保留即予以拒签。他们还威胁道，如果代表团签字，他们将不择手段，加以制止。"[①] 顾维钧提到的在巴黎的中国精英人物，包括驻各国公使、社会名流以及学者，一些我们耳熟能详的人物如梁启超、汪精卫、蒋百里、张君劢、丁文江等都云集巴黎，关注这一进展。[②] 但是，作为弱国的代表，事实上没有办法影响和会的最终进程。在巴黎和会结束之后，中国代表团关心的是保护权益，而不是像英美两国的学者那样审视这场战争的起源。

顾维钧与汤因比、赖特等人属于同代人，顾维钧1912年在哥伦比亚大学获得博士学位，还曾经修习过美国助理国务卿穆尔教授讲授的国际

---

① 顾维钧：《顾维钧回忆录》（第一分册）（中国社会科学院近代史研究所译），北京：中华书局1983年版，第206—207页。

② 侯中军：《中国外交与第一次世界大战》，北京：社会科学文献出版社2017年版，第285页。

法和外交、古德诺的宪法和行政法、比尔德的政治学等课程。① 从顾维钧的师资来看，已经是不可多得的配置。弗兰克·约翰逊·古德诺（Frank Johnson Goodnow）1904年就任美国政治学会第一任会长，1913—1915年间两度来华，深入参与袁世凯的宪政改革。尽管古德诺并未给出"君主制较民主制为优"的观点，但在袁世凯的授意下，北洋学者最终将其观点改造为"古德诺博士主张中国实行帝制"。甚至一度引发了远在美国的胡适的批评。1915年8月，胡适专门写就《古德诺与中国之顽固反动》，寄往美国《新共和》周刊发表。② 查尔斯·比尔德（Charles A. Beard）于1927年当选为美国政治学会会长。在就任会长的演讲中，比尔德认为律师和历史学家对政治学的发展不利，美国人重视经济学的作用，创造性地理解技术变迁对美国学术发展的影响。③ 作为第四代外交官，顾维钧本身的能力相当出众，也创造了民国时期外交官的奇迹。但可惜的是，从国外学成回国的社会科学博士，却很少专职从事研究，顾维钧也是如此。

胡适可能是例外。1933年，胡适当选为美国人文与艺术科学院外籍院士，所属界别为"政府、国际法和外交"。④ 同年被列入这一界别的外籍院士一共有三位。一位是日本国际法学者、外交家安达峰一郎（Mineichiro Adatci），安达峰一郎1892年毕业于东京帝国大学，旋即进入日本外务省，曾参加1919年的巴黎和会，于1925年当选为日本学术院院

---

① 顾维钧：《顾维钧回忆录》（第一分册）（中国社会科学院近代史研究所译），北京：中华书局1983年版，第70页。
② 任晓：《世界与中国》，上海：复旦大学出版社2013年版，第224—225页。
③ Charles A. Beard, "Time, Technology, and the Creative Spirit in Political Science," *The American Political Science Review*, Vol. XXI, No. 1, 1927, pp. 1–11.
④ "List of the Fellows and Foreign Honorary Members (Corrected to February 1, 1933)," *Proceedings of the American Academy of Arts and Sciences*, Vol. 67, No. 13, February 1933, p. 633.

士，后担任日本驻法国大使，参与起草了 1928 年的《巴黎非战公约》（《白里安—凯洛格公约》）。① 另一位是法国诗人、外交家保罗·克洛代尔（Paul Claudel）。克洛代尔曾在中国（清王朝时期）、德国、巴西、丹麦、日本和比利时等地任职，1927—1933 年间担任法国驻美国大使。从年龄来看，胡适当选美国人文与艺术科学院院士时，是最为年轻的一位，时年 42 岁。而同一年当选的经济界别的外籍院士还有福利经济学的开创者、英国经济学家阿瑟·庇古（Arthur C. Pigou），庇古是剑桥学派领袖马歇尔的继承人，时年 56 岁。

在当选为美国人文与艺术科学院院士之前，作为中国"五四新文化运动"的领军人物，胡适已经闻名中外。1926 年 11 月，名声如日中天的胡适去伦敦参加英国退还庚子赔款的谈判，应邀在成立不久的英国皇家国际事务委员所做演讲。在题为《中国的文艺复兴》的演讲中，胡适回顾了中国现代化的三个阶段：器物阶段、政治改革阶段以及文化运动阶段。胡适提出，"在上一个百年间，中国与西方的关系表现为，中国不幸地抵抗来敲门的西方新形式文明。我们抵抗了一百年，然后开始努力现代化"。② 胡适认为，在经历了器物和政治改革的失败之后，中国知识分子开始寻求文化的现代化。首当其冲的是改革文字和语言，以扩大接受现代化的教育。胡适将 1917 年以来的文学革命分为两个阶段，第一阶段是知识分子生活的现代化，承认东方文明的弱点，认可西方文明的优点。胡适将梁漱溟 1920 年出版的《东西方文化及其哲学》（英文翻译为 Civilisations，原文如此，是英国的翻译法，当时主要还是英国英语

---

① 关于安达峰一郎的介绍，可参考：柳原正治·篠原初枝编著『安達峰一郎—日本の外交官から世界の裁判官へ—』、東京大学出版会、2017 年；也可参考 "Mineichirō Adachi," https://prabook.com/web/mineichiro.adachi/1717487。

② Hu Shih, "The Renaissance in China," *Journal of the Royal Institute of International Affairs*, Vol. 5, No. 6, November 1926, p. 266.

的影响力大一些，通常作"文明"用——作者注）作为这种转变的典型代表。第二阶段是社会和政治抗争。胡适在演讲中指出，早先的时候他并不主张政治运动，但后来转变了观念，他还强调，"中国共产党的领导人与我主编了《新青年》，这一刊物在掀起语言运动时发挥了主导作用"。① 在演讲最后，胡适提出"少年中国"将最终拥抱政治运动，以便革故鼎新。仍然值得指出的是，尽管胡适是在英国重要的智库作出演讲，但在其演讲开篇却不客气地指出，英国与中国在学术上的联系，远不如美国与中国的联系来得深入。1926 年胡适做出这样的判断时没有给出确切的证据，但是后来大批留学生从美国学成归国，而从英国学习归国的却要少得多这一事实也是确凿证据。

从胡适的教育以及学术经历来看，1910—1917 年间在美国留学八年，是那个时代中国学者留美时间较长的几位之一，入读的康奈尔大学和哥伦比亚大学均是美国名校。奠定胡适一生思想基础的是康奈尔大学，作为第二批庚子赔款奖学金获得者，胡适是 19 名进入康奈尔大学的中国学生之一，时年 19 岁。在胡适入学之后不久，辛亥革命爆发。大学二年级的胡适也从康奈尔大学的农学院转入文学院，开始系统接受美国的通才教育，其课程包括文学、语言、哲学、历史、数学和科学。胡适在康奈尔大学的五年修习了三个专业：哲学、文学以及政治。其中，1912 年秋季到 1914 年春季研读的政治学专业课程包括：经济学入门（授课教授为 Walter Wilcox）、财政学（授课教授为 Alvin Johnson）、美国政党制度（授课教授为 Samuel Orth）、政治制度、比较政治学、经济理论史（授课教授为 Alvin Johnson）、价值与分配（授课教授为 Alvin Johnson）。② 从这些课

---

① Hu Shih, "The Renaissance in China," *Journal of the Royal Institute of International Affairs*, Vol. 5, No. 6, November 1926, p. 276.

② ［美］江勇振：《舍我其谁：胡适（第一部　璞玉成璧，1891—1917）》，北京：新星出版社 2011 年版，第 248—256 页。

程来看，胡适并没有接触到后来我们所界定的国际关系学科的课程，甚至于作为国际关系起源课程的国际法也没有涉猎，这一点远远不同于略早于胡适到美国求学的顾维钧。

不过，胡适在康奈尔求学期间，曾选读几门历史课程，接近于今天我们所理解的国际关系史。两门历史课程中的第一门课是"大英帝国的发展"，其内容主要为英国的殖民政策；第二门课是"拿破仑时代"，研读重点在于朝代、疆域和政治制度的变迁。两门课的主讲教授均为短期到康奈尔授课的乔治·达确（George M. Dutcher）。① 达确教授的论著包括《东方的政治觉醒：埃及、印度、日本和菲律宾的政治进步的研究》（1925年）。另外一位对胡适治学有重要影响的康奈尔大学历史系教授是乔治·布尔（George Burr）。1912—1914年间，胡适曾选读了布尔教授的三门课程：中古史、历史的辅助科学和史学方法。布尔的一个观点是历史学兼具科学与艺术双重特质。1916年，布尔当选为美国历史学会会长。②

1915年9月，胡适转学至哥伦比亚大学，师从实用主义哲学家杜威。选读的课程分别为哲学、政治理论史和汉学。其中政治理论史的授课教师为威廉·邓宁（William Dunning）。③ 邓宁教授的专长是历史学，也是美国历史学会的创始人之一。其专著包括三卷本的《政治理论史：从古希腊到中世纪》（1902—1920年），《重建：有关内战和重建的论集》（1904年第二版），《英帝国与美国》（1914年）。据胡适《四十自述》的

---

① ［美］江勇振：《舍我其谁：胡适（第一部　璞玉成璧，1891—1917）》，北京：新星出版社2011年版，第264页。
② ［美］江勇振：《舍我其谁：胡适（第一部　璞玉成璧，1891—1917）》，北京：新星出版社2011年版，第290—91页。
③ ［美］江勇振：《舍我其谁：胡适（第一部　璞玉成璧，1891—1917）》，北京：新星出版社2011年版，第299页。

记载,1916年6月,胡适去往俄亥俄州的克利夫兰,参加"第二次国际关系讨论会"。但一路上却都在与友人讨论如何改良中国文学的题目,①从1916年8月初至1917年4月底,胡适花了9个月时间完成了博士论文《先秦名学史》。在此期间,胡适还参加了诺曼·安格尔组织的国际政体俱乐部活动,甚至以英文论文《国际关系中是否有替代性力量》获得了该俱乐部的奖。② 这是一个完全典型的国际关系论题,1938—1942年间胡适曾担任中华民国驻美大使,但从美国归来之后,胡适并未转向国际关系的研究,他在国际关系学科发展历史上留下的痕迹并没有受到重视。在民国时期,有类似经历的学者不在少数。

在巴黎和会之后,西方列强于1921年紧接着召开了华盛顿会议,主要讨论远东及太平洋问题,当时的北洋政府应邀参加。1921年8月18日,北京政府成立了以外交总长颜惠庆为首的"太平洋会议筹备处",其他各种民间组织也开始组建,如"太平洋问题后援同志会""华盛顿会议中国后援会""国际研究社"以及"太平洋会议讨论会"等。9月20日,这些民间团体统一组成了"国民外交联合会"。而中国政府代表团甚至聘请了三名外国专家作为顾问,代表团总规模达到132人。但因国库经费不足,部分人员的费用由各方筹借。③ 这一事实说明,中国当时总体国力很弱,从研究的角度看,也没有能力把握复杂的国际形势。1921年11月,会议在华盛顿召开,当时的中国留美同学会组成"中国留美学生华盛顿会议后援会",赴会代表有陈翰笙、查良钊、段锡朋、罗家伦等。④

与胡适考取庚子赔款赴美留学不同,陈翰笙是变卖了一部分家产,

---

① 胡适:《四十自述》,南昌:江西人民出版社2016年版,第122页。
② 胡适:《四十自述》,南昌:江西人民出版社2016年版,第168页。
③ 侯中军:《中国外交与第一次世界大战》,北京:社会科学文献出版社2017年版,第317—318页。
④ 陈翰笙:《四个时代的我》,北京:中国文史出版社1988年版,第24页。

好不容易筹齐 2000 大洋到海外留学的。这种家庭背景和财富水平的差距,影响了胡适和陈翰笙的道路选择。1915 年秋天,陈翰笙到达美国。1916 年入读洛杉矶附近的波莫纳大学,同学中有后来成为社会学家的李景汉、经济学家的何廉。从波莫纳大学毕业后,陈翰笙曾在芝加哥大学研究院做助教,一年的报酬是 2000 美元,足够维持一个人生活。在芝加哥大学期间,他选了美国宪法史、古代埃及(陈翰笙回忆录原话——作者注)以及俄文三门课。1921 年夏季,陈翰笙以论文《茶叶出口与中国内地商业的发展》获得芝加哥大学硕士学位。尽管此后顺利入读哈佛大学,但考虑到结婚后的生活成本,在芝加哥半工半读获得的 2000 美元不足以维持生活,因此陈翰笙转到马克贬值的德国继续读书生活。1924 年,陈翰笙凭借德文撰写的论文《1911 年瓜分阿尔巴尼亚的伦敦使节会议》①获得柏林大学的博士学位,从时间上看与赖特、维纳等人所差无几。②

1924 年,陈翰笙应蔡元培邀请赴北京大学任教,教授的课程是欧美通史和史学史。在回忆录中,陈翰笙提及当时北大教师分为两派,一派是以胡适为首的英美德留学生,另一派是李石曾领头的日法留学生。正是在北大任教期间,陈翰笙加入了中国共产党。陈翰笙非常信服马克思在《资本论》中对社会发展的独到解释。对此,他在回忆录中强调,"马克思花费 40 年时间写成的《资本论》,对解释社会发展史确有独到之处。相比之下,我过去在欧美学的历史却没有使我了解历史,而只是些史料、史实的堆砌,读了《资本论》,才使我了解了真正的历史"③。在爱德华·卡尔(Edward H. Carr)构建现实主义理论的 20 世纪 30 年代,中国的马克思主义学者陈翰笙(1897—2004)则在太平洋东岸开发国际问题

---

① 不少资料显示为《1911 年瓜分阿尔巴尼亚的伦敦六国使节会议》,但其回忆录中没有"六国"二字。——作者注
② 陈翰笙:《四个时代的我》,北京:中国文史出版社 1988 年版,第 16—27 页。
③ 陈翰笙:《四个时代的我》,北京:中国文史出版社 1988 年版,第 34 页。

研究，并参与编辑太平洋学会（Institute of Pacific Relations）的《太平洋事务》杂志。太平洋学会曾于1931年在杭州和上海举办过"满洲问题"的讨论会，1933年国际秘书处从檀香山搬迁至纽约，欧文·拉铁摩尔（Owen Lattimore）担任学会刊物的主编。当时，陈翰笙正好辞去了蔡元培主持的中央研究院社会科学研究所负责人一职，就开始陆续参与学会的活动。1936年初，陈翰笙前往纽约，参与学会秘书处和《太平洋事务》的出版业务。1937年，在陈翰笙的推动下，拉铁摩尔等人访问了延安。① 而陈翰笙通过掌管《太平洋事务》，编发了以马克思主义为理论基础分析中国问题的很多文章，其中也包括后来担任周恩来总理英文翻译的冀朝铸，这些文章塑造了中国历史的新故事。② 拉铁摩尔后来出版的著作据说吸收了汤因比的学说。也正是在太平洋学会的资助下，陈翰笙与薛暮桥、孙冶方、钱俊瑞等人完成了对中国农村的调查研究，这些人对新中国的农业经济政策制定发挥了作用，也是日后中国社会科学院的领导班底。

在赵宝煦先生回顾中国政治学百年历程的文献中，陈翰笙的名字并不在当时的老一代政治学者名单上，原因是，一来陈并未在大学政治系任教，二来也并未像老一代政治学者那样参加中国政治学会的活动。但如果把这两项作为评判一名学者是否研究政治问题、国际政治问题的标准，那么这个范围过于狭窄，尤其是对于初创的学科而言，很多人来自于其他学科。西方社会科学发展的历史表明，在学科初创时期，建功立业者往往并非本学科的人才，而是交叉以及相关学科的代表性人物。

---

① ［美］麦金龙：《陈翰笙与太平洋国际学会》，载王建朗、栾景河主编：《近代中国、东亚与世界》（下卷），北京：社会科学文献出版社2008年版，第420—426页；张海峰、张铠：《陈翰笙先生与太平洋问题研究》，《太平洋学报》2004年第7期，第6—9页。

② Charles W. Hayford, "China by the Book: China Hands and China Stories, 1848—1949," *The Journal of American-East Asian Relations*, Vol. 16, No. 4, Theme Issue: Framing China , Winter 2009, p. 302.

1956年11月，张闻天一手创办的中国科学院国际关系研究所成立后，陈翰笙即担任研究所副所长。[①] 改革开放后，陈翰笙的正式工作在中国社科院，但在北京大学也培养国际问题研究的学生，其学术香火得以延续。例如，北京大学国际关系学院教授潘维，曾于20世纪80年代受教于陈翰笙，后在陈翰笙的推荐下赴美留学攻读政治学博士学位。[②] 事实上，20世纪80年代进入中国大学学习的一代学者，他们的导师有一些恰好是20世纪40年代在西方留学的。通过这种跨代际的学术联系，学术的传承开始重拾动力。

从学术传承的意义上来说，不研究中国问题就得不到中国各界的支持，而大学里没有相应的教职就意味着学术研究的制度环境都不存在，这两者相互交织导致中国的政治学研究，包括有关国际问题的研究停留在时事分析的水平上。赵宝煦先生对1949年中华人民共和国成立之前的政治学学科建设有如下两个评价：一是政治学专业培养的学生很少研究中国问题，主要是介绍西方的研究成果。二是绝大部分在政治学专业培养出来的学生很少能在当时的大学里找到政治学的教职。[③] 即便是今天，这两个评价仍然也有很强的现实意义。

五、初步结论

从国际关系学科角度讨论百年未有之大变局具有独特性。目前，多数人在讨论全球转型或者大变局时，主要是侧重于历史的变迁，比较各个历史发展阶段的力量对比变化，但很少有人将国家兴衰、国际力量对比与评

---

① 萧扬：《忆张闻天创建中国国际问题研究所》，《世界知识》2006年第17期，第40页。
② 潘维：《士者弘毅》，北京：中国人民大学出版社2019年版，第3页。
③ 赵宝煦：《中国政治学百年历程》，《东南学术》2000年第2期，第40页。

估这种力量对比的国际关系学科变化联系在一起。本文试图突破这种旧的思维框架，在国家兴衰与国际问题研究学科发展之间架起一座桥梁。

按照西方的标准，在一定程度上多数中国国际关系学者也接受，2019年正好是国际关系学科诞辰的百年。而从学科史角度看，在国际关系学科诞生之前，主要的社会科学门类基本已经在西方大学里制度化。也正因为如此，国际关系的社会科学属性长期招致挑战，有人认为是跨学科和交叉学科，有人认为应主要从属于政治学。从本文的分析来看，英国国际关系学科诞生的主要标志是在大学里设立讲席教授，而美国建立这门学科要晚一些，很大程度上是建立在对英国解决方案的反思与批评的基础之上，两者的标准不同，但其共同的起源均是第一次世界大战，在战争决定国家兴衰的时代，在战争是政治的延续这一观点的影响下，学科定位于政治学是恰当的。

国际关系学科与国家兴衰联系密切。英国的衰落催生了国际关系学科，但随着霸权的转移，美国的学术研究结出了丰盛的果子。对中国来说，当时的国力水平远不足以支撑国际关系学科的发展。从未来趋势看，决定国家兴衰的主要因素也在发生变化，与百年前相比，战争的影响力大幅度下降，而技术革命、经济因素等的权重在加大，全球治理与国际规范的变化也在加速，因此国际关系的学科定位以及发展方向也应做出相应调整。就此而言，一个崛起的中国需要更加与时俱进的国际问题研究和新学科框架。

将中国置于国际关系以及国际关系学科百年变化中，则显著地超越了时间线索，而增强了大变局的空间感。从中国的角度来看，19世纪末20世纪初，中国告别了传统的学问体系，转而逐步采纳西方的学科分类和研究，第一代真正现代意义上的知识分子开始出现。但是，这代知识分子的主要挑战是处理传统与现代的关系，典型事件是新文化运动。虽然，新文化运动的刺激性力量始于因巴黎和会激发的民族主义，但是最终约束中国革命的力量却主要是国内形势使然。由于缺乏足够的力量介入和影响世界，即便是那些极为优秀的学者也没有办法从中国的实践中总结中国的国际行为理论，更谈不上据此分析其他国家的对外关系。经过百年的发展，中国已经是世界的中国，从时间上看，中国的发展程度与发达国家的差距已远不是百年，从空间上看，中国的海外利益也日益扩展遍布全球。

从学者的角度看，1919年前后的中外一代学者，或多或少都有若干联系，但这种联系主要是通过西方的大学实现的，即基于学生时代的师生关系、同学关系。相比之下，英美建立国际关系学科的学者们，不仅有参与巴黎和会的共同政治经历，而且吸纳了当时的资本家捐赠金钱用于建立讲席教授。也就是说既有社会动员，也有政治共识，结果很快推动了国际关系学科建设。尤其值得指出的是，判断一所大学、一个专业是否建设得很好，很重要的标准是能否培养出一流的学者和一流的学生，前者主要是指在每个代际中都有优秀的学者，学术传承和学术谱系有着明显的痕迹，后者主要体现在经过专业培训后学生能够在将来为社会所用。就学科建设而言，培养第一流的学者是主要目标，也是最为根本的评判标准。我们有理由预期，随着中国的实力进一步发展壮大，中国学者的学术脉络也将更加清晰，学术传承也将更具完整性。

"亚洲观念"的历史想象：
以5000年、500年和50年为视角

耿协峰[*]

摘　要　当今世界，全球政治经济结构深刻调整，全球化进入"新阶段"，全球合作陷入"僵局"。同时，地区合作和地区治理也出现波折，亚洲地区尤其明显。如何破局，成了国际关系学界特别是新地区主义研究领域的巨大难题。本文尝试引入全球史学的视角，从5000年、500年和50年出发，对"亚洲观念"进行历史想象和解读，希望能够有助于促进亚洲地区合作，推动全球秩序的重建。

关键词　亚洲观念　亚洲地区主义　全球史　历史想象

一、引言

当今世界，全球化发展进入了"深水区"，全球化的广度和深度空前扩大的同时，各种震荡和回流也不断加剧。全球政治经济结构深刻调整，

---

[*] 耿协峰，中国政法大学全球化与全球问题研究所教授。

全球合作陷入了某种"僵局"（gridlock）。① 对全球化和未来世界秩序走向的反思吸引着国际研究界的广泛关注。而关于崛起后亚洲的地位和亚洲地区合作的未来走向如何更是不乏争论。在 21 世纪到来之前，亚洲的崛起和复兴这一话题就已成为全球化研究的主要热点，在受到学术界和大众传媒推崇的同时，也面临持续的拷问。进入 21 世纪，随着全球化进入"新阶段"，② 在亚洲地区主义兴盛和曲折发展的过程中，研究思想史的学者率先发出追问："亚洲"到底意味着什么？为什么谈亚洲，如何谈亚洲？我们为什么要谈东亚？何谓"东亚"？如何诠释一个整体性的亚洲概念？在中国有"亚洲"吗，谁认同"亚洲"？等等。③ 而国际关系学者对"亚洲观念"的认识大多停留在"放大的亚洲民族主义"的意义上，即使是在探讨亚洲地区化和地区主义进程时，也很难接受作为一个整体的"亚洲观念"的存在。

最近几年，随着英国"脱欧"、美国退出《跨太平洋伙伴关系协定》

---

① David Held, *Global Politics After 9/11: Failed Wars, Political Fragmentation and the Rise of Authoritarianism* (e-book), (London: Global Policy, 2016,) pp.110-114.

② 近年不断有著名学者明确提出，经济全球化已进入"新阶段"，参见郑必坚：《"一带一路"和经济全球化新阶段》，《全球化》2017 年第 7 期；世界政治进入"新阶段"，参见王缉思：《世界政治进入新阶段》，载《中国国际战略评论 2018（上）》，北京：世界知识出版社 2018 年版；当前全球化还会有新的发展，形成"新全球化大趋势"，参见张蕴岭：《把握未来全球化的大趋势》，《世界知识》2018 年第 4 期。而在 2019 年世界经济论坛年会召开前，论坛创始人兼执行主席克劳斯·施瓦布又高声宣布："全球化发展已经进入新阶段。"参见《施瓦布：全球化进入新阶段 包容性和可持续性是关键》，新华网，2019 年 1 月 16 日，http://www.xinhuanet.com/2019-01/16/c_1123997559.htm。

③ 参见下列作品：孙歌：《我们为什么要谈东亚：状况中的政治与历史》，北京：生活·读书·新知三联书店 2011 年版；杨念群：《何谓"东亚"？——近代以来中日韩对亚洲想象的差异及其后果》，《清华大学学报（哲学社会科学版）》2012 年第 1 期；汪晖：《亚洲想象的政治》，载周方银、高程主编：《东亚秩序：观念、制度与战略》，北京：社会科学文献出版社 2012 年版；汪晖：《亚洲想象的谱系》，载汪晖：《现代中国思想的兴起》，北京：生活·读书·新知三联书店 2015 年版，附录二；[韩]白永瑞：《在中国有亚洲吗？——韩国人的视角》，《东方文化》2000 年第 4 期；[韩]白永瑞：《思想东亚：朝鲜半岛视角的历史与实践》，北京：生活·读书·新知三联书店 2011 年版；葛兆光：《宅兹中国：重建有关"中国"的历史论述》，北京：中华书局 2011 年版。

（TPP）并重新谈判《北美自由贸易协定》（NAFTA），以及中日韩合作遇冷，地区主义和地区治理陷入了全球性的"低谷"，[①] 大有"停滞"和"衰落"之势。[②] 特别是全球性大国在亚洲地区的地缘政治博弈出现新局面：中国提出"一带一路"倡议，虽是经济方面的诉求所主导，客观上却可以从海陆两条线实现扩展地缘战略空间；美国提出"印太战略"，试图对中国的崛起进行新的围堵；俄罗斯积极践行欧亚主义，在中亚地区稳住根基；印度积极"东向"发展，努力在中美俄之间周旋，为其自身崛起谋求政治、经济收益；日本接棒美国主持达成《全面与进步跨太平洋伙伴关系协定》（CPTPP），试图实现由其主导的亚太新贸易格局。这种局面对亚洲地区秩序的和平与稳定既构成了支撑，也形成了威胁。从全球治理的角度来看，这种地区秩序会形成规制的"意大利面条碗效应"和成员参与的排斥性，对于实现地区治理和全球治理的良性发展形成障碍。如何破局，成为国际关系学界特别是新地区主义研究领域的巨大难题。

笔者以为，要解决这一难题需要改变原有观念或构建新观念，总结其中地区合作和地区一体化的成功经验，重塑"亚洲观念"，[③] 向全球主义、地区主义和民族主义相结合的道路上迈出坚定步伐。

二、"亚洲观念"是什么？

本文所说的"亚洲观念"，是指在亚洲近现代历史上逐渐形成并发展

[①] 庞中英：《地区主义浪潮陷入低谷》，《人民论坛》2012 年 2 月（上）。
[②] 参见：王学玉、李阳：《东亚地区主义的停滞——以地区性国际社会缺失为视角的分析》，《国际观察》2013 年第 5 期；韩爱勇：《东亚地区主义何以走向衰落？》，《外交评论》2015 年第 5 期。
[③] 耿协峰：《重塑亚洲观念：新地区主义研究的中国视角》，《外交评论》2018 年第 2 期，第 15—33 页。

演变至今的一种地区共同体观念,它包含地理上的共同区位观念、文化上的共同价值观念、经济上的共存共荣观念和政治上的命运与共观念。①

古代历史上并没有这样的"亚洲观念",只有"亚洲文明",而且不是一个而是多个"亚洲文明",主要包括东亚中国文明、南亚印度文明和西亚伊斯兰文明。古代的亚洲文明为后来"亚洲观念"的诞生打下了深厚的思想基础,可以说,"亚洲观念"在很大程度上是由复兴古代亚洲文明的愿望所催生的结果。当然,"亚洲观念"的出现,主要还是所谓"欧洲观念"的投射以及与之紧密相连的亚洲人民自身政治经济发展意愿的反映。

我们知道,在截至公元1500年之前的古代文明时期,亚洲还不是一个独立的地区,"亚洲"(亚细亚洲)这个称呼也只是古代西亚人或地中海人对地理上位于地中海以东的大陆地带的笼统称呼,时称"亚苏",意为"太阳升起的地方"或"东方",② 至于这个"东方"世界到底有多大、包含几个部分,当时无人知晓,也没人去弄清楚。古代亚洲文明均是以自我为中心的文明,相互成为"他者",但一直没有一个共同的"他者"文明。直到公元1500年左右地理大发现之后,历经东西方300年的冲突与融合,在欧洲文明将势力扩展到全球之后,亚洲才渐渐被发现和自我发现(19世纪末"亚洲觉醒")。欧洲这个"他者"在亚洲和"亚洲观念"的形成过程中起到了一定作用。及至20世纪60年代,亚洲经济持续高速增长。先是日本、亚洲"四小龙"(中国香港、中国台湾、新加坡和韩国),然后是70年代大陆中国、东南亚其他国家("亚洲四小虎":泰国、马来西亚、菲律宾和印度尼西亚),再接着是印度和亚洲其

---

① 耿协峰:《重塑亚洲观念:新地区主义研究的中国视角》,《外交评论》2018年第2期,第19页。

② 孙文范编著:《世界历史地名辞典》,长春:吉林文史出版社1990年版,第157页。

他地区，亚洲的整体崛起成为当代世界历史中的最强音，亚洲地区的合作与一体化此起彼伏。最近甚至有专家预言，"亚洲自身的亚洲化（Asianization）可能是21世纪最重大的大趋势"。①"亚洲观念"从此生生不息，从东亚到南亚，再到亚洲其他地区，渐渐地将"同一亚洲"②"亚洲社区"③或者"亚洲命运共同体"④的意识推到了历史的前台。

概括地讲，对于"亚洲观念"，从长时段历史上可以发现三个可靠的思想来源，那就是：古代亚洲文明的传统复兴、近世"欧洲观念"的投射、当代亚洲自身发展与合作的需求。⑤

本文将选择三个历史长时段——5000年、500年和50年——从全球史视角对其进行历史回溯和分析，希望能有助于更好地理解"亚洲观念"，并启迪现实，激发对于未来的想象。

三、亚洲文明的繁盛、失落与复兴

亚洲是世界文明的发祥地之一，也是世界文明最为集中的地区（世界四大文明有三大文明在亚洲）。但是，在人类5000年文明发展史上，亚洲文明经历了巨大的兴衰变动，从繁盛千年到匍匐于异族的铁蹄之下

---

① Parag Khanna, *The Future is Asian: Commerce, Conflict & Culture in the 21st Century* (Simon & Schuster, 2019), "Epilogue".
② ［韩］张大焕：《同一亚洲劲势》（吴顺今译），北京：民族出版社2012年版，第2页。
③ 最近有关"亚洲社区"的提法，可见中国国际问题研究院亚太研究所所长刘卿在博鳌亚洲论坛2018年年会亚洲区域合作组织圆桌会上的发言，澎湃新闻网2018年4月12有关报道，https://baijiahao.baidu.com/s?id=1597534827795625537&wfr=spider&for=pc。
④ 张洁：《构建亚洲命运共同体——从"一带一路"与亚投行谈起》，《中国青年报》2015年4月20日第2版。
⑤ 此处笔者主要受陈乐民先生"欧洲观念"的思想启发，他曾将"欧洲观念"产生的历史来源总结为三个："一个是两希文化、基督教文明；二是因非欧洲文化（非基督教文明）对之形成的对照、对立和压力而增强起来的欧洲自我意识；三是战争频仍，因渴望和平而寻求联合之道"。参见陈乐民：《欧洲文明的进程》，北京：生活·读书·新知三联书店2003年版，第132页。

或囿于其他文明的枷锁之中，最终有的彻底消逝，有的浴火重生。从文明史的角度看，很难发现亚洲三大文明中心历史演进的相似性和文化的同源性，它们各有自身的发展演进规律、孕育的文化基因和文化特殊性。但从长时段来看，它们却渐行渐近，特别是在人类开启全球化时代的公元1500年之后，又历经500年锤炼而日益命运与共，"亚洲观念"也随之孕育成长、落地生根。

根据全球史学的研究，回溯5000年人类文明史可以看到，地球上的文明起源大致在公元前3500年左右，主要在欧亚大陆逐渐形成了世界上最早的四大文明中心，即古巴比伦文明（约公元前3500年）、古埃及文明（约公元前3000年）、古中国文明（约公元前3000年）、古印度文明（约公元前2500年）。其中的三大文明中心均位于今天的亚洲大陆上。这三大文明中心后来演化成西亚中东的伊斯兰文明、南亚的印度文明和东亚的中国文明，其中伊斯兰文明与印度文明在公元8世纪出现交叠——其主要原因是随着阿拉伯帝国入侵，伊斯兰教进入印度——从而造成全球史学家斯塔夫里阿诺斯将公元1500年前的世界在地理上大体划分为三个大的孤立地区，即"西方世界、穆斯林世界和儒家世界"①。其中的穆斯林世界又包括三大帝国即奥斯曼帝国、波斯萨菲帝国和印度莫卧儿帝国。

全球史学研究指出，以上这些地区基本上处于相互分离的孤立状态——"早期的各帝国几乎完全被限制在各自所在的大河流域内，看起来就像尚处于汪洋大海般未开化状态中的几座小岛"②。但是，这些文明之间也并非全然不相干，它们之间也存在冲突与融合，特别是在北方

---

① ［美］斯塔夫里阿诺斯：《全球通史：从史前史到21世纪（第7版修订版）》（上下册）（吴象婴等译），北京：北京大学出版社2012年版，第345页。

② ［美］斯塔夫里阿诺斯：《全球通史：从史前史到21世纪（第7版修订版）》（上下册）（吴象婴等译），北京：北京大学出版社2012年版，第83页。

(北亚)游牧民族的不断侵袭下,这些文明中心发生着剧烈性的、甚至是颠覆性的变动。斯塔夫里阿诺斯研究指出,古代文明中心之间经由通商贸易、技术交流、宗教传播和知识扩散而出现了联结,并有欧亚"整体化"的趋势,虽然其"整体化"仍处于初始阶段。① 对于今天思考"亚洲观念"的文明起源来说,我们认为,正是这种文明中心聚集性的出现及其初步的"整体化"趋势成为亚洲颇为特殊的共同历史文化特征。

简单概括后可以看到,5000年人类文明史中的亚洲有以下几个共同文化特点。

首先,亚洲文明经过千百年的演变,达到了农耕文明时代人类所能实现的最繁荣阶段,其所创造的语言文字、文化艺术、农耕技术、商业手段和一系列政治经济制度,绵延至今,成为人类古代文明成就的典型代表。更重要的是,在近现代西方人看来,东方文明的成就在古代时期高于西方,至少早于西方并对西方有所启迪。正如黑格尔所说:"世界历史从'东方'到'西方',因为欧洲绝对地是历史的终点,亚洲是起点……历史是有一个决定的'东方',就是亚细亚。"② 更关键的是,繁盛的古代亚洲文明后来一度成为欧洲文明神话和向往的"东方"世界,成为塑造"欧洲观念"的重要"他者",同时也为未来欧洲扩张时代反向塑造"亚洲观念"制造了前提。

其次,亚洲各文明中心之间的交往交流早已开展,虽然还并不充分,但依靠陆海两条通道进行的东西部交往,形成了后世所称的"陆上丝绸

---

① [美]斯塔夫里阿诺斯:《全球通史:从史前史到21世纪(第7版修订版)》(上下册)(吴象婴等译),北京:北京大学出版社2012年版,第83页。

② [德]黑格尔:《历史哲学》(王造时译),上海:上海书店出版社2001年版,第106页。

之路"和"海上丝绸之路"。① 丝绸之路也为亚洲近代前后形成具有更紧密贸易网络的"世界性地区"或"世界区域"（a world region）②打下了基础，同时，也为文明间的交流互鉴树立了历史丰碑。古代丝绸之路的重要意义在今天中国提出并推进"一带一路"倡议的过程中已经得到充分的认识和阐发。并且，有学者已经意识到，"一带一路"倡议激活了亚洲古代智慧中"求通"的思维，亚洲地区合作的目标可以是走向一个"共通的区域"③，这无疑是"亚洲观念"从古代智慧中得到的一个极其重要的新启示。

再次，古代亚洲地区的主要行为体复杂多样，既有氏族、胞族、部落和部落联盟，也有家族、城邦、王国和帝国。并且，它们在政治经济互动过程中不断更迭换代，在分分合合之中培育了各自发达的政治智慧。东亚曾经先有诸子百家争鸣，最终有孔子、韩非的儒法政治思想占据统治地位；南亚出现过考底利耶的政治思想、阿育王的"法胜"思想等；西亚中东地区出现过阿维森纳（Avicenna）（即伊本·西那）、伊本·赫勒敦（ابن خلدون）的哲学思想以及伊斯兰政治文明传统，这些都是古代亚洲优秀的政治哲学传统，对当今亚洲的政治文化影响深远，也是构成当今亚洲政治多样性的古典根源。古代亚洲在政治交往方面也形成了成熟的体系和思想，比如，东亚世界的"朝贡体系"和"天下主义"如今已是亚洲地区合作和亚洲地区秩序研究当中的热点议题，其成果值得被构

---

① 全球史认为，从公元前 3000 年开始，欧亚大陆诸文明中心就建立了相互交往的联系；到公元前后的 5 个世纪里，形成了以陆、海"丝绸之路"为两条主干道的欧亚交流网络。参见：[美]约翰·R. 麦克尼尔、威廉·H. 麦克尼尔：《麦克尼尔全球史：从史前到 21 世纪的人类网络》（王晋新等译），北京：北京大学出版社 2017 年版，第 212 页。

② [美]乔万尼·阿里吉、[日]滨下武志、[美]马克·塞尔登：《东亚的复兴：以 500 年、150 年和 50 年为视角》（马援译），北京：社会科学文献出版社 2006 年版，第 5 页。

③ 吴泽林：《亚洲区域合作的互联互通：一个初步的分析框架》，《世界经济与政治》2016 年第 2 期，第 79 页。

建中的"亚洲观念"吸收和包容。①

最后，亚洲是人类宗教文化和传统哲学思想的发源地和富集地，这里诞生了三大世界性宗教以及绵延千年的儒家哲学思想，并向世界广泛传播。其中，基督教诞生于小亚细亚，然后向西传入地中海和巴尔干半岛，后来为欧洲文明所拥抱，成为欧洲大陆最普遍的宗教；伊斯兰教发源于中东，并塑造了三个大的帝国——奥斯曼帝国、波斯萨菲帝国和印度莫卧儿帝国，后来也传播到东南亚和中国；佛教诞生于印度次大陆，后传入中国、朝鲜和日本，对中华文化圈影响深远；儒家思想虽然属于世俗思想，但它历经两千年锤炼，成为中国文明中心的统治性政治思想，也是华夏多民族融合的巨大精神力量。同时也向海外广泛传播，影响波及朝鲜、日本和东南亚各地，形成今天所谓的"儒家文明圈"或"中华文化圈"。在这些宗教和哲学思想中，除伊斯兰教出现较晚以外，其他差不多都起源于同一时期，也就是公元前6世纪到5世纪前后（与古希腊哲学的出现也大致是同一时期）。它们的发源和富集，在某种程度上塑造了后世"亚洲观念"的创造性、多元性和包容性。

总之，在古代文明时期，作为一个统一地区的"亚洲观念"并不存在，亚洲是一个多中心且中心之间相互远隔的地区，亚洲也不存在欧洲那样共同的两希（希腊、希伯来）文化和基督教文明起源。但是，对于今天的"亚洲观念"而言，公元1500年前的古代亚洲历史展现了亚洲文明的多样性和丰富性。同时，历史上的丝路文化交流也为今天寻找亚洲的统一性或同一性提供了初步的历史脉络。换言之，古代亚洲文明的上述特点，汇集起来也构成了今世"亚洲观念"的古典传统或历史遗产，为构建亚洲认同打下了历史文化基础。历史文化的多样性和丰富性延续

---

① 参见周方银、高程主编：《东亚秩序：观念、制度与战略》，北京：社会科学文献出版社2012年版。

至今，成为今日亚洲文化多样性和丰富性的历史参照及背景。另外，今天的亚洲人完全可以以共享如此多样而丰富的历史文化传统而骄傲，从而也为塑造"我们亚洲"这一共同身份打下情感基础。

四、"欧洲观念"的反向投射

任何观念认同的形成，都源于一个或多个"他者"的出现。"欧洲观念"的形成，起源于有着相异于欧洲的东方"他者"。同样，"亚洲观念"也反过来以"欧洲观念"为"他者"，是"欧洲观念"的反向投射。

回顾公元1500至2000年这500年历史可以发现，亚洲文明经历了巨大的变化。大约在公元1500年之后，世界历史由于大航海时代来临而开始发生转折，这一转折在全球史学者看来就是全球意义上世界史的开始，同时也成为"地区自治和全球统一之间冲突的开端"①。这一"冲突"的过程是漫长的，与之相伴的是一次同样漫长的西兴东衰的历史过程。特别是当19世纪中叶西方列强完成三大革命——科学革命、工业革命和政治革命之后，西兴东衰的全球趋势基本成型。欧洲成为全球的殖民者，亚洲渐渐由文明中心转入世界边缘，成为亚非拉广大被殖民地区的一部分。直到20世纪中叶，随着两次世界大战给西方文明带来沉重打击，广大亚非拉地区才得以从殖民状态中解放出来，并且在亚洲经济发展的带动下，开始复兴古老文明的进程。

第一，在公元1500至2000年的这500年历史中，亚洲文明经历了两次缓慢而巨大的转变。一次是在西方殖民势力的侵扰下逐渐由繁盛走向衰落，一次是在长期的被压迫被殖民之后由衰落走向复兴。全球史学启

---

① ［美］斯塔夫里阿诺斯：《全球通史：从史前史到21世纪（第7版修订版）》（上下册）（吴象婴等译），北京：北京大学出版社2012年版，第473页。

发我们,这500年间亚洲文明的变迁与以前4500年间各文明中心受边缘地带侵扰而遭受的冲击颇为不同。无论以前亚洲所遭受的文明冲击给文明中心带来怎样的分分合合,哪怕是灭顶之灾、文明中断,各文明中心仍然保持了独立运转状态。而西方"新帝国主义"① 的兴起给东方亚洲文明带来了空前剧烈、一去不返的改变,从生产方式到生活方式,从语言文化到民族宗教,甚至日常生活的一切形式都随之发生了历史性的改变,整个融入资本主义世界体系扩张的历史洪流当中。亚洲沦为世界体系的边缘。

第二,亚洲文明的衰落又并非突然发生,在地理大发现之后的两三百年间(16世纪至18世纪上半期),亚洲文明仍旧繁盛一时,比如苏莱曼统治下的横跨亚欧的奥斯曼帝国、阿拔斯统治下的波斯帝国、阿克巴统治下的莫卧儿帝国和康乾之治下的大清王朝。只是到18世纪末直至19世纪,在西方文明不断扩张的同时,亚洲古代文明才逐步陷入"沉睡"和"停滞"。也就在那时以降,马克思所批评过的"亚细亚生产方式"②、黑格尔所蔑视过的亚洲专制主义政体③才统统变成了亚洲文明的拖累。

第三,亚洲文明在欧洲人驱动的全球化进程中,也曾扮演非常重要的角色。全球史学研究认为,"西方的兴起和扩张造成的全球发展是近代化的重要原因,而被西方影响和征服的地区对西方的近代化的作用也非

---

① [美] 斯塔夫里阿诺斯:《全球通史:从史前史到21世纪(第7版修订版)》(上下册)(吴象婴等译),北京:北京大学出版社2012年版,第505页。

② "亚细亚生产方式"是马克思在1859年发表的《政治经济学批判·序言》中首次提出的,他写道:"大体说来,亚细亚的、古代的、封建的和现代资产阶级的生产方式可以看作是社会经济形态演进的几个时代。"参见《马克思恩格斯全集》第13卷,北京:人民出版社1998年版,第9页。

③ 黑格尔在其《历史哲学》中指出:"在印度……中国、波斯和土耳其——实际上,亚细亚洲全部——都是专制政体,而且是恶劣的暴君政治的舞台。"参见[德]黑格尔:《历史哲学》(王造时译),上海:上海书店出版社2001年版,第159页。

常大。没有这些地区的参与，西方不可能实现近代化。"① 在参与全球化的这些非西方地区中，亚洲地区是最为关键的。亚洲人的技术发明、亚洲地区的财富和资源，为欧洲人驱动全球化提供了目的和可能。不仅如此，亚洲地区在这一全球化过程中也是直接的参与者。比如，历史学家研究认为，"在早期（17世纪中叶前）经济全球化的推动下，东亚地区出现了一个联系日益密切的国际贸易网络……一个从某种意义上来说'没有国界的世界'"②；"至少在19世纪前期，东北亚、内陆地区、东南亚共同组成了一个单一的世界区域，在对其发展进程和结果的影响方面，这些次级区域内部和区域之间的相互交往关系比起它们与别的区域间的交往要重要得多"③。"到了19世纪，欧洲人从海路到达中国之后，以中国为中心的世界其他地区，开始在经济上紧密地联系在一起，从而掀起了真正意义上的经济全球化的大潮"④。大量研究还认为，16世纪之后一直到19世纪前期，亚洲在被动参与欧洲主导的全球化过程之前，已经形成了一个有着密切内部联系的"世界区域"，或者说"建立了联结西方以及全球经济的纽带"，⑤ 并形成了一个以朝贡贸易关系所维系的"以中国为中心的地域圈"。⑥ 这个"世界区域"或"地域圈"的存在，为近

---

① 李伯重：《火枪与账簿：早期经济全球化时代的中国与东亚世界》，北京：生活·读书·新知三联书店2017年版，第15页。
② 李伯重：《火枪与账簿：早期经济全球化时代的中国与东亚世界》，北京：生活·读书·新知三联书店2017年版，第95页。
③ ［美］乔万尼·阿里吉、［日］滨下武志、［美］马克·塞尔登：《东亚的复兴：以500年、150年和50年为视角》（马援译），北京：社会科学文献出版社2006年版，第10页。
④ 李伯重：《火枪与账簿：早期经济全球化时代的中国与东亚世界》，北京：生活·读书·新知三联书店2017年版，第57页。
⑤ ［日］滨下武志：《中国、东亚与全球经济：区域和历史的视角》（王玉茹、赵劲松、张玮译），北京：社会科学文献出版社2009年版，第8页。
⑥ ［日］滨下武志：《中国、东亚与全球经济：区域和历史的视角》（王玉茹、赵劲松、张玮译），北京：社会科学文献出版社2009年版，第17页。

代以至于今世"亚洲观念"的形成奠定了想象的和事实的基础。

第四,亚洲在19世纪中期之后快速走向停滞和衰落,与之形成鲜明对照的是欧洲近代(或现代)文明的兴起和全球化。欧洲文明成为亚洲文明最重要的"他者",开始孕育"亚洲观念"。"欧洲观念"诞生于前:"在几乎被忘却的漫长时期过后,欧洲的名字和观念在15至18世纪之间随着欧洲人重新获得自信而复兴"。① 欧洲文明在19世纪达到高峰,铸造了"欧洲奇迹",而同时,亚洲对于世界的大部分观念都不过是"在反应或适应陌生的力量,接受或拒绝欧洲的劝诫或例证的过程中而产生的"②。亚洲的这种"反应和适应"在实践中往往表现为反抗和革命——其萌芽则是19世纪中叶就开始的亚洲各国的"自强"运动,包括中国的"维新变法"、日本的"明治维新"和印度的民族大起义等。最终,这些革命运动在20世纪下半期酿成了大规模的民族解放运动,亚洲从此"觉醒"。大批主权独立的亚洲国家建立后,它们的共同愿望就是摆脱西方殖民主义的影响,真正实现"国家的主权、民族的独立和经济的自主"——这种共同愿望曾经被尼赫鲁表述为"亚洲的苦恼"③,并体现到1955年万隆会议的十项国际关系原则当中。亚洲在反抗欧洲列强的运动当中寻找到了自身共同性或地区认同,这也标志着"亚洲观念"的正式诞生,其当时的核心内容是联合自强(团结、友谊、合作、和平共处、求同存异),且不论其联合的程度尚且多么有限。

---

① [英]菲利普·费尔南多-阿梅斯托:《改变世界的观念》(陈永国译),上海:上海人民出版社2007年版,第266页。

② [英]埃里克·琼斯:《欧洲奇迹:欧亚史中的环境、经济和地缘政治(第三版)》(陈小白译),北京:华夏出版社2015年版,第285页。

③ 转引自孙歌:《亚洲的苦恼:从万隆会议到"一带一路",中国会产生新的国际主义吗?》,2015年4月21日接受《界面新闻》网郭玉洁访谈的发言,https://www.jiemian.com/article/267121.html。

第五，最近 500 年全球史中出现了两大令学术界长期感到困扰的"奇迹"①：一个是"欧洲奇迹"，一个是"亚洲奇迹"。"欧洲奇迹"引发的困扰是："为什么现代国家和经济体首先在落后的欧洲，而不是在中国或印度等曾经先进的文明中发展起来？"20 世纪上半叶，两场世界大战结束了"欧洲奇迹"，但欧洲文明的核心观念为美国所继承，欧美文明共同构成西方文明，继续以"现代文明"的名义在 20 世纪作为统驭世界的主要观念力量。特别是在 20 世纪行将结束之时，冷战以苏联集团的失败告终，更加放大了欧美现代文明的自信心，于是有人提出"历史的终结"（福山），西方文明由此臻于顶峰。"亚洲奇迹"出现在 20 世纪 60 年代到 90 年代，它所引发的困扰是：为什么亚洲（或东亚）地区有如此集中的高速经济增长？②"亚洲奇迹"的出现为 20 世纪 50 年代诞生并以联合自强为核心内容的"亚洲观念"补充了新的内容，那就是发展理念或增长理念。毕竟，民族独立、联合自强等努力的后果很可能只是在亚洲再造一个"欧洲"，即欧洲式的民族国家体系。然而，只有发展才可能促使亚洲与其原来在世界体系中所占有的位置发生关联，③才可能改变 500 年来西兴东衰的全球大势，实现亚洲复兴和东西方均衡发展。

---

① [美] 乔万尼·阿里吉、[日] 滨下武志、[美] 马克·塞尔登：《东亚的复兴：以 500 年、150 年和 50 年为视角》（马援译），书中称之为两个"重要谜团"，第 332—333 页。
② 世界银行：《东亚奇迹：经济增长与公共政策》，北京：中国财政经济出版社 1998 年版。
③ 近年来思考东亚历史与现实关联的一项研究成果中就敏锐地意识到："在引入市场机制初期，美日的支持虽不可否认，但发挥更大作用的，则是过去数百年来形成的、覆盖东亚和东南亚的华商网络。某种程度上说，中国的经济起飞不是转而依靠殖民现代性，更像是回归到从早期全球化时代就已发端的历史脉络。"参见宋念申：《从"东亚奇迹"到"亚洲价值"》，见其著《发现东亚》系列文章之四八，连载于澎湃新闻网，https://www.thepaper.cn/newsDetail_forward_1915835。

五、亚洲自身发展与合作的需求

与"欧洲观念"来源于"因渴求和平而寻求联合之道"不同,"亚洲观念"的第三个来源是亚洲自身发展与合作的需求,其核心是发展,包括经济、社会、文化的全面发展,另外还有基于发展之上的地区合作需求。

在世界已进入21世纪第二个十年之际,再来回望最近50年的全球史,就会发现,能够逆转之前500年发展大势的事件,主要是"亚洲奇迹"或"亚洲崛起"。这件大事的起点应该是20世纪60年代,尤其是1968年。彼时日本经济(GDP)首次超越当时的联邦德国而跃居世界第二,开启了后来持续30年的东亚多个经济体的接力式高速增长,即"东亚奇迹"或"亚洲奇迹"。自那时以来的50多年时间里,"亚洲崛起"成为当代全球史中最耀眼的主题。于是,"亚洲观念"在欧美文明或西方文明登峰造极的时代再一次成为"欧洲观念"的反题,并以"亚洲价值"和"亚洲方式"等形式宣告了自己的"形成"。

第一,具体地看,首先需要说明为什么选择最近的50年历史作为一个分析的时间段。我们知道,正是在这最近的50年左右中,"全球化"这个概念才正式进入世界政治经济和文化的议程,世界历史研究中新兴的全球史观也大致始于这个时段(20世纪60—70年代)[1],人们从社会

---

[1] 标志是著名历史学家杰弗里·巴勒克拉夫于1976年正式提出的"全球历史观",参见[英]杰弗里·巴勒克拉夫:《当代史学主要趋势》(杨豫译),上海:上海译文出版社1987年版,第242页。

科学角度对"全球化"概念的探讨也大约从20世纪70年代开始。① 而且正是从那个年代起，罗马俱乐部开始了对全球问题的研究，从而奠定了今天全球学的学科基础。② 因此，把最近这50年左右的时间单独作为一个历史回望的长时间段，尽管还不够长，但却开启了人类对世界认识的新的阶段。并且，这个时段联结了过去和未来，非常适合展开对"亚洲观念"的历史追溯和未来想象。

第二，早在20世纪80年代初，两位美国经济学家在研究东亚的发展优势时就深刻地认识到，"我们所面对的绝不只是一个聪明的构想、一个有进攻性的公司、一个奋发图强的国家，而是一个巨大、复杂和有发展力量的世界性地区"。③ 对于东亚地区整体性崛起的影响，怎么评价都不过分。20世纪90年代开始，人们普遍认识到世界文明的重心和世界发展的重心已经由大西洋转移到了太平洋、从西欧转移到了亚洲（东亚），于是纷纷进行界说。比如，"东亚景气""东方复兴""亚洲纪元""亚太时代""太平洋文明"等，不一而足④。这些无疑为亚洲人增强了地区自信，构建了自我意识，尽管地区身份的形成是一个更复杂的演进过程。

第三，难能可贵的是，这个50年左右的时间还是亚洲地区发展地区性合作最为热切和热闹的时期。亚洲地区性合作构想开始于20世纪60年代，自发性的地区一体化也大致从那个时候开始出现并逐渐变得重要。比如20世纪60年代初"亚洲地区经济合作专家小组"最早提出建立

---

① Paul James & Manfred B. Steger, "A Genealogy of 'Globalization': The Career of a Concept," *Globalizations*, Vol.11, No.4, 2014, pp.417-434. 该文考证说，当代社会科学意义上的"全球化"一词最早从20世纪70年代开始使用。

② 蔡拓等：《全球学导论》，北京：北京大学出版社2015年版，第1—2页。

③ [美] 小R.霍夫亨兹、K.E.柯德尔：《东亚之锋》（黎鸣译），南京：江苏人民出版社1995年版，第25页。

④ 王逸舟：《当代国际政治析论》，上海：上海人民出版社1995年版，第435—438页。

"亚洲经济合作机构"（OAEC）报告，1967年"太平洋盆地经济理事会"（PBEC）和东盟（ASEAN）成立，1968年"太平洋贸易与发展会议"（PAFTAD）成立等，① 开启了亚洲地区合作的新时代。亚洲或亚太地区主义的发展在80年代末90年代初引领了世界上的新地区主义（new regionalism）潮流，这已是不争的事实。90年代以来有关"开放地区主义"的争论、对"东盟方式""东亚方式""亚洲方式"和"APEC方式"的推崇、对"东亚共同体"的向往和对"21世纪新亚洲主义"的展望，无不证明地区主义观念在这50年间已经深入人心，亚洲在走向一体化的道路上已然迈出了坚定的步伐。

第四，"亚洲观念"日益成长和成熟的同时，对它的理解和解读也日益复杂，在一定程度上也构成了亚洲地区主义曲折发展的原因之一。首先是关于"亚洲观念"所涉及的范围：到底是指地理意义上的亚洲大陆，还是特指亚洲大陆的东部（东亚或太平洋亚洲），或者包括南亚和大洋洲，或者是指广大的亚洲和太平洋，甚至是指印度洋—太平洋（印太）地区？这个地区的地区合作与一体化实践到底应该以东亚合作为主，还是以亚太合作为主？这种地理范围界定的困扰已经严重影响到地区合作的进程。其次，在亚洲地区合作与全球合作的关系上，人们常常质疑：东亚合作也好，亚太合作也罢，其开放程度应该如何掌握？亚洲地区合作是另一个欧洲堡垒吗？还有，在关于"谁主导"的问题上争议也特别大：是中国主导还是美国日本主导？是大国主导还是小国集团如东盟主导？应该怎样看待美国在其中的作用？最后，关于地区合作的目标和制度设计问题，争论最为激烈：长远地看，是要建立一个"地区共同体"组织，还是始终保持目前这种松散的地区合作形式？到底是要构建一个

---

① 陈峰君主编：《冷战后亚太的国际关系》，北京：新华出版社1999年版，第271—273页。

东亚共同体还是亚太共同体，或者其他共同体"相加"的形式？等等。这些争论在一定程度上反映了"亚洲观念"在内涵上的复杂性和包容性，但并不能因此就否定其存在。相反，经过不断争论，人们已经越来越清晰地给亚洲以定位，不论讲东亚、亚太还是印太，其思想内核都是前面我们所提到的"亚洲观念"。① 尽管亚洲的边界依然模糊，可能永远都不会有完全清楚的划界，但根据地区发展的网络化和联动程度，人们完全可以分辨出一个区别于全球其他地区的亚洲地区。另外，从发展的意义上，亚洲也从来不是只有"一个亚洲"，而是有"多个亚洲"，正如在欧洲一体化进程中，始终存在着"多个欧洲"同理。

第五，在"亚洲观念"成长和成熟的几十年间，与之密切相关的国际争论是有关"亚洲价值"和"亚洲方式"的。所谓"亚洲价值"并不完全是东南亚部分国家领导人（李光耀等）在20世纪90年代提出的"亚洲价值观"，而应该包含更广泛的东方智慧或亚洲智慧。90年代初，围绕"亚洲价值观"的国际争论一度因亚洲金融危机而偃旗息鼓。但近几年，由于新自由主义经济思想的失败和西方民主制度的危机，学术界有人又开始"重估亚洲价值观"。② 国际儒学联合会会长滕文生在2016年的国际儒学论坛上又公开提出过九个方面的"亚洲价值和东方智慧"，③希望加强研究。对"亚洲价值"的重估和深入研究对"亚洲观念"的构

---

① 还有一个非常显明的证据是：以前地理上不论是否位于亚洲、靠近亚洲的各国，都纷纷出台面向亚洲的政策，比如日本的"脱欧返亚"、澳大利亚的"融入亚洲"、印度的"东向政策"、美国的"重返亚洲"政策、欧盟的"走向亚洲新战略"，等等。

② 郑永年：《中国崛起：重估亚洲价值观》，北京：东方出版社2016年版。

③ 滕文生倡议的九个方面的"亚洲价值和东方智慧"包括：和而不同、和合一体；实事求是、与时俱进；克勤克俭、自立自强；重视集体、克己奉公；德法并用、标本兼治；亲仁善邻、和平相处；诚敬为本、互尊互信；义利结合、互惠互赢；开放包容、互学互鉴。参见滕文生：《关于亚洲文明的历史贡献和亚洲价值、东方智慧的研究》，《红旗文稿》2016年第19期，第4—8页。

建十分重要,毕竟两者的任务基本相同,都是为了"亚洲的精神文化重建"。① 并且,人们日益认识到,"亚洲价值"与"全球价值"并不相悖,而是相容的。当然,我们所说的"亚洲观念"终将表现为亚洲人通过某种适当途径或方式结合成一个新的更大的共同体,目前阶段所能达到的最好方式就是所谓"亚洲方式"。有关"亚洲方式"的争论与亚洲地区合作更加相关,这里面既包括有关"东盟方式"的争论,也包括有关"亚太方式""太平洋方式"的争论,由于其中交织着文化差异的弥合和经济政治利益的纠葛,争论往往异常激烈,导致亚洲或东亚地区合作经常陷入僵局,比如,在很大程度上,2018年APEC年会未能发表共同宣言的原因就是主要成员方在是否坚持"协商一致"的"亚太方式"上发生了激烈争执。成功的例子是"东盟方式",东盟国家不仅坚持在过去50年里以"协商一致"的方式处理国家间关系和开展地区合作,而且在东亚合作和亚太合作中予以推广,起到了"教化"(civilize)② 参与本地区事务的大国的作用。不管是否继续有争议,但"亚洲方式"的实质始终是亚洲人用自己的方式解决亚洲问题,当然,还需要在实践中不断完善。

总的说来,认识和理解"亚洲观念",一方面需要密切关注亚洲地区合作的实践进程,另一方面也要发挥想象力,从5000年文明史、500年全球史和50年当代史中去探寻其踪迹。本文所做的观念追溯工作因为时间跨度大、涉及内容广,只能算作一个有助于我们理解"亚洲观念"之内涵和发展历史的框架和线索。至于"亚洲观念"的构建和重塑,则是一个更为宏大的历史任务,大概需要交由历史去完成吧。

---

① 袁明:《从亚洲价值观说起》,《世界知识》2000年第20期,第23页。
② [新加坡]马凯硕、孙合记:《东盟奇迹》(翟崑、王丽娜等译),北京:北京大学出版社2017年版,第231页。

美国"航行自由"与《联合国海洋法公约》[*]

潘 玉[**]

摘 要 美国是否应该加入1982年《联合国海洋法公约》一直是美国朝野上下争论的焦点,美国的航行自由利益是其重要的考量因素。多年来,美国主要以习惯国际法为支撑,通过实施"航行自由计划"(Freedom of Navigation Program, FON Program)来维护美国的航行和飞越权利。但是,随着该计划在实施中不断面临压力和挑战,美国是否应该加入《联合国海洋法公约》以避免使美国的"航行自由"遭受挑战,已经成为美国各方的关注点。本文以美国国会听证会记录为主要研究资料,从航行自由的视角出发,对美国国内赞成入约派与反对入约派就这一问题的争论进行剖析,从而进一步揭示美国"航行自由"的实质。

关键词 《联合国海洋法公约》 航行自由计划 航行和飞越自由

---

[*] 本文系教育部人文社会科学研究青年基金项目"美国航行自由政策发展趋势及中国应对之策研究"(项目编号:18YJCGJW008)的研究成果。
[**] 潘玉,吉林大学公共外语教育学院讲师,法学博士。

20世纪以来，世界沿海各国领海扩展的趋势不断蔓延，美国担心公海面积的缩小会使其航行自由受到影响，因而努力推动国际社会构建国际海洋法体系。但由于1982年《联合国海洋法公约》（以下简称《公约》）中第十一部分规定，海床开采不在国家管辖权范围内，这一条款对美国及其他工业国家不利，最终美国没有签署《公约》。20世纪90年代初，各国就《公约》中的海床开采问题再次协商，1994年通过了《关于执行1982年12月10日〈联合国海洋法公约〉第十一部分的协定》（Agreement relating to the Implementation of Part XI of the United Nations Convention on the Law of the Sea of 10 December 1982）。[①] 这一协定重新构建了《公约》海床开采机制，也达到了美国及其他工业国家的目的。当时美国也已在《关于执行1982年12月10日〈联合国海洋法公约〉第十一部分的协定》上签字，但最终未得到国会的批准。尽管克林顿、小布什、奥巴马政府都积极支持美国加入《公约》，入约提议也得到外交、国防、海军以及石油、航运和通信业界的支持；2000年以来，参议院外交关系委员会也先后举行了多次入约听证会，但这一提议始终未能提交参议院全体会议投票。时至今日，美国依旧徘徊在《公约》的门外。

长期以来，美国一直依靠1979年出台的"航行自由计划"（Freedom of Navigation Program，FON Program）和强大的海军来维护美国的航行自由权利。但"航行自由计划"的实施不断面临压力和挑战，如何看待并处理航行自由与《公约》的关系成为人们关注的焦点。美国是否应该加入《公约》，从而更好地维护美国的航行自由，就这一问题美国国内分成两派，赞成入约派和反对入约派各执一词。本文将从航行自由的视角出

---

① UN, *Agreement relating to the Implementation of Part XI of the United Nations Convention on the Law of the Sea of 10 December 1982*, https://www.un.org/Depts/los/convention_agreements/texts/unclos/closindx Agree.htm.

发,以美国国会参议院外交关系委员会就美国是否入约举行的听证会记录为主要参考文献,对双方的核心观点加以梳理分析,进一步揭示美国航行自由的本质。

一、反对派——美国没有必要加入《联合国海洋法公约》

反对派认为,如果加入《公约》很可能导致美国的航行自由受到限制,与维护美国航行自由的初衷相反,将对美国的国家安全产生不利影响。

首先,反对派认为,从法理上来看,习惯国际法足以支撑美国享有国际法赋予的航行自由权利,美国不需要加入《公约》。

第一,美国认为《公约》中的航行自由条款根源于被各国广泛接受的习惯国际法,这也是美国航行自由权利的法律依托。美国国防部前官员约翰·麦克尼尔(John McNeill)就曾这样总结道,《公约》将习惯法中的公海航行、领海通过、穿越国际海峡的过境通行权和群岛海道通过权进一步明确和具体化,全面编纂了长期认可的习惯国际法原则,体现出传统海洋使用的合理和平衡。尽管美国不是《公约》的缔约国,但同样享有习惯国际法所赋予的航行自由权利。① 反对派强调,习惯国际法的存在要远在《公约》之前,美国的航行自由权利也一直受到其保护,美国的航行自由权利并不取决于《公约》。美国"航行自由计划"所挑战的他国"过度海洋主张",也是依据习惯国际法,《公约》对这些习惯国

---

① U. S. Senate, "Prepared Statement of Steven Groves," before the Senate Committee on Foreign Relations, Hearings on the U. N. Convention on the Law of the Sea (Treaty Doc. 103-39), 112th Congress, 2nd Session, May 23, June 14 and June 28, 2012, Senate Hearing 112-654, p. 200, https://www.gpo.gov/fdsys/pkg/CHRG-112shrg77375/html/CHRG-112shrg77375.htm.

际法进行了编纂。①

第二,在反对派看来,不加入《公约》并不会成为美国享有航行自由权利的羁绊,美国不需要加入《公约》来确保自身的航行权利。反对派认为,习惯国际法已经对航行自由权利予以认定和保护,赋予美国所必要的航行自由权利;在没有加入《公约》的情况下,美国海军和商业船只同样享有全球范围的航行自由,因此没有必要加入《公约》。1993年,美国国防部对美国海洋政策做的评估报告(Ocean Policy Review Paper)中写道,"美国的海洋安全利益在美国的海洋政策和实施战略之下得到足够保护。美国依靠习惯国际法,并辅以'航行自由计划'的外交抗议和权利宣示,以可接受的风险、成本和努力保护了基本的航行和飞越自由"。②

其次,反对派认为,美国航行自由权利的根本保障是美国强大的海军,而非国际条约。

第一,反对派认为《公约》虽然构建了较为完善的航行自由法律框架,但相较于法律条文,美国强大的海军才是美国航行自由的终极保障,《公约》并不能从根本上阻止其他国家对航行自由权利的侵犯。反对派认为,美国加入《公约》并不能阻止其他国家的过度海洋主张,也并不意味着其他国家限制他国航行权利的尝试会终止;③ 沿海国或是出于国家利益,或是出于国内政治考虑,或是假定其他国家会由于缺乏资源和能力

---

① Steven Groves, "Accession to the U. N. Convention on the Law of the Sea Is Unnecessary to Secure U. S. Navigational Rights and Freedoms," August 24, 2011, Published by The Heritage Foundation, http://thf_media. s3. amazonaws. com/2011/pdf/bg2599. pdf.

② Groves Steven, "The Law of the Sea: Costs of U. S. Accession to UNCLOS," hearing before the United States Senate Committee on Foreign Relations, June 14, 2012, http://www. heritage. org/research/testimony/2012/06/the-law-of-the-sea-convention-treaty-doc-103-39.

③ Bandow Doug, "Don't Resurrect the Law of the Sea Treaty," CATO Institute: Washington, D. C., October 13, 2005, p. 11, https://www. peacepalacelibrary. nl/ebooks/files/bandow. pdf.

而默认其主张等,进而提出过度主张;① 在危机时刻,各国都不会让法律条文成为实现自身利益的羁绊,而是追求更为重要的政策目标。②

"航行自由计划"自 1979 年提出以来,美国历届政府都非常重视并延续执行,迄今为止,已发展成为捍卫美国核心安全利益的重要海洋政策。当其他国家宣示的主张与《公约》中体现的习惯国际法相违背时,美国国会就通过"航行自由计划"主动对抗这些主张,以显示美国保护航行自由的决心。通过外交抗议和军事行动,美国清楚地向国际社会表明,美国不会默认其他国家的"过度海洋主张"。例如,很多沿海国家,包括《公约》的缔约国会经常提出"过度海洋主张",企图限制他国在 200 海里专属经济区内的军事活动。其"过度海洋主张"通常包括要求外国军舰进入专属经济区前要获得批准,或者未经许可,禁止在专属经济区内进行军事演习。在"航行自由计划"下,美国海军经常通过军事行动来挑战这些过度海洋主张,包括在没有事先通告沿海国的情况下,直接进入其他国家专属经济区,并进行所谓"禁止"的活动——包括军事演习、海洋调查、水下监测、水文测量、导弹跟踪和声学监测。③在反

---

① U. S. Senate, "Prepared Statement of Admiral Michael G. Mullen, U. S. Navy, Vice Chief of Naval Operations, Joint Chiefs of Staff, Department of the Navy," Hearings on the U. N. Convention on the Law of the Sea (Treaty Doc. 103-39), October 14 and 21, 2003, //From the Report on U. N. Convention on the Law of the Sea (Treaty Doc. 103-39), 108th Congress, 2nd Session, U. S. Senate Committee on Foreign Relations. Executive Report 108-10, March 11, 2004, p. 106, https://www.congress.gov/treaty-document/103rd-congress/39?overview=closed.

② Bandow Doug, "Don't Resurrect the Law of the Sea Treaty," CATO Institute: Washington, D. C., October 13, 2005, p. 11, https://www.peacepalacelibrary.nl/ebooks/files/bandow.pdf.

③ Pedrozo Raul, "Preserving Navigational Rights and Freedoms: The Right to Conduct Military Activities in China's Exclusive Economic Zone," *Chinese Journal of International Law*, Vol. 9, No. 1, 2010, p. 14.

对派看来,对美国而言,保护自身权利的最好办法是保持强大的海军。①他们认为,作为保护美国航行权利的工具,"航行自由计划"在实际操作当中取得了积极的效果,并一直捍卫着国际海洋法;"航行自由计划"得以顺利推行的根本原因,还是在于美国拥有世界一流的强大海军力量。

第二,反对派认为,尽管不是《公约》的缔约国,但凭借强大的海军实力,美国在海洋事务中的领导地位依然稳固,在海洋航行权利的维护等方面仍然发挥着较大作用。反对派强调,1982年《公约》通过后,在对其中航行条款的发展和解释上,美国起到关键作用。②美国同时也是很多有关海洋法和海上航行多边条约的缔约国,包括《国际海上人命安全公约》(International Convention for the Safety of Life at Sea)、《便利国际海上运输公约》(Convention on Facilitation of International Maritime Traffic)和《国际海上避碰规则公约》(The International Regulations for Preventing Collisions at Sea)。并且,美国也作为观察员国家参加《公约》缔约国会议。有美国学者声称,美国海军的《美国海上行动法指挥官手册》(Commander's Handbook on the Law of Naval Operations)是根据《公约》航行条款编订的出色的行动指南,被全球的海洋国家当作是黄金标准,其中很多部分都被其他国家海军采纳使用。③反对派认为,美国是在凭借自身海军的硬实力塑造和引领航行自由的规则,维护自身的航行自由权利。

最后,反对派认为,最为致命的是加入《公约》很可能会导致美国

---

① Steven Groves, "Accession to the U. N. Convention on the Law of the Sea Is Unnecessary to Secure U. S. Navigational Rights and Freedoms," August 24, 2011, Published by The Heritage Foundation, http://thf_media. s3. amazonaws. com/2011/pdf/bg2599. pdf.

② Steven Groves, "Accession to the U. N. Convention on the Law of the Sea Is Unnecessary to Secure U. S. Navigational Rights and Freedoms," August 24, 2011, Published by The Heritage Foundation, http://thf_media. s3. amazonaws. com/2011/pdf/bg2599. pdf.

③ Steven Groves, "Accession to the U. N. Convention on the Law of the Sea Is Unnecessary to Secure U. S. Navigational Rights and Freedoms," August 24, 2011, Published by The Heritage Foundation, http://thf_media. s3. amazonaws. com/2011/pdf/bg2599. pdf.

的航行自由受到限制,进而影响美国的国家安全。

第一,反对派强调,《公约》中的一些条款具有很大的模糊性,这让具体的规则执行存在很大的不确定性,也就无法保证美国的航行自由权百分之百不受到损害。例如,反对派担心,加入《公约》后,美军的"无害通过权"会因此受到限制。《公约》第20条规定,"在领海内,潜水艇和其他潜水器,须在海面上航行并展示其旗帜"。在他们看来,《公约》要求"其他潜水器"在领海内都要在海面航行的规定,限制了美国无缆水下机器人(AUV)和无人遥控潜水器(ROV)的使用。无缆水下机器人和无人遥控潜水器有很多军事应用,包括水雷探测,水下装置和地形的监测和测量。尽管这些装置是为保护船只行使无害通过权,但由于其必须在水下使用,因此被认为"损害沿海国的和平、良好秩序或安全"而遭到限制。①

第二,反对派认为《公约》中对一些概念的模糊规定会导致各国做出不同的解读,进而将对自身有利的解释视为唯一规则,从而引发争端。例如,《公约》中规定,其他国家在专属经济区内享有航行和飞越自由;有关公海自由方面的规定,只要与专属经济区制度不相抵触,均适用于专属经济区。②美国据此认为,本国的船只可以在没有事先告知或获得准许的情况下,在一国领海外进行活动,③ 但这种行为遭到了中国等国的反

---

① David A. Ridenour, "Ratification of the Law of the Sea Treaty: A Not-So-Innocent Passage," August 2006, http://www.nationalcenter.org/NPA542LawoftheSeaTreaty.html.
② 《联合国海洋法公约》第五十八条,第1款、第2款,http://www.un.org/zh/law/sea/los/article3.shtml.
③ U. S. Navy, U. S. Marine Corps and U. S. Coast Guard, "The Commander's Handbook on the Law of Naval Operations," July 2007, pp. 1–6, https://www.usnwc.edu/getattachment/6c66c9dd-6602-49b7-b0b6-1740e8189fb2/The-Commander-s-Handbook-on-the-Law-of-Naval-Opera.aspx.

对。① 反对派认为，尽管美国的观点更加有道理，但中国认为对海洋的和平使用不应包括搜集情报也是有道理的。可见《公约》并没有像支持者所说的那样，能够完全地，毫不含糊地保护航行自由。② 此外反对派也担心，美国船舶利用高功率的声呐系统进行水文调查和测量，会被认为是在违反《公约》中海洋环境保护的相关条款，对海洋环境和海洋生物造成破坏，影响鲸和海豚的生存。该行为不但会受到限制，甚至有面临法律制裁的风险。③

第三，反对派认为，一旦入约，美国海上军事活动（military activities）的界定会受到《公约》争端解决机制的支配，这将直接影响美国海军的军事行动权限。美国认为，对于美国而言，拥有界定自身军事活动的能力包含着至关重要的国家安全利益，对于美国自身的国防能力，保护海外部队，确保海外利益以及在必要时为友国和盟友提供协助，都极其重要。④《公约》第十五部分提供了争端解决的方法，把自愿选择和强制程序相结合，既给予各国一定的选择空间和灵活性，同时又有强制程序使争端能够得到有效解决。反对派意识到，这样一来每个缔约国都

---

① 《中华人民共和国领海及毗连区法》，http://www.npc.gov.cn/wxzl/wxzl/2000-12/05/content_4562.htm；《中华人民共和国专属经济区法和大陆架法》，http://www.npc.gov.cn/npc/bmzz/aomen/2007-12/07/content_1382501.htm。

② Bandow Doug, "Paper Promises vs. Real Costs," *The Washington Times*, April 22, 2009.

③ U. S. Senate, "Letters Submitted for the Record by Senator James T. Inhofe," before the Senate Committee on Foreign Relations, Hearings on the U. N. Convention on the Law of the Sea (Treaty Doc. 103-39), 112th Congress, 2nd Session, May 23, June 14 and June 28, 2012, Senate Hearing 112-654, p. 162, https://www.gpo.gov/fdsys/pkg/CHRG-112shrg77375/html/CHRG-112shrg77375.htm.

④ U. S. Senate, "Statement of Mark T. Esper, Deputy Assistant Secretary for Negotiations Policy, Department of Defense, The Pentagon, Washing, D. C.," Hearings on the U. N. Convention on the Law of the Sea (Treaty Doc. 103-39), October 14 and 21, 2003. //From the Report on U. N. Convention on the Law of the Sea (Treaty Doc. 103-39), 108th Congress, 2nd Session, U. S. Senate Committee on Foreign Relations. Executive Report 108-10, March 11, 2004, p. 99, https://www.congress.gov/treaty-document/103rd-congress/39?overview=closed.

有决定权，可以做出利己的选择来迫使美国遵守或执行某些规定；而国际法庭的高度政治化，通常情况下也会让美国利益受到损害。① 反对派认为，虽然军事活动可以豁免争端解决机制，但因为《公约》中并未清楚定义哪些活动是军事活动，其强制争端解决机制会被其他国家利用，限制美国的军事活动。② 相比之下，不加入《公约》则可以让美国延续此前的做法，不受其妨碍和限制。

总之，反对派认为，习惯国际法是美国航行自由权的法律保障，强大的海军是美国航行自由权的军事保障，在双重保障之下，美国的航行自由权利已得到充分的保护。《公约》出台后的30多年来，尽管美国没有加入其中，却成功地维护了自身的海洋利益，包括航行和飞越自由。具体而言，所依靠的就是海洋国际习惯法（customary international law of sea）和"航行自由计划"。反对派很清楚，美国的航行权利和自由并不是由《公约》的缔约国身份来保证的，"美国入约也不会给自身带来任何目前其没有享有的海上权利或自由"。③相反，《公约》缔约国的身份还很可能给美国的航行自由带来限制。反对派提出，《公约》本身条款的模糊性，会导致美国的航行自由权受到影响，《公约》中有关争端解决机制的规定也会让美国军事行动受到制约，这反而不利于美国的国家安全。相对于入约支持者希望借加入《公约》来进一步维护美国的航行自由而言，

---

① U. S. Senate, "Prepared Statement of Frank J. Gaffney, Jr. , President and CEO, Center for Security Policy, Washington, D. C. ", before the Senate Committee on Foreign Relations, Hearings on the U. N. Convention on the Law of the Sea (Treaty Doc. 103-39), 110th Congress, 1st Session, October 4, 2007, Senate Hearing 110-592, p. 82, http: //www. senate. gov/legislative/LIS/roll_call_lists/vote_menu_110_1. htm.

② Baker Spring, "The United Nations Convention on the Law of the Sea," May 12, 2004, http: //www. heritage. org/research/reports/2007/05/the-united-nations-convention-on-the-law-of-the-sea-the-risks-outweigh-the-benefits.

③ Steven Groves, "Accession to the U. N. Convention on the Law of the Sea Is Unnecessary to Secure U. S. Navigational Rights and Freedoms," August 24, 2011, Published by The Heritage Foundation, http: //thf_media. s3. amazonaws. com/2011/pdf/bg2599. pdf.

反对派则认为保持美国强大的海军才是维护美国航行自由的根本。"相比之下，美国更需要的是支持航行自由的国家政策和强大的海军，以挑战阻碍我们航行自由，限制我们在海上进出的过度沿海国主张"。① 在反对派眼中，《公约》的缔约国身份并不是完成这一使命必要的因素，更不用说是必不可少的因素。反对派坚持认为，国会应该同国防部一道为美国海军提供所需的资源，来巩固它的国际优势地位，使其能够执行保护全球航行权利和自由的使命。美国航行自由权利能得到最好的保护，是源于强大的海军，而不是条约上的签字。②

二、赞成派——加入《联合国海洋法公约》势在必行

赞成派认为，美国加入《公约》具有极强的紧迫性，其原因在于习惯国际法的不确定性已不能为美国的航行自由提供法律保障。美国通过海上军事行动维护美国航行自由的代价高昂，并且，在实施中不断遇到阻力。更为重要的是，不入约将削弱国际法对美国自身利益的保护。

首先，赞成派认为，习惯国际法存在各种变化的可能性，不足以为美国的航行自由权利提供坚实的法理支撑。

第一，赞成派认为从法理上来看，习惯可以被抵制，习惯法也可以随着时间而发生改变，这就使得美国的航行自由权利不是建立在一个稳固的法律根基上。因此，认为习惯国际法会一直体现《公约》的假设是

---

① Pedrozo Raul, "Is It Time for the United States to Join the Law of the Sea Convention?" *Journal of Maritime Law and Commerce*, Vol. 41, No. 2, 2010, p. 156.

② Steven Groves, "Accession to the U. N. Convention on the Law of the Sea Is Unnecessary to Secure U. S. Navigational Rights and Freedoms," August 24, 2011, Published by The Heritage Foundation, http://thf_media.s3.amazonaws.com/2011/pdf/bg2599.pdf.

不符合逻辑的,^① 习惯国际法不能确保美国在充满不确定的未来依然可以享有目前《公约》所带来的益处。赞成派认为,习惯法取决于各国的国家实践和对习惯法的理解,换句话说,习惯法在很大程度上掌握在其他国家手中,"依靠习惯法会让我们行动的法律基础不在我们的最终掌控之下"^②,其他国家也会出于自身利益对习惯国际法做出解释。^③ 赞成派认为,从实际情况来看,目前习惯国际法被改变的趋势更加突出。其一,在他们看来,随着新兴大国的增长和现代化的发展,其他国家纷纷寻求对习惯国际法予以重新定义或进行重新解释,而新的定义或解释往往有利于其自身而与美国的利益相冲突,其中就包括航行自由和飞越自由。^④ 其二,在全球范围内,美国正在目睹各国海军实力的增长,也看到一些国家在扩大其海洋主张,朝限制海上移动的方向发展。^⑤ 对赞成派来说,鉴于习惯国际法容易发生改变,将美国的国家安全和对航行自由的保护寄托在国际传统和习惯上,依靠习惯国际法来保护美国的经济和安全利益是十分危险的;认为习惯国际法能够永远保护美国航行权利的想法也

---

① James D. Brousseau, "Frozen in Time: A Fresh Look at the Law of the Sea and Why the United States Continues to Fight Against It," *Southern University Law Review*, Vol. 42, No. 1, 2014, p. 177.

② U. S. Senate, "Opening Statement of Hon. John F. Kerry, U. S. Senator from Massachusetts," before the Senate Committee on Foreign Relations, Hearings on the U. N. Convention on the Law of the Sea (Treaty Doc. 103-39). 112th Congress, 2nd Session, May 23, June 14 and June 28, 2012, Senate Hearing 112-654, pp. 92-93, https://www.gpo.gov/fdsys/pkg/CHRG-112shrg77375/html/CHRG-112shrg77375.htm.

③ James D. Brousseau, "Frozen in Time: A Fresh Look at the Law of the Sea and Why the United States Continues to Fight Against It," *Southern University Law Review*, Vol. 42, No. 1, 2014, p. 177.

④ U. S. Senate, "Response of GEN William Fraser III, to questions submitted by Senator John F. Kerry," before the Senate Committee on Foreign Relations, Hearings on the U. N. Convention on the Law of the Sea (Treaty Doc. 103-39). 112th Congress, 2nd Session, May 23, June 14 and June 28, 2012, Senate Hearing 112-654, p. 151, https://www.gpo.gov/fdsys/pkg/CHRG-112shrg77375/html/CHRG-112shrg77375.htm.

⑤ U. S. Senate, "Prepared Statement of GEN Martin E. Dempsey," before the Senate Committee on Foreign Relations, Hearings on the U. N. Convention on the Law of the Sea (Treaty Doc. 103-39). 112th Congress, 2nd Session, May 23, June 14 and June 28, 2012, Senate Hearing 112-654, p. 23, https://www.gpo.gov/fdsys/pkg/CHRG-112shrg77375/html/CHRG-112shrg77375.htm.

是不切实际的。

第二，赞成派认为，《公约》作为条约法能给美国的航行自由提供更稳固的法律保障。赞成派明白，由于不是《公约》的缔约国，目前美国只能以习惯国际法为法律基础行使这一权利。"但是，我们的航行权利和挑战其他国家行为的能力，应该建立在最稳固，最具有说服力的法律基础之上"。①《公约》编纂了长期以来存在于习惯国际法中的规则，将国际社会中普遍达成一致和默认的航行自由习惯进一步提炼和阐释，使之成为条约法，进一步确保了海洋航行秩序的稳定。赞成派认为，习惯法并不能为美国寻求和维护航行自由的行动提供坚实的法律基础，条约法依然是美国保持全球海空、海面和海下存在的最稳固的法律基础。②时任美国海军作战部长乔纳森·格林纳特（Jonathan W. Greenert）上将就指出，"不入约，我们放弃的是对我们的行动最好的、最有利的法律立足点"。③

对赞成派而言，加入《公约》能为美国的航行自由提供法律确定性，也能持久地为美国的海上军事行动提供合法性，这些是习惯国际法无法做到的。赞成派认为，《公约》能为美国提供一个持久的、有效的法律框

---

① U. S. Senate, "Statement of Hon. Hillary Rodham Clinton, Secretary of State, U. S. Department of State, Washington, D. C. ," before the Senate Committee on Foreign Relations, Hearings on the U. N. Convention on the Law of the Sea (Treaty Doc. 103–39). 112th Congress, 2nd Session, May 23, June 14 and June 28, 2012, Senate Hearing 112–654, p. 10, https://www.gpo.gov/fdsys/pkg/CHRG-112shrg77375/html/CHRG-112shrg77375.htm.

② U. S. Senate, "Prepared Statement of Secretary of Defense Leon E. Panetta," before the Senate Committee on Foreign Relations, Hearings on the U. N. Convention on the Law of the Sea (Treaty Doc. 103–39). 112th Congress, 2nd Session, May 23, June 14 and June 28, 2012, Senate Hearing 112–654, p. 20, https://www.gpo.gov/fdsys/pkg/CHRG-112shrg77375/html/CHRG-112shrg77375.htm.

③ U. S. Senate, "Responses of ADM Jonathan W. Greenert to Questions Submitted by Senator John F. Kerry," before the Senate Committee on Foreign Relations, Hearings on the U. N. Convention on the Law of the Sea (Treaty Doc. 103–39). 112th Congress, 2nd Session, May 23, June 14 and June 28, 2012, Senate Hearing 112–654, p. 148, https://www.gpo.gov/fdsys/pkg/CHRG-112shrg77375/html/CHRG-112 shrg77375.htm.

架,用法律约束力来保护美国的军事机动和通行权,让美国可以在全球任何时间,任何地点进行行动;① 当美国面对其他国家的非法限制时,可以用具有法律约束力的文件作为参考,而不是模糊的习惯国际法概念,这对美国是非常有益的。②

其次,赞成派认为,"航行自由计划"的实施不断面临压力和挑战,批准加入《公约》能够减少航行自由军事宣示过程中遇到的阻力。

"航行自由计划"自实施以来,一直是美国挑战其他国家过度海洋主张的主要手段,尤其是依托强大的海军力量进行权利宣示,来维护美国的航行自由。但近年来"航行自由计划"的实施不断面临新的问题,一是实施的代价成本高昂;二是非《公约》缔约国的身份让美国在宣示航行自由权利时缺乏可信度。

第一,赞成派认为,过度海洋主张的不同种类、特点和国家数量都表明,美国继续挑战这些主张要付出高昂的成本,承担巨大的风险。很多美国学者认为,财政、外交成本以及动用武力的整体风险,在没加入具体的、具有强制力的条约的前提之下,都将大大增加。③ 赞成派强调,在不断变化的世界秩序中,"航行自由计划"的政治成本和军事风险将大

---

① U. S. Senate, "Statement of GEN William M. Fraser III, Commander, U. S. Transportation Command, Scott Air Force Base, IL," before the Senate Committee on Foreign Relations, Hearings on the U. N. Convention on the Law of the Sea (Treaty Doc. 103-39). 112th Congress, 2nd Session, May 23, June 14 and June 28, 2012, Senate Hearing 112-654, p. 107, https://www.gpo.gov/fdsys/pkg/CHRG-112shrg77375/html/CHRG-112shrg77375.htm.

② U. S. Senate, "Responses of ADM Jonathan W. Greenert to Questions Submitted by Senator John F. Kerry," before the Senate Committee on Foreign Relations, Hearings on the U. N. Convention on the Law of the Sea (Treaty Doc. 103-39). 112th Congress, 2nd Session, May 23, June 14 and June 28, 2012, Senate Hearing 112-654, p. 149, https://www.gpo.gov/fdsys/pkg/CHRG-112shrg77375/html/CHRG-112shrg77375.htm.

③ James B. Morell, *The Law of the Sea: An Historical Analysis of the 1982 Treaty and Its Rejection by the United States* (Jefferson, NC: McFarland & Company, 1992), p. 195.

大增加。① 赞成派认为在实施航行自由军事宣示的过程中,"单边的美国决心的体现——军事宣示——有时会被认为是敌对的。换言之,军事宣示是冒着军事冲突的风险和不被接受的政治成本的可能性,损害其他美国利益,包括美国在海洋事务中的全球领导权"。② 此外,航行自由军事宣示的风险性还体现在执行任务的美国海军人员所面临的危险上。军事宣示需要派遣军事船只和飞机去争议区域,各种不确定性也让美国海军人员承担着生命的代价。海军作战部前部长维恩·克拉克(Vern Clark)在给参议院军事委员会的信中就写道,"多年以来,我们都保持在《公约》之外,我们让年轻的士兵去执行行动,有时是冒着很大风险去挑战其他国家的过度海洋主张的。加入《公约》会让他们知道,当他们远离我们的海岸,保卫我们的祖国时,他们有后盾,有广泛认可的法律权威支撑,而不仅仅依靠威胁或使用武力"。③

第二,赞成派认为,美国非《公约》缔约国的身份会降低美国航行自由军事宣示的可信度,在实施过程中会受到其他国家的质疑,在实际挑战其他国家的"过度海洋主张"时,其他国家会认为美国对他国的指责缺乏充分的依据。美国太平洋司令部司令官曾说过,"展望未来,我们不是《公约》缔约国的身份会对美国越来越不利。现在,美国不得不依靠习惯国际法作为在海域内宣示权利和自由的基础。当沿海国的海洋主张超出国际法赋予的权利时,美国太平洋司令部会通过各种方式挑战它们的主张,包括'航行自由计划'、军事沟通和通过国务院的外交抗议。

---

① Galdorisi George, "The United States and the Law of the Sea: A Window of Opportunity for Maritime Leadership," *Ocean Development & International Law*, Vol. 26, No. 1, 1995, pp. 80-81.

② Galdorisi George, "The United States and the Law of the Sea: Changing Interests and New Imperatives," *Naval War College Review*, Vol. 49, No. 4, 1996, p. 36.

③ Galdorisi George, "Treaty at a Crossroads," U. S. Naval Institute Proceedings, July 1, 2007, p. 55, http://www.oceanlaw.org/downloads/references/articles/Galdorisi%20July%2007.pdf.

当通过军事沟通或是外交途径挑战这些主张时,美国通常引用习惯国际法和《公约》的相关条款。但是,因为我们不是《公约》的缔约国,我们的挑战要远比我们加入这一公约缺乏可信度。在我们自身都没有的情况下,其他国家也不易被劝说接受我们要求其遵守《公约》规定的请求"。"事实上,没有加入《公约》让我们四处碰壁,那些有过度海洋主张的国家甚至刺激我们说,我们不具备宣示我们权利的资格"。①在赞成派看来,当美国挑战其他国家的过度海洋主张时,美国是在要求其他国家遵守一个美国自己尚未加入的法律机制,这样一个脆弱的外交立场让美国的种种努力受到削弱。②

最后,赞成派认为,加入《公约》有利于维护美国在全球的海洋机动能力,捍卫美国的"航行自由"。

随着国际形势不断变化,尤其是随着北极和太平洋区域内的海洋争端日益凸显,美国始终处于《公约》之外,让美国在这两个区域问题的协调和磋商中处于不利地位,其自身的航行自由权利也在一定程度上受到影响。

第一,入约有助于美国维护自身在北极的"航行自由"。随着北极冰冠的融化,北极极地航线的开辟极有可能实现。通过极地航线,亚欧间的距离比现在通过苏伊士或巴拿马运河的路线将缩短40%,航线也处于

---

① U. S. Senate, "Prepared Statement of GEN Martin E. Dempsey," before the Senate Committee on Foreign Relations, Hearings on the U. N. Convention on the Law of the Sea (Treaty Doc. 103-39). 112th Congress, 2nd Session, May 23, June 14 and June 28, 2012, Senate Hearing 112-654, pp. 25-26, https://www.gpo.gov/fdsys/pkg/CHRG-112shrg77375/html/CHRG-112shrg77375.htm.

② James D. Brousseau, "Frozen in Time: A Fresh Look at the Law of the Sea and Why the United States Continues to Fight Against It," *Southern University Law Review*, Vol. 42, No. 1, 2014, p. 176.

世界更稳定的部分。① 在未来 10—15 年，西北航道有可能作为航行通道全年开放。由于加拿大北极群岛在北极冰冠附近，因此航道应被看作是国际海峡还是加拿大的水域是亟待解决的争论焦点。加拿大主张对西北航道拥有主权，同时俄罗斯也在试图对新航道施加影响，这些对于美国来说，都意味着航行自由将受到挑战。

美国已经有越来越多的人日渐意识到，加入《公约》对美国北极利益诉求的重要意义。例如，以下观点正在美国社会得到清晰表达：北极在海上机动方面的重要性日益增加，对于航行条款的解读变得更为重要。美国是唯一一个没有加入《公约》的北极国家，这使美国无法在北极争端协商中占有一席之地，也无法同其他国家展开有效沟通，很难在北极管理规则的制定上发挥自身的影响力。随着北极航线的航行和使用日渐可行，从航行和军事的观点来看，加入《公约》会确保美国在整个北极的航行飞越自由权，② 也将会让美军处于更优势的地位，更好地促进和保护美国的国家安全利益。③

第二，入约能够最大程度保护美国在亚太地区，尤其是在南海的

---

① U. S. Senate, "Prepared Statement of Hon. Lisa Murkowski, U. S. Senator from Alaska," before the Senate Committee on Foreign Relations, Hearings on the U. N. Convention on the Law of the Sea (Treaty Doc. 103-39), October 4, 2007, 110th Congress, 1st Session. Senate Hearing 110-592, p. 154, http://www.senate.gov/legislative/LIS/roll_call_lists/vote_menu_110_1.htm.

② U. S. Senate, "Statement of Hon. Leon E. Panetta, Secretary of Defense, U. S. Department of Defense, Washington, D. C.," before the Senate Committee on Foreign Relations, Hearings on the U. N. Convention on the Law of the Sea (Treaty Doc. 103-39), 112th Congress, 2nd Session, May 23, June 14 and June 28, 2012. Senate Hearing 112-654, p. 17, https://www.gpo.gov/fdsys/pkg/CHRG-112shrg77375/html/CHRG-112shrg77375.htm.

③ U. S. Senate, "Response of ADM James Winnefeld, Jr. to Question Submitted by Senator Robert P. Casey, Jr.," before the Senate Committee on Foreign Relations, Hearings on the U. N. Convention on the Law of the Sea (Treaty Doc. 103-39), 112th Congress, 2nd Session, May 23, June 14 and June 28, 2012. Senate Hearing 112-654, p. 154, https://www.gpo.gov/fdsys/pkg/CHRG-112shrg77375/html/CHRG-112shrg77375.htm.

"航行自由"。美国一直重视自身在亚太地区的利益,虽然身为南海局外人,但一直以航行自由权利为借口积极介入南海问题的争端。美国也在不断思考与争论如何更有利于美国介入南海问题?认为入约有助于美国的亚太尤其是南海行动正在成为主流观点。

在2012年参议院外交关系委员会就加入《公约》举行的听证会上,时任美国国务卿的希拉里·克林顿(Hilary Clinton)表示,"尽管我们在南海没有领土,但我们有至关重要的利益,尤其是航行自由。作为《公约》缔约国,我们在引用其规则的时候会更有可信度,也更有能力执行它的规则"。①时任参议员约翰·克里(John Kerry)也指出,"我们推动在南海、霍尔木兹海峡和其他地区的法治秩序,也在力促海洋和领土争端的和平解决。我们如何让其他国家遵守国际规则,而我们自己却没有加入编纂这些规则的《公约》呢?""我们需要加入《公约》来确保至关重要的航行权利和公海自由得到保护。没有比南海更能体现我们的国家安全和《公约》之间关系的地方了。当我们抵制过度海洋主张时,当我们以及我们盟友的军舰和商船遭到非法限制时,《公约》缔约国的身份会立刻提升我们的可信度"。② 美国学者也意识到入约对美国亚太利益的重要性,指出入约会帮助美国保护其在亚太地区的利益,会进一步明确国际

---

① U. S. Senate, "Statement of Hon. Hillary Rodham Clinton, Secretary of State, U. S. Department of State, Washington, D. C.," before the Senate Committee on Foreign Relations, Hearings on the U. N. Convention on the Law of the Sea (Treaty Doc. 103-39), 112th Congress, 2nd Session, May 23, June 14 and June 28, 2012. Senate Hearing 112-654, p. 10, https://www.gpo.gov/fdsys/pkg/CHRG-112shrg77375/html/CHRG-112shrg77375.htm.

② U. S. Senate, "Opening Statement of Hon. John F. Kerry, U. S. Senator from Massachusetts," before the Senate Committee on Foreign Relations, Hearings on the U. N. Convention on the Law of the Sea (Treaty Doc. 103-39), 112th Congress, 2nd Session, May 23, June 14 and June 28, 2012. Senate Hearing 112-654, p. 93, https://www.gpo.gov/fdsys/pkg/CHRG-112shrg77375/html/CHRG-112shrg77375.htm.

法赋予的在国际水域和空域航行自由的原则。①

总之,赞成派认为从法理性来看,习惯国际法的不确定性导致其不能为美国的航行自由提供稳固的法律保障,需要《公约》所构建的法律框架为其提供依托和支撑;"航行自由计划"高昂的经济、军事以及政治成本,也要求美国加入《公约》来降低成本,化解风险;身处《公约》之外的尴尬身份,也让美国在国际海洋争端中无法占据主动,难以借助《公约》争端解决机制维护美国的航行自由。在赞成派看来,这些都充分表明美国航行自由权利的维护离不开《公约》的支持和保护,美国加入《公约》既有必要性也有紧迫性。正如前国务卿希拉里·克林顿所说,"美国需要尽快加入《公约》,因为在这件事上美国已经拖得太久了"。②

三、美国"航行自由"的实质

在美国是否应该加入《公约》的讨论中,争论的核心问题之一就是《公约》对美国"航行自由"的保护是否有益,对维护美国海洋霸权和海洋利益是否能够发挥积极作用。从上述分析中不难看出美国对利用《公约》维护自身"航行自由"的态度非常鲜明,即最大限度地利用《公约》捍卫自身的海洋安全和利益,但不愿履行相应的法律义务,这也恰恰说明美国的"航行自由"是具有强烈的霸权主义色彩的。美国在对待国际条约上的实用主义原则,即国际规则要服务于美国自身利益和外交政策,也再次体现了美国"航行自由"的实质。

---

① Ben Cardin, "The South China Sea Is the Reason the United States Must Ratify UNCLOS," *Foreign Policy*, July 13, 2016, http://foreignpolicy.com/2016/07/13/the-south-china-sea-is-the-reason-the-united-states-must-ratify-unclos/.

② Transcript of Hilary Clinton's Confirmation Hearing, January 13, 2009, http://www.cfr.org/elections/transcript-hillary-clintons-confirmation-hearing/p18225.

第一,"航行自由"具有极强的利己主义色彩。赞成派和反对派争论的焦点是入约能否更好地推动"航行自由计划"的实施,维护美国的"航行自由",而不是遵循《公约》是否能维护海洋和平的宗旨,减少海上军事活动。反对派之所以反对美国加入《公约》,其理由就是入约得不偿失,反而限制了自身海洋活动的自由。他们认为美国海洋利益的根本保障是美国强大的海洋实力,"航行自由计划"才是美国维护自身"航行自由"的核心手段。相对于强大的军事力量而言,《公约》作为国际法的效力有限。入约不仅不能保障美国的"航行自由权利"不受到损害,相反,还会带来相应的义务和责任。对此,赞成派也有充分的认识,一方面,赞成派也认为加入《公约》虽然是美国维护航行自由权利的重要一步,但《公约》并不可以替代"航行自由计划",相反,"航行自由计划"的保留是极其必要的。时任美国国防部长里奥·帕内塔(Leon Panetta)曾在2012年5月23日举行的听证会中表示,"不管美国是否加入《公约》,美国都要继续依照'航行自由计划'实施军事宣示。它是我们挑战过度海洋主张和沿海国过度管辖权主张的主要军事手段"。[1] 时任参议员约翰·克里也在这次听证会上指出,"美国用外交和军事资源来驳斥过度海洋主张的做法在未来会继续。这些为航行自由而做的军事努力会继续"。[2] 另一方面,赞成派也同样意识到《公约》可能对美国产生的一些不利影响和局限。正如反对派所担心的,美国入约后海上军事活

---

[1] U.S. Senate, "Responses of Secretary Leon E. Panetta to Questions Submitted by Senator John F. Kerry," before the Senate Committee on Foreign Relations, Hearings on the U. N. Convention on the Law of the Sea (Treaty Doc. 103-39), 112th Congress, 2nd Session, May 23, June 14 and June 28, 2012. Senate Hearing 112-654, p. 70, https://www.gpo.gov/fdsys/pkg/CHRG-112shrg77375/html/CHRG-112shrg77375.htm.

[2] U.S. Senate, "Opening Statement of Hon. John F. Kerry, U.S. Senator from Massachusetts," before the Senate Committee on Foreign Relations, Hearings on the U. N. Convention on the Law of the Sea (Treaty Doc. 103-39), 112th Congress, 2nd Session, May 23, June 14 and June 28, 2012, Senate Hearing 112-654, p. 93, https://www.gpo.gov/fdsys/pkg/CHRG-112shrg77375/html/CHRG-112shrg77375.htm.

动将有可能受到限制,因此美国将对"军事活动"做出声明——军事活动不受《公约》争端解决机制的支配,美国坚持军事例外原则。这也是美国参议院外交关系委员会给出的指导意见中明确说明的,是美国加入《公约》的前提条件之一。①

第二,"航行自由"的核心是军事航行自由。围绕航行自由权利,美国在是否入约的选择上指向非常明显——维护自身军事航行自由,为自身海军力量在全球的机动寻求保护,而非满足于一般意义上的商业和正常通航自由。赞成派认为,加入《公约》后,美国海军对海域和附近空域的进入能力,尤其是进入海上战略要塞的能力将会提升。② 美军高层将领就指出,加入《公约》会强化美国运用海权的能力,③ 让美国有一个强有力的杠杆,对抗其他国家企图重新调整国际社会已普遍接受的规则的努力,④ 缩小其他国家对条款做出解释操控的空间,让美国处于更有利的

---

① U.S. Senate, "Statement of Martin E. Dempsey, Deputy Assistant Secretary for Negotiations Policy, Department of Defense, The Pentagon, Washington, D. C. ," Hearings on the U. N. Convention on the Law of the Sea(Treaty Doc. 103-39), October 14 and 21, 2003, //From the Report on U. N. Convention on the Law of the Sea (Treaty Doc. 103-39), 108th Congress, 2nd Session, U. S. Senate Committee on Foreign Relations, Executive Report 108-10, p. 99, March 11, 2004. https://www.congress.gov/treaty-document/103rd-congress/39?overview=closed.

② U.S. Senate, "Prepared Statement of ADM Jonathan W. Greenert,"before the Senate Committee on Foreign Relations, Hearings on the U. N. Convention on the Law of the Sea (Treaty Doc. 103-39), 112th Congress, 2nd Session, May 23, June 14 and June 28, 2012. Senate Hearing 112-654, p. 101, https://www.gpo.gov/fdsys/pkg/CHRG-112shrg77375/html/CHRG-112shrg77375.htm.

③ U.S. Senate, "Statement of GEN Martin E. Dempsey, Chairman, Joint Chiefs of Staff, Washington, D. C. ," before the Senate Committee on Foreign Relations, Hearings on the U. N. Convention on the Law of the Sea (Treaty Doc. 103-39), 112th Congress, 2nd Session, May 23, June 14 and June 28, 2012. Senate Hearing 112-654, p. 22, https://www.gpo.gov/fdsys/pkg/CHRG-112shrg77375/html/CHRG-112shrg77375.htm.

④ U.S. Senate, "Prepared Statement of GEN William M. Fraser III," before the Senate Committee on Foreign Relations, Hearings on the U. N. Convention on the Law of the Sea (Treaty Doc. 103-39), 112th Congress, 2nd Session, May 23, June 14 and June 28, 2012. Senate Hearing 112-654, p. 108, https://www.gpo.gov/fdsys/pkg/CHRG-112shrg77375/html/CHRG-112shrg77375.htm.

位置来要求其他国家遵守《公约》的规则，保护自身权利。① 在赞成派眼中，《公约》既能为美国的航行自由军事宣示提供更充分可靠的法理支持，提高军事宣示的效果，还能从根本上降低冲突的风险，增加外交谈判解决海洋争端的可能性和成功概率。

第三，"航行自由"是美国巩固区域霸权的工具。随着国际海洋形势的变化，美国的区域霸权不断受到挑战，现实利益的驱动让美国愈加意识到《公约》对维护美国"航行自由"的重要性。由于美国没有加入《公约》，在缔约国解释或试图修改《公约》所保护的权利和自由时，美国没有发言权，无法让包括航行自由在内的问题符合美国利益。② 北极和亚太地区是美国全球战略的重要着眼点，美国的《公约》非缔约国身份让美国难以在上述地区的争端解决中占据主动，在国际海洋秩序的塑造中无法发挥主导作用，美国的"航行自由"也无法在上述地区得到保障。美国也因此意识到入约对维护美国区域霸权的必要性和紧迫性，"入约对美国维护北极和南海的'航行自由'大有裨益，因为《公约》为美国提供了一个重要的工具，以避免这些区域的管辖权蔓延，促进以和平方式化来解未来的冲突，减少风险的升级"③。正如国会众议员乔·考特尼（Joe Courtney）和唐·杨（Don Young）所说，我们要继续在南海挑战过度海洋主张，也要在竞争日益激烈的北极地区占有一席之地，如果不加

---

① U. S. Senate, "Prepared Statement of ADM Samuel J. Locklear III," before the Senate Committee on Foreign Relations, Hearings on the U. N. Convention on the Law of the Sea (Treaty Doc. 103-39), 112th Congress, 2nd Session, May 23, June 14 and June 28, 2012. Senate Hearing 112-654, p. 112, https://www.gpo.gov/fdsys/pkg/CHRG-112shrg77375/html/CHRG-112shrg77375.htm.

② Hank Johnson, "Why the U. S. Needs to Ratify UNCLOS," *The Diplomat*, April 18, 2016, http://thediplomat.com/2016/04/why-the-us-needs-to-ratify-unclos/.

③ U. S. Senate, "Prepared Statement of GEN Martin E. Dempsey," before the Senate Committee on Foreign Relations, Hearings on the U. N. Convention on the Law of the Sea (Treaty Doc. 103-39), 112th Congress, 2nd Session, May 23, June 14 and June 28, 2012. Senate Hearing 112-654, p. 23, https://www.gpo.gov/fdsys/pkg/CHRG-112shrg77375/html/CHRG-112shrg77375.htm.

入《公约》,我们就面临着被边缘化的风险。①

通过对美国的"航行自由"与《公约》关系的解析可以清晰地看到,能否让美国"航行自由计划"的实施得以最优化、军事航行自由得到强化,并维护美国霸权的现实利益需要,是美国考虑加入《公约》这一多边国际协定的关键。美国认为,作为世界上最强大的海洋国家,美国的安全利益同航行自由具有内在的联系。② 在众多入约与否的考量因素中,美国航行自由利益在其中的影响力和重要性愈发凸显。这也解释了为什么美国主流声音认为,即便美国加入《公约》,具有强烈单边主义色彩的"航行自由计划"依然要保留的原因。从维护航行自由利益的角度出发,美国最期待双管齐下,一手紧握《公约》,以国际法之名保卫自身的"权利"不受挑战,借《公约》掩盖其航行自由军事行动的霸权本质;而另一手则牢牢抓住"航行自由计划",继续以军事力量来捍卫所谓的"航行自由"。美国在入约问题上对自身航行自由利益得失的权衡,也再次印证了其"航行自由"的利己性、军事性和工具性。

---

① Bonnie S. Glaser, "Why the U. S. Should Ratify the Law of the Sea Treaty," July 13, 2016, https://www.thecipherbrief.com/column/strategic-view/why-us-should-ratify-law-sea-treaty.

② U. S. Senate, "Opening Statement of Hon. John F. Kerry, U. S. Senator from Massachusetts," before the Senate Committee on Foreign Relations, Hearings on the U. N. Convention on the Law of the Sea (Treaty Doc. 103-39), 112th Congress, 2nd Session, May 23, June 14 and June 28, 2012, Senate Hearing 112-654, p. 92, https://www.gpo.gov/fdsys/pkg/CHRG-112shrg77375/html/CHRG-112shrg77375.htm.

新一轮朝韩关系互动评析

虞少华*

摘　要　2018年起，朝韩关系开始新一轮积极互动，两国通过三次首脑会谈宣示了"全面改善和发展双边关系"的意愿，恢复了部分交流合作活动，在缓解军事紧张方面采取实际行动，并为推动无核化问题重回对话轨道发挥了积极作用。与历史上朝韩关系几次积极互动相比，此次两国关系转圜更凸显朝韩"民族自决"的主动性，对大国半岛政策的触动和影响也是朝鲜战争停战后空前的。但两国的结构性矛盾并未改变，寻求缓和是双方基于各自战略考量，在政策调整方向和紧迫感方面恰好重合的结果。随着朝美协商再度遇阻，朝韩关系也再次显出温差。如果双方都能坚持目前的既定政策，将对维护无核化问题对话局面、防止整体形势逆转发挥正面效应。

关键词　朝韩关系　完全无核化　和解合作　民族自决　结构性矛盾

2018年起，朝鲜半岛形势迎来多年未有的转折性变化，半岛无核化问题重返对话轨道，整体局面相对缓和。朝韩关系在此期间的转圜，既是这一变化的重要成因，也将继续影响半岛无核化进程与和平机制建立。

---

* 虞少华，上海大学特聘教授、朝鲜半岛研究中心主任。

分析本轮朝韩互动的特点及其局限有助于研判地区形势的发展走向。

一、朝鲜半岛形势转圜与朝韩互动

最新一轮朝鲜半岛形势转圜从朝鲜、韩国借 2018 年平昌冬奥会再次携手开始，之后一年内两国进行了三次首脑会晤，在历史上创下新篇。2018 年 2 月 9 日，朝韩时隔 12 年再度共举代表和平统一的朝鲜半岛旗进入奥运会开幕式，并联合组团参加了部分比赛项目。朝方派出劳动党中央委员会第一副部长金与正以金正恩特使身份任团长的代表团与会，向韩国总统文在寅递交金正恩亲笔信，文在寅则表示将创造条件回访朝鲜。2018 年 4 月 27 日，金正恩和文在寅在板门店韩国一侧的和平之家举行首次会晤，发表《板门店宣言》。宣言宣称将"划时代地全面改善并发展双边关系"，"确认民族命运自决的自主原则"，"尽快促成高级别会谈等各领域对话和谈判"。[①] 同年 5 月 26 日，朝韩首脑再次相聚于板门店朝方一侧的统一阁，就履行《板门店宣言》和有关朝美领导人会晤等事宜开诚布公交换意见。当时正值拟议中的朝美首脑会晤一波三折，朝韩首脑这一次"闪电会晤"，无疑有针对美国的考量，在媒体的评论中也都肯定了这次会晤对之后"特金会"的推动。当年秋天文在寅回访朝鲜，双方在百花园签署《平壤共同宣言》。宣言提出"从根本上解除敌对关系"；"基于互惠互利共赢原则扩大交流合作"。

值得强调的是，朝韩打开僵局同时也推动了重启半岛无核化问题对话。由于半岛这些年来的局势紧张多与朝鲜核导计划及其行动有关，朝韩关系也在李明博、朴槿惠政府时期因此走入最低谷。不但如此，朝鲜

[①] 《韩朝今日联合发表〈板门店宣言〉，全文来了!》，环球网，2018 年 4 月 27 日，http://world.huanqiu.com/exclusive/2018-04/11933910.html?agt=15438。

方面一直坚持，朝核问题是不能在朝韩间谈论的问题，有关问题只能是由朝美对等谈判解决。而韩方又在多种场合强调，韩国应成为半岛无核化进程的主导者，将为此积极同有关国家商讨并寻求解决。事实上，在过去十年来的朝韩关系中，朝核问题成为双方对话中的禁忌，还由于双方各自政策意图相左，使该问题进一步加深了两国间的对立和对抗。但在此轮形势缓和中，朝韩双方并未避讳这一话题，而是出于各自需要共同发声，为推动重启对话和维持和缓势头做出了特殊贡献。例如在金正恩和文在寅的首次会晤中，朝韩即通过《板门店共同宣言》宣示，将"通过完全弃核实现半岛无核化的共同目标"。[1] 这对促成美国同意与朝鲜对话意义重大。再如2018年9月，朝美在第一次特金会取得突破性进展后有关具体协商却停滞不前，文在寅应邀回访朝鲜，与金正恩在百花园签署《平壤共同宣言》。宣言重申"完全无核化"立场，提出"让半岛成为没有核武器威胁的和平地带"，[2] 可以视为朝韩对无核化问题的进一步明确表态，也有力展示了双方为此坚持合作的意志，无疑也对处于僵持的对话局面起到微妙的支撑效果。

另外，此轮朝韩改善关系所采取的具体行动，也对整体局势缓和有积极的直接影响。一方面，朝韩重启了一些被中断的交流合作项目。在2000年朝韩首脑实现历史性会晤后，两国开启了离散家属会面、金刚山旅游以及设立开城工业园区。项目的维持虽有各种困难，但一直持续十多年，被称为半岛南北合作三大项目。但在李明博、朴槿惠政府时期朝韩关系不断恶化的背景下，三大项目先后于2015年起陷于停顿，使南北关系退无可退，地区形势也愈发不明朗。此次两国关系出现转圜后，朝

---

[1] 《朝韩〈板门店宣言〉全文公布：半岛不再有战争》，中国新闻网，2018年4月27日，http://www.chinanews.com/gj/2018/04-27/8501791.shtml。

[2] 《韩朝今日联合发表〈板门店宣言〉，全文来了!》，环球网，2018年4月27日，http://world.huanqiu.com/exclusive/2018-04/11933910.html?agt=15438。

韩对三大项目都表示了重启的积极意愿。2018年,朝韩再次举行了离散家属会面活动。目前仅韩国有登记的离散家属13.2万中已有大约7.5万人去世,在世的九成离散家属年龄都在70岁以上。完成重逢心愿不仅牵动这一不断逝去的群体,也成为朝韩关系回暖的晴雨表。而金刚山旅游项目和开城工业园区则因受联合国对朝制裁决议影响,暂不能全面重启,但双方领导人都明确表示了要重启的愿望,并在2018年11月共同进行了金刚山旅游项目启动20周年纪念活动。开城工业园区项目虽然未能正式重启,但是朝韩为此进行了一系列的可行准备。比如2018年9月,为项目重启在开城设立朝韩联络办公室;① 又比如韩国也在准备组织开城工业园区入驻韩企访朝事宜,虽然并不顺利,但一旦条件成熟,具体的前期工作将有助于加快有关进程。此外,朝韩也在就铁路和公路对接进行积极的准备工作,包括2018年12月26日,双方在开城板门店火车站举行的对接项目开工仪式。朝鲜祖国和平统一委员会委员长李善权和韩国统一部长官赵明均等分别率团出席。最后,朝韩就缓解军事紧张也采取了一些积极措施。2018年9月19日,第三次朝韩首脑会谈发表的《平壤共同宣言》宣示,决定停止包括非武装地带在内对峙地域的军事敌对关系,消除朝鲜半岛全境的战争威胁,从根本上解除敌对关系。② 为落实这一决定,韩朝军队从11月1日零时起,停止双方在地面、海上、空中的一切敌对行动。同时,双方还各自拆除了非军事区内11个哨所,解除了人员与装备,并于12月12日完成了朝韩军方对撤销哨所状况的相互检验工

---

① 《开城工业园韩企计划申请访朝,期待园区年内开工》,中国新闻网,2018年9月26日,http://finance.chinanews.com.cn/gj/2018/09-26/8636480.shtml。
② 张蕾:《朝韩签署〈平壤共同宣言〉决心消除半岛战争风险》,中青在线,2018年9月19,http://news.cyol.com/yuanchuang/2018-09-19/content_17601379.htm。

作。① 这些行动在朝韩历史上从未有过，对地区形势的积极意义也显而易见。

二、促成朝韩再次改善关系的各自动因

朝韩的上述积极互动由双方各自的战略需要促成。

从朝鲜来看，朝韩关系积极缓和的根本原因是国内战略重点的调整。2018年4月20日，朝鲜召开劳动党第七届中央委员会第三次全体会议。金正恩在会议讲话中称，2013年提出的"关于经济建设与核力量建设并举的战略路线的各项任务圆满完成"，当前的战略路线是"全党全国集中一切力量进行社会主义经济建设"。会议决议也阐明，朝鲜"将集中一切力量，动员国家的全部人力和物力资源，为建设强大社会主义经济和划时代提高人民生活进行斗争"。决议还阐明，"为营造有利于进行社会主义经济建设的国际环境、维护朝鲜半岛和世界的和平稳定，积极同周边国家和国际社会密切联系并进行对话"。②

事实上，金正恩称"经济建设与核力量建设并举的战略路线圆满完成"并非没有根据。近年来，一方面，朝鲜改善经济管理的有关改革取得了实效。始于金正日时期的市场活动在金正恩执政后进一步扩大，使市场经济替代了一些计划经济不能完成的功能，补充了国民经济运行能力。另一方面，朝鲜针对制裁推行的应对举措也是有所成效的。包括还在制裁尚未产生严重影响时，朝鲜就预计到今后可能的情况而先行采取

---

① 《韩军证实：朝鲜11个哨所全部撤除，军事功能已丧失》，海外网，2018年12月17日，http://news.haiwainet.cn/n/2018/1217/c3541093-31461205.html。

② 《朝鲜劳动党七届三中全会决定：停止核导试验 全力发展经济》，齐鲁晚报网，2018年4月22日，http://epaper.qlwb.com.cn/qlwb/content/20180422/ArticelA07002FM.htm。

了相应措施。但在2017年，朝鲜因急速加快核导计划推进，先后四次受到联合国新的制裁。联合国发布2321（2016）、2371（2017）、2375（2017）、2379（2017）这四项决议使朝鲜继续实施"经济建设与核力量建设并举战略路线"会越来越艰难。

与此同时，经过2017年的全力推进，朝鲜视为自身安全保障的核导计划也取得了实质性进展。同年9月3日，朝鲜在丰溪里试验场进行第六次核试验，被认为是其六次核试验中核爆炸当量最大的一次，也是朝鲜第二次氢弹试验。朝方自称为"全面成功的可携带洲际弹道火箭的氢弹试验"。① 而2017年年内朝鲜试射导弹也远远突破历史记录，其中远程导弹的试射成功率大大提高。特别是7月4日和7月28日两次成功试射的"火星-14"型洲际弹道导弹，以及11月29日成功试射的"火星-15"型洲际弹道导弹，被认为取得重大技术突破。即使无法像朝鲜自己宣称的那样能对美国本土构成实质性威胁，但"对韩国、日本乃至美国关岛实施核打击的能力已几乎无人怀疑"②。

正是由于自认为安全有了基本保障，而拥核自保与经济建设在资源分配和外部条件确保上的相互制约接近极限，因此朝鲜在关键节点做出了"工作重心转移"的主动战略调整。除了内生需要，还有两个外部条件可能也是朝鲜认为必须抓住的机会。其一，在保守势力掌控韩国政坛十年后，文在寅出任第19届总统，进步势力重返青瓦台，对朝政策将传承金大中、卢武铉时期的"和解合作"基调，对朝韩关系转圜是不可多得的历史机遇。其二，美国现任总统特朗普也与其前任有诸多不同。在朝鲜看来，特朗普"逢奥必反"，指责之前美国对朝政策失败，是有意在

---

① 《欧美各国强烈谴责朝鲜氢弹测试》，欧洲时报综合报道，2017年9月3日，http://www.oushinet.com/international/guojinews/20170903/271317.html。

② 《欧美各国强烈谴责朝鲜氢弹测试》，欧洲时报综合报道，2017年9月3日，http://www.oushinet.com/international/guojinews/20170903/271317.html。

朝核问题上有所建树的体现。而且特朗普意识形态色彩相对淡化、更倾向进行务实交易的特点也会有利于朝美通过协商谈判达成妥协，是朝鲜必须加以利用的。

从韩国来看，缓和与朝鲜关系既是为文在寅一贯的政治理念所决定，也是其政府立足的现实需要。韩国历来有政党派别的进步、保守之争。随着以反对军事独裁为核心的韩国"民主化"进程结束，进步和保守党派的政策分歧就逐渐演变为对朝政策的差异。这种差异也会因不同党派间的政权更替直接影响韩朝关系甚至韩美关系。例如金大中和卢武铉先后执政的1997年至2007年中，朝韩关系就以和解、合作为基调取得较大改善和进展。作为进步党派理念的传承者，文在寅在朝韩关系上一定会有不同于之前保守政权的政策选择。

从现实来看，李明博、朴槿惠政府时期的朝韩关系已跌入历史最低谷，朝核问题既是南北对立的刺激因素之一，又是双方接触的障碍。随着核形势恶化和失控的可能性增加，朝鲜半岛陷入战乱的威胁也在加大。文在寅就任后的最大外交难题就是走出和前任不同的路径，在半岛无核化问题上有所突破，并打开南北僵局。面对朝鲜的政策调整以及平昌冬奥会的机遇，文在寅选择了相向而行、对话合作。一方面，朝韩实现首脑会谈营造和解氛围，使其"绝不允许半岛再次发生战争"的宣示有更多确保，不仅赢得民心，也利于韩国国家安全和周边稳定。另一方面，与朝鲜积极互动彰显其政策效应，也有助于抵消韩国国内保守势力对其施政举措的指责压力，稳住国内民意支持的基本盘。从经济角度看，朝韩关系改善如能重启开城工业园区，或开启其他渠道的经济合作，将给韩国的中小企业带来新的发展机遇，对提振韩国经济也有助益。而推动无核化进程的进展也可使韩国在处理对大国关系时握有主动，并凸显韩国在地区事务中的地位，提升外交影响力。在某种意义上，文在寅开启了同朝鲜接触对话之门,就必须全力以赴推出成果。

三、朝韩互动的历史轨迹与此轮互动新特点

朝鲜与韩国自分裂以来,就形成了一对结构性矛盾。即双方敌视对立而又始终不承认分裂的现实,至今各自宪法还将对方定为自身国家的一部分,但同时又从未放弃以己为主统一对方的目标。为了这一目标,朝韩在历史上有过以武力争取统一的惨痛经历,也有过以非武力方式寻求接近战略目标的尝试。

1969年,时任美国总统尼克松发表《关岛宣言》,提及"减少美国海外驻军,亚洲国家要更多为自己安全负责"。1972年2月尼克松访华,结束了"中美25年没有交往的历史"。在此背景下,朝韩从1971年至1972年先后进行了25次红十字预备会谈和7次正式会谈,① 从查找离散家属的人道主义合作开始进行接触,并在此期间秘密完成两国政治协商,于1972年7月4日在平壤和汉城同时发表著名的《南北联合声明》,又称《7·4联合声明》。宣言的核心内容是提出了国家统一原则,即应当在不依靠外部势力和不接受外部势力干涉的情况下自主实现统一;统一应当以和平的方式实现,不采取反对对方的武力行动;应当超越思想、理念和制度的不同,促成民族大团结。② 当时的朴正熙政府还就此定义,"南北两种体制应该以更能造福人民的标准进行善意竞争"。③ 此次南北互动在双方关系史上的最重要意义是,双方明确放弃武力统一方式,并主要以秘密方式接触,未寻求相关阵营大国的支持。

---

① 参见김연철,『70년의 대화 — 새로 읽는 남북관계사』,창비출판,2018년,102페지。
② 参见김연철,『70년의 대화 — 새로 읽는 남북관계사』,창비출판,2018년,110페지。
③ 参见김연철,『70년의 대화 — 새로 읽는 남북관계사』,창비출판,2018년,110페지。

以苏东剧变为标志的世界范围冷战结束，在东北亚也引发了震荡。表现在半岛南北关系上，就是已经借"汉江奇迹"成为四小龙之一而从经济实力上占据对朝鲜绝对优势的韩国，再次因为国际环境的变化，在外交上赢得对朝鲜关系的主动权。相反，朝鲜在经济上失去原有贸易渠道和方式的支撑，外交上也未能像韩国一样享受冷战结束的红利，在安全上压力陡增，对韩关系处于守势。在此背景下，1990年9月至1992年9月，朝韩先后进行了8次总理级会谈，会谈内容涉及政治关系、经济合作以及人员交流。双方签署了《关于实现南北和解、互不侵犯和合作交流协议书》和《关于朝鲜半岛无核化联合宣言》。与前一次双方互动有所不同，此次双方接触过程公开，并且是在国际形势和朝韩力量对比都发生明显变化的情况下，双方分别申请、并于1991年9月同时成为联合国成员，对抗关系进入新态势。

在上述冷战后整体国际局面导致半岛南北综合实力差距进一步加大、朝核问题逐步升级的背景下，2000年6月13—15日，朝鲜领导人金正日和韩国总统金大中在平壤实现了历史性会晤。这是朝鲜半岛分裂后两国首脑的首次会晤，并发表了《南北共同宣言》。宣言宣称，统一问题要由民族联合的力量自主加以解决；南方提出的邦联制方案和北方提出的初级阶段联邦制方案互有共同性，双方将朝这一方向推进统一进程；双方要通过经济合作均衡发展民族经济，并加强社会、文化、体育、卫生、环境等各领域交流合作，以增进相互信任。金大中政府之后，卢武铉政府也继续推进和解、合作的对朝政策，并再次实现南北首脑会谈。以此为基础，双方交流合作有较快发展，包括标志性三大项目，即离散家属会面、金刚山旅游、开城工业园区建设，开创了南北合作的新篇。但对当时已成为地区形势热点的朝核问题，双方在对话过程中并未涉及，并且对那个时期的周边大国对半岛政策的触动和影响也相对有限。

回顾以上朝韩关系历史轨迹，再看当前两国的互动现状，可以发现本轮朝韩互动的特点。一方面，双方虽各有战略考量，但政策调整方向和紧迫感恰好相互重合，特别是朝韩第一次直面朝核问题，成为无核化进程重回对话轨道的重要动因。另一方面，朝韩两国"民族自决"的主动性凸显，对大国半岛政策的触动和影响也是朝鲜战争停战后空前的，而且是积极正面的，从而有利于地区形势稳定与缓和。

四、朝韩关系发展前景及对半岛形势的影响

第二次朝美河内会谈未能达到预期成果后，无核化进程再次放缓脚步。朝美都将会谈没有进展的原因归咎于对方，但实际上，这只是两国间长期存在的老问题并未解决、新方式又显出局限的必然结果。即，朝鲜坚持的"分阶段、同步走"推进原则与美国坚持的"利比亚模式"均没有退让，仍针锋相对；而特朗普和金正恩都期待通过首脑会谈取得突破，虽然这在第一次特金会打破僵局时收到了实效，但在具体利益置换的环节中，首脑会谈却难以取代需要相互照顾关切、逐步建立信任的事务层谈判。尽管朝美目前都显示了有意进行第三次首脑会谈的姿态，但双方似乎尚未找到上述死结的解法，因此给其他相关国家发挥作用留下更多空间，韩国政策及朝韩关系走向都再次受到关注。

韩国国内政治环境正处于前所未有的分裂局面，经济形势也低迷不振，文在寅执政初期的高支持率主要得益于对朝政策收获的良好效应，但在朝美对话遇阻、竞选时改善经济民生的承诺效果不彰的背景下，其支持率已由2017年最高时的85%跌至2019年4月的41%。[①] 目前韩国在

[①] 《民调：文在寅施政支持率跌至任内最低》，韩联社（Yonhap News Agency），2019年4月5日，https://m-cn.yna.co.kr/view/ACK20190405002400881。

野党抓住现政权"对北政策失败"和"经济政策失策",全力对执政势力反扑围堵。在经济形势很难迅速有起色的情况下,文在寅政府要稳定执政地位,唯有继续推动对朝和解合作政策并力促朝美对话谈出成果。

2019年4月11日,韩国总统文在寅在朝美互相质疑对话诚意的微妙形势下访美,带去"一揽子协议、阶段性履行"的韩国方案。有媒体称文在寅在美遭到冷遇,特朗普强硬表态,对朝鲜"没有小的让步,只有大的交易",即唯有朝鲜彻底弃核,美国才解除制裁。15日,文在寅在青瓦台主持召开高层幕僚会议,表示将尽快促成第四次韩朝首脑会谈,就两次"金特会"后如何取得进一步实质性成果展开讨论。文在寅并高度评价金正恩12日发表的施政演说,认为后者"再次阐明了实现无核化、构建半岛和平的坚定决心,并展现出重启朝美谈判的意愿,对此表示欢迎"。文在寅强调,无论存在多大的困难,韩国政府都将坚定不移地稳步履行韩朝共同宣言。① 显然,文在寅政府继续其现行政策的意志明确,但能发挥的作用局限也很明显,未来文在寅可能面临多重压力:美国对朝韩接近越来越不满并且直接通过美韩涉朝工作组予以钳制。韩国内保守势力直言"文在寅成为朝鲜代言人",将问责现政府对朝政策作为党争的最大抓手。朝鲜亦施压文在寅"不要以调停者自居,而要成为拥护民族利益的当事者"。② 2019年4月27日,韩国在板门店举行纪念《板门店宣言》发表一周年,朝鲜并未对此作出回应。当天,朝鲜中央通讯社发表评论,谴责韩美举行"19-1同盟"联合军事演习,称将"严密关注韩美表里不一的双重态度",显示出与2018年三次"文金会"时的温差。

朝鲜于2019年4月先后举行劳动党第七届中央委员会第四次全体会

---

① 《文在寅高度评价金正恩讲话 欲以"文金会"破半岛僵局》来源:环球时报,2019年4月16日, http://news.cctv.com/2019/04/16/ARTI1tkXbPmUyeWhIDVonfKV190416.shtml。
② 《文在寅高度评价金正恩讲话 欲以"文金会"破半岛僵局》来源:环球时报,2019年4月16日, http://news.cctv.com/2019/04/16/ARTI1tkXbPmUyeWhIDVonfKV190416.shtml。

议、第十四届最高人民会议第一次会议。金正恩在两个会议的讲话中宣称,当前经济建设成为主要政治任务,要把自力更生作为繁荣的宝剑,根据朝鲜的条件和实际情况,依靠朝鲜自己的力量、技术和资源发展自立型民族经济。[1] 他同时指出,美国在河内会晤的表现让朝方对自己做出的战略决断的正确性心存疑虑、对美方是否真正有意改善朝美关系产生戒心。尽管朝鲜重视通过对话协商解决问题,但对美国执着于己方条件、只想单方面把自己的要求强加于他人的美式对话方法不感兴趣。[2] 金正恩的上述讲话表明,朝鲜把经济建设作为工作重心的国家战略未变,但对通过朝美对话改善两国关系和解决相互安全关切的前景产生置疑,对借此为发展经济营造有利国际环境期望降低。未来朝鲜一方面会对长期承受经济制裁压力有更多心理和应对准备,同时也可能改变原来对美国的集中投入,加大同其他方向的合作力度,包括与俄罗斯和中国的协调。

上述背景下,朝韩关系对整体局势的发展虽然不能起到决定性作用,但对形势往对话还是对抗方向倾斜会产生特殊影响。如前所述,朝韩之间的结构性矛盾决定了两国各自有战略考量,但当前双方都要寻求避免战乱、对话协商的政策方向一致。如果朝韩都能坚持目前的既定政策,将对维护对话局面、防止形势逆转发挥正面效应,也能够继续提升其"民族自决"的主动,在东北亚事务中彰显作为当事者的战略自主性。相反,为结构性矛盾对立所困,甚至试图从大国博弈中寻求狭隘的策略所需,只会最终损害南北双方的根本利益。

---

[1]《金正恩:把国家的一切力量集中于经济建设》,来源:央视新闻,2019 年 4 月 13 日,http://news.youth.cn/jsxw/201904/t20190413_11925362.htm。

[2]《金正恩:在条件具备情况下愿尝试第三次朝美首脑会晤》,来源:新华网,2019 年 4 月 13 日,http://www.chinanews.com/gj/2019/04-13/8808123.shtml。

日本社会党的兴与衰

王雅丹*

摘　要　在二战结束继而冷战爆发的背景下，日本执政党自由民主党和最大在野党社会党形成了多年对峙的"55年体制"。在这一体制下，日本实现了高速经济发展并成为世界第二大经济体，在泡沫经济崩溃后，日本政坛发生了重大变化，新党相继成立。随着细川护熙联立政权的诞生，"55年体制"解体。羽田内阁辞职后，"万年野党"日本社会党终于实现执政的夙愿，与政治宿敌自民党组成联立政权。但其后因为延续了自民党的政治、外交、经济政策导致信誉受损以至人心尽失，最终解体。

关键词　日本社会党　联立政权　安保运动　日美同盟　左右派　衰落

在战后日本政治史中，日本社会党占据着非常重要的地位。1945年9月2日，日本政府在投降书上签字，为了实现非军事化和政教分离，占领军——盟军总司令部（GHQ）开始对日本进行司法、政治、教育等全方位的改造，积极促进政治的民主化，废除了包括《治安维持法》在内

---

* 王雅丹，山东大学东北亚学院副研究员，博士，笔名王墨，即文中注释引用《世事年年见沧桑——东京旧事》（北京：中国言实出版社2016年版）的作者；中国社会科学院上海研究院特聘研究员。

的所有限制思想、信仰以及言论自由的法律，释放政治犯，使共产党得以合法化；鼓励妇女参政议政，支持各种政治势力组建政党；等等。11月2日，二战前活动受到严格限制的多个工会组织以及其他进步势力联合组建了最大的革新政党——日本社会党。在新《宪法》颁布后的第一次众议院选举中，社会党取得重大胜利，片山哲内阁成立。

在其后的半个世纪中，日本社会党将"实现社会主义"和"反对日美安保体制"作为政治纲领。从日本实现高速经济增长到成为世界第二大经济体直至泡沫经济崩溃，作为第一大在野党，日本社会党在日本政府各项政策的制定过程中发挥过非常重要的作用。然而，这样一个有着巨大政治影响力的政党，却由于种种原因，在短短的数年间便缩小成只有几个人的小政党，其过程和结果令人深思。

日本学界对社会党的衰落有各种各样的解释，有人认为左倾社会主义理论与战后日本议会政治体系无法契合，社会党不能适应高速经济发展带来的社会变革；[1] 有人从社会党的组织以及选举方针入手，认为社会党的党建工作没有共产党健全并过度依赖工会组织，党内派系斗争严重，加上在野党数量的增加导致社会党选票分流，甚至中苏对立都阻碍了社会党的发展，种种原因交织最终导致了社会党的分崩离析；[2] 有人从社会党的政策入手，认为社会党只是在内政上反对执政党，维护国内既得利益，在外交上没有任何建树[3]……

本文将通过对日本社会党的历史轨迹进行回顾，对冷战背景下社会民主主义在日本的发展历程进行梳理分析；从冷战结束、政党的执政经验以及政治家的个人性格等方面入手，在日本学者前述观点的基础上对

---

[1] 木下真志『転換期の戦後政治と政治学：社会党の動向を中心として』、敬文堂、2003年。
[2] 岡田一郎『日本社会党：その組織と衰亡の歴史』、新時代社、2005年。
[3] 片岡鉄哉『日本永久占領—日米関係、隠された真実』、講談社+α文庫、1999年、261頁。

日本社会党的解体进行新的解读，研究日本政治的特点，从而有效地促进中日两国之间的党际交流，制定更合理的对日方针政策。

一、日本社会党的成立

日本社会党是二战前无产政党联合的产物。日本的无产政党指的是社会主义政党，因为社会主义人士在《治安警察法》的禁锢下无法结党结社，所以使用了无产两个字。日本最早的无产政党创立于1901年，初期发展缓慢，第一次世界大战后，日本进入资本主义迅速发展阶段，联合工会力量的无产政党相继出现。1925年《普通选举法》颁布后，出现了无产政党议员，1932年，社会大众党（社大党）成为帝国议会第三大政党。社会大众党积极参加近卫文麿的新体制运动，支持日本侵华战争，后来的日本社会党代表人物片山哲和发表过"美帝国主义是日中两国共同敌人"言论的浅沼稻次郎（最终被右翼青年刺杀）都曾是社会大众党的议员。这些战前的社会主义者信奉社会民主主义，因为革命的不彻底性，日本社会党被日本共产党批判为"不过是前身政党因为参与了侵略战争而换了一个名字而已"。[1] 社会大众党议员构成了日本社会党的右派。

日本战败后，社会大众党党首安部矶雄召集片山哲等人，联合日本劳农党（日劳系）和日本无产党（日无系）团体组建新党，以适应国际国内形势的变化。于是，战前合法的非共产党系统的社会主义势力实现了大团结。[2] 1945年11月2日，日本社会党成立，委员长暂时空缺，片山哲担任书记长（相当于自民党的干事长），安部矶雄担任顾问。

---

[1] 『日本共産党創立84周年記念講演会』、日本共産党官网、http://www.jcp.or.jp/akahata/aik4/2006-07-22/2006072217_01_0.html。

[2] 小田部雄次『徳川義親の十五年戦争』、青木書店、1988年、195—196頁。

中间派的日本劳农党在战前曾积极协助日本军部，促进以天皇为中心的社会主义的实现；而左派的日本无产党则主张打倒天皇，建立苏联式的马克思列宁主义主导的国家。所以，自社会党成立时开始，社民系、日劳系及日无系便延续了战前的矛盾，右派和中间派信奉社会民主主义，左派则拥有马克思主义工农联盟的社会主义观，后来分裂出去成立民主社会党（民社党）的西尾末广等右派甚至是反共产主义势力。参与社会党建党的荒畑寒村评价社会党是"一些根本与社会主义无缘的人为了选举凑在了一起"，据说社会党成立之前的会议上，从头至尾没有人提及任何有关社会主义理念的问题。[1] 可见，建党初期，社会党并没有一个统一明确的共同目标，各派系之间矛盾重重，派阀争斗成为社会党的常态。因此，日本社会党的历史也是一个派阀斗争史。

1946年11月，在盟军总司令部的监督下，日本新《宪法》出台，1947年4月25日，第23次众议院总选举举行，社会党获得143个席位，一跃成为第一大政党，与民主党、国民协同党组成三党联立政权，党首片山哲担任首相。

社会党历史上出现过两任首相，一个是片山哲，一个是村山富市，都是联立政权，社会党没有单独执政过。片山内阁是日本新《宪法》生效后的第一个内阁，也是无产政党议员首次当选为首相的内阁。因为《治安警察法》的废除，随着共产党的合法化，无产政党的说法渐渐消失。

片山哲最初打算组建一个将所有政党（共产党除外）包括在内的"全国一致内阁"，因此希望前首相吉田茂能率自由党入阁，并由吉田继续担任首相。但吉田却因为社会党左派与苏联关系密切，担心国家机密

---

[1] 武田知己・季武嘉也『日本政党史』、吉川弘文館、2011年、180頁。

会被苏联立即掌握,提出将左派开除出党的组阁条件。① 无奈之下,片山哲只得自己担任首相。内阁在没有任命大臣的情况下成立,片山首相兼任外务大臣、大藏大臣等所有职务,一个人的内阁维持了九天。九天之后,片山联立政权终于公布大臣名单,外务大臣和大藏大臣等重要职位均由民主党议员担任。由片山一个人内阁的出现以及组阁的困难可见选举胜利完全出乎该党意料之外,书记长西尾末广在看到选举结果后惊呼:"真的假的?可不得了!"② 可见,年轻的社会党不仅没有执政经验,缺乏执政人才,甚至根本没有执政的准备。

左右两派的斗争使得社会党先天不足,片山内阁本属仓促上阵,加上内阁官房长官社会党书记长西尾末广坚决不同意左派入阁,加剧了左右两派的矛盾。左派对政府的施政方针屡屡反对,片山内阁举步维艰。不久,左右两派在农业大臣的更迭问题上产生严重分歧,左派公开表示成为党内野党,本来就处处受盟军总司令部掣肘的片山内阁于执政的第284天宣布全体辞职。1948年3月10日,民主党党首芦田均组阁,社会党一部分左派入阁,但极左派仍然反对政府方针,并因此被开除出党。极左派与极右派分裂。

二、冷战的加剧与日本社会党的发展

战争结束后的日本,产业遭到严重破坏,经济状况十分严峻。数百万复员士兵和海外归国者一齐涌入都市,粮食严重不足,实行配给制度,企业劳资关系恶劣。虽然盟军总司令部制定《反垄断法》等经济法案、

---

① 「実録首相列伝—国を担った男達の本懐と蹉跌」、『学研〈歴史群像シリーズ(70号)〉』、2003年6月、98—103頁。

② 维基百科:https://ja.wikipedia.org/wiki/西尾末広。

采取将军需企业改变为民需企业等措施、促进经济民主化、扶植工会组织协调劳资关系，但罢工仍然在日本各地此起彼伏，社会主义思潮盛行，共产党的活跃渐渐引起盟军总司令部的警惕。

此时，冷战已经在欧洲拉开帷幕，中国内战局势渐渐明朗，亚洲地区独立运动不断兴起，日本周边形势发生重要变化。美国开始策划对日本占领方针的转变，加紧将日本列岛部署成"反共的防波堤"，一股逆"民主化、非军事化"而行的潮流在日本政治、经济等各领域相继出现。

1947年1月31日，联合国军最高司令官麦克阿瑟下达命令，强行停止了共产党领导的全国总罢工。随后，盟军总司令部开始压制左倾化的社会思潮，解除对军国主义分子的处罚命令，恢复右倾各团体的势力，盟军总司令部的占领呈现出前期推进"非军事化、民主化"、后期压制社会主义运动的状态。

1948年6月，昭和电工受贿事件①曝光，芦田内阁受到弹劾，有社会主义倾向的盟军总司令部民政局②负责人被麦克阿瑟勒令回国。10月15日，芦田内阁总辞职。当天，第二次吉田内阁宣布成立。自此，盟军总司令部内支持保守势力的参谋部第二部开始掌握主导权，主张将日本发展成"反共的桥头堡"，并开始策划日本的再军备。③

芦田内阁的经济丑闻给社会党带来很大负面影响，1949年1月的总选举中，社会党只获得48个席位，委员长片山哲落选。4月14日，社会党召开第四次党大会，总结选举失败经验，就片山内阁和芦田内阁的评价以及在日本如何实现社会主义等问题，展开了激烈争论。此次会议讨论了社会党的性质问题，左派提出了"阶级政党"论，右派提出了"国

---

① 昭和电工事件：围绕昭和电工融资的收受贿事件，社会党书记长西尾末广等因为受贿被捕。
② 盟军总司令部民政局于1945年10月2日盟军总司令部设置当天成立，由众多日本专家组成。主张社会民主主义，积极推进日本的"民主化和非军事化"。
③ 维基百科：https://ja.wikipedia.org/wiki/民政局。

民政党论"，两派针锋相对互不相让。这种左右派的论战模式被称为森户·稻村论争①，成为贯穿整个社会党历史的论战方式。大会将社会党的性质确定为"以工人阶级为核心，团结广大农民、中小企业主和知识分子等劳动人民的政党"，②虽然对两派观点进行了折中，但显然偏向左派。自此，社会党进入左派主导时期，左派的铃木茂三郎代替右派的浅沼稻次郎担任委员长。其后，社会党的纲领虽然经过几次修正，但左派纲领始终处于主导地位，直到1986年社会党公布《日本社会党新宣言》，才结束了这种左派占据优势的局面。③

随着1949年10月中华人民共和国成立和1950年6月朝鲜战争爆发，冷战局势更加严峻，美国加快了与日本媾和的步伐。但是，联合国军各成员国在与日本的媾和条件问题上却产生了严重分歧，日本国内也出现了"单独媾和论"和"全面媾和论"两种对立的主张，论战十分激烈。

社会党的公开主张是全面媾和，但内部左右两派却为此尖锐对立。左派主张全面媾和，1951年1月，铃木茂三郎在委员长就职演说时满怀激情的一句"青年啊，不要再拿起枪!"引起人们的强烈共鸣，在厌战情绪严重的当时得到社会的普遍认可。一直到1960年的反对安保运动，这句口号一直被广泛引用，成为日本和平运动的象征。"非武装中立"变成社会党的重要主张，在1954年制定党的纲领④时被固定下来。但以浅沼

---

① 森户·稻村论争：森户辰男代表右派提出党的性质是"国民政党，遵守议会主义，反对共产主义"；稻村顺三代表左派提出属于"阶级政党，要靠革命的手段进行社会制度的变革，与日本共产党的合作不可避免"。参见维基百科：https://ja.wikipedia.org/wiki/森戶·稻村論爭。
② 维基百科：https://ja.wikipedia.org/wiki/左社綱領。
③ 武田知己·季武嘉也：『日本政党史』、吉川弘文館、2011年、180頁。
④ 左社纲领也被称为社会党纲领，1951年社会党分裂时，左派社会党并没有具体纲领。1954年1月第12次党大会社会党纲领草案通过，内容包括：以社会主义革命的方式从资本家阶级手中夺取政权、建立社会主义社会等。短期目标是：实现和平和独立，拥护自由和民主主义和保障勤劳大众的生活。此纲领在1955年10月两派社会党再次统一时被废，只存在了两年。参考维基百科：https://ja.wikipedia.org/wiki/左社纲领。

稻次郎为首的右派却支持吉田内阁的"单独媾和论",左右双方势同水火甚至拳脚交加。1951年10月24日,两派终于在《旧金山和约》和《日美安保条约》签署后决裂(1950年1月社会党也曾一度分裂,但75天后和解)。①

左派社会党的"非武装中立"主张得到日本工会总评议会(简称"总评")②的支持。总评成立于1950年7月11日,二战结束后,日本的工人运动在盟军总司令部的支持下得到迅速发展,但是随着共产党在工人运动中的影响渐渐加强,盟军总司令部产生戒备之心,开始扶植筹建能够代表自己利益的工会组织,这个组织就是总评。然而,随着《旧金山和约》和《日美安保条约》的签订,吉田保守内阁的反民主化反非军事化倾向愈加明显,提倡"护宪"和"反对'安保'(《日美安保条约》)"的左派社会党深得人心,秉承盟军总司令部反共理念的总评内反美反政府的势力加强。1951年3月,总评全面赞成社会党的和平四原则③,确定了反美路线。自1952年起,总评将支持日本社会党作为工作方针,积极推进反战和平运动。

局势对左派社会党非常有利,议席数不断增加,右派却在选举时屡次受挫。为了实现社会党夺取政权的目标,两派领袖达成协议,于1955年10月宣布统一。铃木茂三郎任委员长,浅沼稻次郎任书记长,并制定

---

① 左右两派都自称日本社会党,外界则称为右派社会党(简称"右社")和左派社会党(简称"左社"),浅沼稻次郎是右社书记长,铃木茂三郎是左社委员长,因为左社受到总评(日本工会总评议会)的支持,所以被称为"有组织的左社"。参考维基百科:https://ja.wikipedia.org/wiki/社会党右派,https://ja.wikipedia.org/wiki/社会党左派。

② 日本工会总评议会曾经是日本最大的工会组织,本文沿用日本的习惯,使用总评的简称。

③ 全面媾和还是片面媾和是战后日本面临的最大问题。1950年1月,社会党将"全面媾和、坚持中立、反对军事基地"的和平三原则作为基本方针,1951年1月第七次党大会上在三原则的基础上加上"反对再军备"而成为四原则,和平四原则遂成为社会党的基本路线。参考ブリタニカ国际大百科事典 https://kotobank.jp/word/平和原则。

出比较折中的统一社会党纲领,在反对再军备的基础上将维护《宪法》也列为纲领性主张。统一后的社会党因为拥有158个议席一跃成为大政党,让大企业经营者感到了社会主义的威胁。在这些人的劝说下,日本自由党和民主党合并,1955年11月15日,自由民主党成立,实现了保守政党大联合,"55年体制"①由此诞生。

1958年5月举行了"55年体制"成立后的第一次总选举,自民党和社会党都战绩良好。朝鲜战争带来的特需景气②使日本经济迅速恢复,自民党的支持率得到提高,而坚持维护宪法反对再军备主张的社会党也有大量选民支持。社会党获得166票,超过了467个总议席的三分之一,虽然没有取得政权,但因为拥有了否决权而达到了护宪的目的。③"55年体制"一直延续到1993年8月细川联立政权成立,这一时期,日本政坛表面上似乎呈现出两大政党对峙的局面,但自民党始终占据议席的约三分之二,社会党占据约三分之一。即便进入20世纪60年代,由于公明党的成立和共产党势力的扩大而分走了一部分选票,这种构造也没有发生本质性的变化,自民党也因为没有单独获得超过三分之二的议席,而一直无法对《宪法》进行修改。④

三、反对"安保"运动和经济高速发展阶段的日本社会党

时间进入1958年,岸信介内阁开始就新"安保"条约与美国进行谈

---

① "55年体制":指执政党自民党掌握政权,社会党为第一大野党多年对峙的"55年体制"。
② 由于朝鲜战争的爆发,美军的军需为日本经济带来了生机,1950年至1952年的三年间,直接特需经济效益为10亿美元,到1955年的间接特需效益为36亿美元。这一时期的经济发展被称为"特需景气"。参考维基百科:https://ja.wikipedia.org/wiki/朝鮮特需。
③ 维基百科:https://ja.wikipedia.org/wiki/第28回衆議院議員総選挙。
④ 维基百科:https://ja.wikipedia.org/wiki/第28回衆議院議員総選挙

判，日本近代政治史上著名的反对"安保"运动开始了。

与以往相同，社会党左右两派在反对"安保"的策略问题上仍然产生了严重的分歧，极右派的西尾末广将1959年第5次参议院选举社会党的失利归结为"阶级政党论"和"容共、亲苏、亲中国"政策，他提议制定社会党的"安保"对案、在掌握"安保阻止国民会议"① 领导权的同时将共产党从该"会议"中驱逐出去。西尾的主张遭到了总评的强烈反对，因为《日美安保条约》的修改已经迫在眉睫，社会党以废除"安保"条约为目标意在夺取政权，因此必须团结共产党以扩大影响。

1959年10月，受到纪律处分的西尾末广率片山哲等人脱离社会党成立民主社会党（民社党）。社会党委员长铃木茂三郎（左派）因为领导责任辞职，浅沼稻次郎（右派）当选委员长。由此，右派代表人物浅沼稻次郎站在了反对"安保"斗争的最前沿。②

1960年1月19日，首相岸信介在美国华盛顿签署新《日美安保条约》，在他归国后新《日美安保条约》等待国会审议批准期间，反对运动蓬勃兴起。因为二战结束时间不长，人们的反战情绪依然强烈，而岸信介又曾经是东条英机内阁的阁僚，因此，民众眼中新《日美安保条约》所代表的"将日本卷入战争"的危险系数更加提高。社会党和共产党动员起各自全国的支持团体，总评以反对"安保"为口号组织铁路工人罢工，一场轰轰烈烈的反对"安保"运动在日本全面爆发。据苏联对日工作人员回忆，苏共中央委员会曾经对日本的反对"安保"运动给予过

---

① 1959年3月28日，由社会党、总评和共产党等共同组成的反对修改《日美安保条约》的组织，到1960年6月，成为反对"安保"统一行动的中心组织，举行了多次大规模的游行示威活动。参考《不列颠国际大百科词典》：https://kotobank.jp/word/安保阻止国民会议-29667。

② 曽我祐次「日本社会党における佐佐木更三派の歴史——その役割と日中補完外交」、『大原社会問題研究所』第2期、2014年、56頁。

"重大支持"。① 5月20日，在社会党议员缺席、共产党议员被警察赶出议会的情况下，众议院本会议强行通过《日美安保条约》，自民党内部岸信介的反对派石桥湛山、河野一郎、松村谦三、三木武夫等人也缺席弃权。

《日美安保条约》的强行通过使原本就厌战情绪强烈的一般市民感到民主主义遭到破坏，愤怒之余纷纷参加反对游行。随着反对"安保"斗争激烈程度的增加，其反对政府、反对美国的色彩也越加浓烈，岸信介感到凭借警察和右翼团体已经无法阻止抗议游行活动，便通过各种关系找到黑社会组织，要他们殴打恐吓游行人员。② 6月15日，黑社会团体攻击游行队伍，一名东京大学女学生死亡，数百人受伤。当晚，全国学生联合会在国会广场组织悼念活动，33万人汇聚国会附近，岸信介要求出动陆上自卫队，遭到了防卫厅长官的拒绝。③ 6月19日，新《日美安保条约》自然成立，6月23日，新《日美安保条约》换文批准，当天岸信介内阁总辞职。

反对"安保"运动虽然规模巨大，但并没有真正影响"安保"条约的成立，只推翻了岸信介内阁，因此，最大在野党社会党的能力遭到了民众的质疑。7月19日，自民党继任首相池田勇人提出了全力发展经济的"所得倍增计划"，成功地将国民的注意力转移到经济建设上。社会党仍然强烈反对池田内阁的经济政策，这引起了国民的反感，反对"安保"斗争带来的人气急速下降。

---

① 克瓦连柯「對日工作回顧」、『文芸春秋』、1996年、136頁。
② 大下英治：『児玉誉志夫　闇秘録』、イースト新書（イースト・プレスEastPress、172頁。
③ 维基百科：https://ja.wikipedia.org/wiki/安保闘争。

1960年10月12日，浅沼稻次郎委员长遇刺，① 社会党组织游行要求内阁总辞职。《产经新闻》记者吉村克己建议池田勇人在国会上为浅沼举行追悼会，并亲自致悼词。池田接受了吉村的建议，给予浅沼稻次郎极高的评价。吉村认为，池田没有像以往内阁那样采取高压措施镇压左翼势力的抗议行为，而是用政治手段平息了民众的愤怒，这一做法非常有效，是民主主义在日本扎根的证明。② 1960年11月20日，在第29次总选举中，自民党获得300议席，取得巨大胜利，社会党则因为西尾等人的离党，虽然席位有所增加，但也只获得了145个席位。③

进入20世纪60年代以后，日本国民开始渐渐习惯新《宪法》，自民党的大多数议员也不再有修改《宪法》的打算，以吉田茂为首的"保守本流"④ 主张将安全保障交给美国，将发展经济作为主要国策，这一轻武装方针带来了日本经济的高速发展。20世纪60年代到70年代，日本以高速公路和新干线完善了大都市间的高速交通网络，举办了东京奥运会和大阪万博会，超越西德成为第二大经济体，不过十几年间，便创造了一个从废墟中起步的"东洋奇迹"。

与此相对，社会党的"护宪"和"反对'安保'"方针则因为现实感的缺乏而显得苍白无力。虽然为了适应日本社会的变化，社会党曾经尝试导入"构造改革论"，但遭到了希望通过议会政治实现社会主义革命

---

① 浅沼稻次郎是日本社会党右派领袖，二战前支持侵华战争，二战后支持日本与美国单独媾和，不是一个激进的人物。1959年3月，浅沼稻次郎率社会党代表团访华时发表讲话，其中"美帝国主义是日美两国共同的敌人"一句在日本引起极大反响，遭到自民党和他自己的派系——社会党右派的批判。据浅沼的秘书回忆："讲演稿中并没有这一句，浅沼事后说一激动就说出去了，一直表示'说出去了，没办法了……'其实，那一句话根本不是本意。"参考王墨：《世事年年见沧桑——东京旧事》，北京：中国言实出版社2016年版，第43页。

② 维基百科：https://ja.wikipedia.org/wiki/浅沼稻次郎暗殺事件。

③ 维基百科：https://ja.wikipedia.org/wiki/第29回衆議院議員総選挙。

④ 指吉田茂为首的原自由党议员派系，包括平成研究会、宏池会等。

的左派的强烈反对。1964年，主张中道政治的公明党①成立，一部分选票流失，而共产党也积极开展基层活动，社会党的选票逐渐固定，失去了取得议会半数议席的机会，被称为"万年野党"，"55年体制"成为固定执政模式。

这一时期被称作社会党的停滞期，一般的分析认为，停滞原因有三——其政策左倾化、过度依赖总评以及议员对选举活动不积极。笔者以为，自民党经济政策的成功虽然不能抛开冷战对立、美国扶植等国际因素的影响，但对于选民来说，由于生活水平提高和社会福祉完善而带来的好处已经超越了《日美安保条约》可能会带来战争的恐惧，社会党靠"维护《宪法》、反对安保"的政治口号赢得选民支持的手法开始显得不切实际。虽然经济发展带来的城市化促进了就业、增加了工会的数量，而以工会为选举基础的社会党的支持层并没有得到扩大。既得利益者的增加使依靠保守势力的自民党力量增强，公明党依靠创价学会，社会党只能越来越依靠工会，依赖总评是必然的选择。而这种对组织选票的依赖也必然使社会党议员因为仰总评鼻息而缩手缩脚，因为一旦失去总评的支持，社会党就将失去选民基础，根本无法与自民党和公明党这些有固定组织支持的政党竞争，该党的选举活动变得消极保守也是无奈之举。这一点从社会党1996年更名为社会民主党（社民党）后的际遇中得到证明，由于总评放弃了社民党转而支持民主党，社民党迅速衰落，成为一个只有几个人的小政党。

20世纪60年代中期以后至70年代，社会党内对苏联绝对尊崇的"社会主义协会"影响力增强，其代表人物公开表示如果社会党执政将废

---

① 公明党的母体是宗教法人创价学会。创价学会是法华经系在家佛教的团体，创立于1930年，日本国内拥有827万个家庭信徒，公明党是日本第一个宗教政党。参考：渡辺和子『世界の宗教』、西东社、2015年、242页。

除"护宪及非武装中立"的纲领，引起左派代表人物佐佐木更三等人的强烈不满。佐佐木派在加强与中国交往的同时，与提出过"构造改革论"的曾经的敌人江田三郎联合，与"协会派"① 展开了激烈交锋。1975年，成田知巳委员长在访问中国时发表"共同声明"，因为明确写明针对苏联的反霸权主义条款，遭到了"协会派"的猛烈攻击。由于"协会派"放弃非武装中立的言论使社会党受到舆论非议，造成1977年参议院选举惨败，成田委员长辞职，"社会主义协会"受到整顿，转为纯理论研究部门。

这一阶段，社会党开始与民社党和公明党等"中道政党"合作，将建立联立政权当作竞选方针。但公明党表面上虽然主张"社公民路线"②，却逐渐加强了与自民党的合作。1972年，因为公明党委员长竹入义胜携带"竹入笔记"面见周恩来，促进了中日邦交正常化的实现，不仅加深了公明党与自民党的感情，也使公明党成为中国政府信任的政党。社会党本部重要干部曾我祐次回忆时十分懊恼地说："我去中国上百次，跟着佐佐木也去了很多次，关于正常化周恩来也同佐佐木探讨了好多回，为什么不是社会党呢？……"③

公明党在中日邦交正常化过程中的表现提高了其声望，也于无形中

---

① 指社会主义协会。
② 指社会党、公明党、民社党合作的选举路线。
③ 曾我的意思是：社会党与中国关系原本更加亲密，但田中角荣却没有委托社会党的佐佐木捎带"笔记"，使得社会党失去了在中日政府之间作为的机会，反而让刚刚成立不久的公明党成为中国共产党和日本政府的重要媒介，这不符合逻辑……参考曾我祐次『日本社会党における佐佐木更三派の歴史——その役割と日中補完外交』、『大原社会問題研究所』、2014年2月、69頁。关于"竹入笔记"，"中国政府认为是田中角荣委托竹入义胜公明党委员长带过去的，周恩来称竹入是"日本的基辛格"但竹入后来回忆说；"'竹入笔记'根本没有跟田中事先沟通过，完全是他自己的想法，但因为代表了日本的利益，所以在中国表示同意放弃战争赔款后，田中首相非常激动，立即赶到中国，实现了两国邦交正常化。"参考刘德有『時は流れて——日中関係秘史五十年』（下）、王雅丹訳、藤原书店、2002年、468—481頁。

使社会党在中国事务方面的影响力下降。日本学者对此论及不多，笔者以为，在两国邦交正常化之前频繁访问中国的社会党主要将工作重点放在发表联合声明等政治表现上，而公明党却在领会国际国内局势变化的基础上做出了实际举措，其局势判断能力和事务处理能力都更胜社会党一筹。从另一个侧面证实了社会党更偏重于理论口号，党的执政能力、执政经验以及执政人才都十分匮乏的事实。

四、"55年体制"的崩溃和村山内阁的诞生

随着日本经济的发展以及社会结构的变化，支持社会党的各工会开始改变对自民党政府的态度，各工会中以"自民党为中心建立政党合作关系"的现实主义路线渐渐占据主导地位，社会党议员也开始提出"支持自民党"的协调方针。1985年前后，社会党左倾思想理论的制定部门——"社会主义协会"内部也出现了现实主义路线和原则路线的对立，社会党迎来了重要的历史转折期。

1986年，经过激烈论战，社会党新纲领《日本社会党新宣言》出台。新宣言否定了"通过和平革命建设社会主义"的原有方针，承认自由主义经济，将社会党的性质从"阶级性的大众政党"改变成"国民政党"，确定了西欧式社会主义政党的立场。新宣言的发表意味着自1949年开始的社会党内左右派论争（森户·稻村论争）的结束。

这一时期的自民党也发生了重要变化。1955年以来，自民党内各派系之间始终保持着一种力量均衡，但到了田中角荣时期，这种均衡被打破，田中派人数众多，最多时竟达到140人。政党长期执政和权力的高度集中造成了自民党政权的严重腐败。1983年10月，东京地方裁判所判决涉嫌"洛克希德事件"受贿的田中角荣有罪，在野党提出了让田中辞

职的"议员辞职劝告决议案",田中则鼓动中曾根康弘首相解散内阁,引起舆论大哗,民众极其不满。田中角荣虽然再次当选,但自民党却因为没有超过半数与新自由俱乐部①组成联立政权,其后,自民党虽又再次单独执政,民众却对政治产生了强烈的不信任感。

1986年10月,土井多贺子当选社会党党首。这位日本宪政史上第一位女党首受到女性选民的热烈追捧,借着社会上出现的这股"女神热"("土井热"),土井推出多位女性候选人,以女性选民为中心开展选举活动,获得极大成功。1988年12月,因为强行导入消费税以及"里库路特事件"等丑闻,竹下登内阁倒台。1989年7月,社会党在第15次参议院选举中大获全胜,成为参议院第一大党,在公明党和民社党的支持下,掌握了参议院的主动权,废除消费税法案在参议院通过之后获得了众议院的批准,社会党人气达到了顶点。

1990年2月,第39次总选举时社会党继续采用"社公民路线"与其他政党合作,议席增加了51个,但自民党仍然保持稳定多数。公明党和民社党战绩不佳,对社会党一家获利之事心怀不满,在参议院议席不变的情况下,社会党在参议院失去了支持。社会党右派为此指责土井,土井在党内处境艰难。从此事可以看出,社会党右派对掌握主导权十分在意,这一点从以后的村山富市辞去首相职务引起右派强烈不满一事中也可以看出。

1990年海湾战争爆发,社会党坚持《宪法》第9条反对自卫队的海外派遣,与公明党和民社党产生严重分歧,关系恶化。而工会方面②却强

---

① 新自由俱乐部:1976年由河野洋平等人脱离自民党后创立,10年后的1986年解散重新并入自民党。

② 1989年11月21日,社会党最大的支持团体总评与一直对立的全日本劳动总同盟(简称同盟)、中立劳联、新产别等四团体合并,成立了日本工会总联合会(简称"联合"),一直批判同盟劳资合作主张的总评随之解散,工会组织转向劳资合作的方向。

调与公明党和民社党的合作，土井领导班子与工会产生矛盾，其在党内的处境更加恶劣。① 1991年，社会党在第12次统一地方选举中失利，土井引咎辞职。

土井辞职后，副委员长田边诚当选委员长，这是时隔26年右派再次当选委员长。因为田边与自民党和"中道政党"关系密切，社会党将实现政权更替的希望寄托在他的身上，田边也设置了影子内阁。但是，由于田边在党内处处受到左派掣肘，放不开手脚，不得不于1993年辞职，山花贞夫继任。

1991年3月，高速发展的日本经济出现严重后退，泡沫经济崩溃，自民党的支持率下降。1992年10月，"佐川急便事件"② 发生，自民党内派系主导权的争斗表面化。1993年6月21日，武村正义率人离党成立先驱新党，6月25日，羽田孜等人脱离自民党组成新生党。在7月18日的第40次总选举中，因为选民对55年体制下的两大政党产生厌倦，新出现的政党吸引了众多的选票，多名议员离党的自民党没有取得半数席位，社会党的席位也减少到77个。

社会党失利的原因很多，但最大的支持母体"联合"的排挤却出人意料。由于成立于1989年的"联合"希望利用新出现的政党的人气达到政权更替的目的，在推荐候选人时将社会党护宪派和左派老党员排除在外，土井多贺子等人没有获得推荐，许多人因此落选。

1993年8月9日，由日本新党、社会党、新生党、公明党、民社党、先驱新党、社会民主联合、民主改革联合等政党组成的非自民·非共产联立政权成立，细川护熙内阁诞生。

社会党是联立政权内的第一大党，但是，因为社会党选举失利，不

---

① 维基百科：https://ja.wikipedia.org/wiki/日本社会党。
② 自民党派系首领金丸信接受佐川急便5亿日元贿赂之事。

得选民信任，而新出现的政党人气旺盛，所以首相不能由社会党议员担任。然而又不能忽视社会党是最大政党这一事实，所以，社会党在执政党中的地位微妙。新生党、公明党等其他政党都在内阁担任了重要职位，而社会党的山花委员长则因为选举失利而辞职。9月，村山富市担任委员长。

1994年4月，细川因为"国民福祉税构想"遭到反对辞职，羽田孜组阁，社会党投了赞成票。然而，首相选举刚刚结束，新生党、日本新党、民社党、自由党、改革会五个政党便宣布成立统一会派"改新"，因为先驱新党拒绝了参加"改新"的邀请，所以这个会派是针对社会党成立的。村山富市为此非常愤怒，立即带领社会党退出联立政权，羽田政府于是变成了少数派执政党，先驱新党则被疏远成为事实上的野党。

羽田内阁存在的两个月间，社会党分成两派，一派主张返回联立政权，一派支持村山的决定。而自民党内则有人提出与社会党组成联立政权、由村山担任首相的主张，他们认为这是重新执政的最快途径。自民党议员的这一想法得到社会党相当一部分党员的支持，两党议员共同组成了"自由政权创建会"和"《宪法》问题研究会"，① 探讨两个一直对立政党的共通点。这两个政策研究会后来在众议院首相选举中都投了村山的赞成票。

6月23日，自民党提出了羽田内阁不信任案，少数派内阁岌岌可危，联立政权方面因此派人做社会党的工作，希望社会党能够不计前嫌重返政府，社会党内部这种呼声也很高。自民党总裁河野洋平则亲自恳请村山与自民党共建新政府。因为构成原联立政权的诸党与自民党都没有过半数，无论哪一方与社会党联合，都会成为执政党，社会党成为双方争

---

① 自民党的安倍晋三、岸田文雄参加了当时的自由政权创建会；石原慎太郎则参加了《宪法》问题研究会。

夺的目标，村山左右为难。最后，联立政权方面提出拥戴自民党海部俊树担任首相，但是遭到了自民党大多数议员的反对，在自民党的支持下，村山富市当选首相，村山联立政权成立。①

1994年7月18日，村山发表施政演说，表示"自卫队符合《宪法》"，村山内阁将"坚持日美同盟"。这一否定社会党方针的表态事先并没有得到社会党的认可，②村山因此遭到党内批判，但是经过慎重讨论后，社会党认可了村山的主张。

1995年1月阪神大地震后，民众强烈谴责政府应对不力，村山内阁支持率急速下降。5月2日，村山访华，赴卢沟桥参观中国人民抗日战争纪念馆，这是现职总理大臣的首次访问。8月15日，《村山内阁总理大臣谈话》（"村山谈话"）发表，这是日本首次对侵略战争进行公开反省的政府文件。1996年1月5日，村山提出辞职。1月11日，自民党总裁桥本龙太郎当选首相，第一次桥本内阁成立。社会党虽然仍然留在联立政权之内，但众议院再一次由自民党主导。

1996年1月19日，社会党更名为社会民主党（社民党），村山出任党首。3月，社民党成立大会召开，社会党解体。同年9月，民主党成立，39名社民党议员离党加入民主党，村山和土井等人也提出了加入民主党的申请，但因为负面影响太大，遭到拒绝。日本社会党分化成民主党、社民党、新社会党三部分。③

---

① ［日］村山富市：《我的奋斗历程》（王雅丹译），北京：当代世界出版社2005年版，第90—93页。
② ［日］村山富市：《我的奋斗历程》（王雅丹译），北京：当代世界出版社2005年版，第101页。
③ ［日］村山富市：《我的奋斗历程》（王雅丹译），北京：当代世界出版社2005年版，第133—142页。

因为社会党的重要支持工会组织①在民主党成立之后转而支持民主党,社民党只得启用市民运动出身的个别候选人,竞选活动艰难,而小泉纯一郎执政后自民党人气大增,社民党的议席减少到一位数。

五、对村山富市及社会党执政的评价

(一)村山富市

社会党的执政和衰落都与村山富市个人密切相关。

日本社会普遍认为是村山富市毁掉了社会党,是他为了迎合自民党否定了社会党的主张。村山被舆论批判为墙头草,社会党信誉受到严重影响,以至民心尽失。村山富市本人对这些观点也十分了解。②

笔者认为,从结果上看,村山富市的确对社会党的最后解体负有重大的、甚至是直接性的责任,但村山内阁的政策并不是单纯的迎合或者容忍,而是村山富市主动采取决断的结果。这从村山内阁成立之初阁僚的人事安排上就可以看出。

社会党在联立政权中是一个小党,因此,自民党入阁人数最多,但拥有人事任免权的首相村山富市却将最重要的职务留给了自民党。外务大臣河野洋平是自民党总裁,大藏大臣武村正义是先驱新党党首,却也是刚刚离开自民党的保守人物,社会党议员只担任了邮政大臣等次要职务。村山强调社会党没有执政经验,要重视各党的协调,但是这种协调

---

① 1989年,总评并入"联合"以后,在"联合"内部,旧总评相关人员成立了"总评中心",1992年10月,成立"社会党连带工会会议",采取与"联合"不同步的姿态支持社会党和其后的社民党。

② 王墨:《世事年年见沧桑——东京旧事》,北京:中国言实出版社2016年版,第189页。

却从一开始便体现了村山要延续自民党的政治外交、经济以及国防政策的意图,村山本人对内阁人事安排十分满意。①

1994年7月18日就任当天,村山发表了"自卫队符合《宪法》","坚持日美同盟"的讲话之后,面对自民党干事长森喜朗的感谢,他表示国家利益高于社会党的利益,自己的发言不是为了取悦自民党。② 他认为自民党的方针体现了日本的国家利益,社会党之所以反对,不是这一方针本身有错,而是因为在野党是为了完善民主主义而存在,使命就是对政府方针进行反对和修正。③ 所以,村山是一个清醒的政治家,也是一个有决断有勇气的政治家,在执政的瞬间迅速地做出了方针调整的决断,甚至事先没有取得社会党的认可,因此在党内被批判为独裁者。④

然而,即便不是对自民党的迎合,村山这一方针的转变仍然使社会党陷入一个自身无法摆脱的巨大陷阱之中。因为社会党一直站在反对自民党的前沿阵地,在野党社会党对自民党的反对活动构成了其近半个世纪的政治活动史,所以,从村山内阁人事决定的那一刻起,就决定了社会党必然走上一条否定自己历史的道路。社会党执政的时间越长,被否定的历史就越多,失去的固有支持者也就越多。社会党最终必将成为一个没有信誉的政党,在保守势力眼中不如自民党,在革新势力眼中没有气节。

村山早就意识到自己的执政时间对社会党的危害,因此将村山内阁定位为"过渡性政权"。⑤ 他认为,如果继续执政便只能使其政党彻底保

---

① [日]村山富市:《我的奋斗历程》(王雅丹译),北京:当代世界出版社2005年版,第95—97页。
② 王墨:《世事年年见沧桑——东京旧事》,北京:中国言实出版社2016年版,第189页。
③ 王墨:《世事年年见沧桑——东京旧事》,北京:中国言实出版社2016年版,第189页。
④ 王墨:《世事年年见沧桑——东京旧事》,北京:中国言实出版社2016年版,第190页。
⑤ 维基百科:https://ja.wikipedia.org/wiki/村山富市。

守化，但这有悖于贫苦出身的村山的政治初衷，所以，为了保全自己的政党，① 村山只能将自己的政权尽量缩短。另外，社会党的支持工会团体对村山与自民党组成联立政权也持反对意见，这应该也是村山希望尽快辞职的一个因素。

但是，自民党因为担心失去社会党协助再次沦为野党，因此对村山极力挽留。村山的清醒再一次体现，他以"免职"威胁自民党那些反对者，以辞职威胁自民党那些拥护者，终于使内阁同意了"村山谈话"的内容，实现了只有革新政党才能做到的对战争的反省。

然而，一个政党否定自己历史的行为毕竟是致命的，而村山将首相之位拱手让给自民党更是断送社会党政治前途之举。因为，虽然自民党议席没有超过半数，要想继续执政，短期内也许会对社会党余情未了。但战后两党一直势同水火，而社会党的方针并没有发生根本性改变，所以自民党不会将社会党长久放在身边，即便组成联立政权也会找一个与自己冲突不大的"中道政党"，将社会党赶出政权是必然趋势，这也是现在自民党与公明党联合执政的原因。所以，村山"不与任何人商量"② 的辞职让社会党失去了牵制自民党的先机。村山在理念上背叛了社会党，引起坚持原有理念的同志的批判，而支持他的人对他放弃执政也十分不满，村山在党内彻底失去了人心，众人在民主党成立后纷纷离党。

（二）社会党的执政

作为从来没有执政过的在野党，社会党已经将执政当作了执念，甚至为了执政对合作伙伴不加选择。所以，与政治宿敌自民党的联合执政

---

① 王墨：《世事年年见沧桑——东京旧事》，北京：中国言实出版社2016年版，第189页。
② ［日］村山富市：《我的奋斗历程》（王雅丹译），北京：当代世界出版社2005年版，第109页。

是社会党衰落的最根本原因。在冷战结束、日本周边局势发生变化的前提下，作为一国首脑，村山必然要对日美同盟做出重新评价。村山内阁沿袭了自民党的政治方针，自然削弱了社会党作为拥有政治理念政党的意义。村山内阁因为通过了将消费税从3%上调至5%的决议而不得民心，加上在阪神大地震中应对不力，所以其政治立场和执政能力都受到了严重怀疑。

村山富市是一个冷静的政治家，他的选择符合日本执政党的利益，但却违反了社会党和他自己坚持几十年的理念。社会党在这个时期选择了执政，而他是这个时期社会党的领导者，他便只能承担起"毁掉社会党"的历史责任。日本社会党执政的失败，从侧面证实，如果执政的现实性和政党政治理念的脱离现实性发生冲突，处理不当便会产生亡党的危机。

社会党这样一个受中间阶层支持的改良性政党，不是推翻旧政权而是与敌对的旧政权共同执政，在经验不如对方、人数不如对方、政策依赖对方的情况下，最后只能失去自我被对方吞没。所以，从社会党与自民党组成联立政权的那天起，便注定了最后的衰落。

从本质上讲，社会党的政治家们对社会党并不十分留恋，他们需要的不过是一个实现自己政治理念的团体。无论是社会党，还是从前的无产政党以至于后来的民主党，都可以成为他们的组织，不过换一个名字而已，所以，村山富市和土井多贺子才会向民主党提出入党申请。支持社会党的社会阶层和社会团体仍然存在，只是支持的政党从社会党变成其他政党，社会党的崩溃不过是政党政治体制下各种政治集团力量的转换。

经济与合作

新时期东亚区域分工的重构与中国角色[*]

刘洪钟[**]

摘 要 2010年以来,受全球金融危机、贸易保护主义和去全球化以及中国经济结构转型等因素的影响,东亚区域分工继雁型发展、区域生产网络发展之后,走上了新一轮的结构性调整之路。本文的研究表明,东亚区域分工结构调整的总体方向是,东盟正在逐渐赶超中国成为新的区域乃至世界组装工厂,而中国则将通过在全球价值链上的地位攀升而从一个全球组装中心逐渐变成一个全球制造中心。与此同时,中国也将逐渐成为一个新的重要的区域最终消费品市场。

关键词 东亚 区域生产网络 区域分工 中国 东盟

20世纪60年代以来,东亚各国(地区)通过实施外向型的经济发展战略,基于各自比较优势顺次进入国际分工,推动区域经济高速增长,成就了所谓的"亚洲奇迹"。在此过程中,区域内分工也不断扩大和深化,形成了紧密的区域(全球)分工网络。然而,2008年全球金融危机

---

[*] 本文为国家社科基金项目"'一带一路'背景下中国引领东亚区域分工体系调整研究"(项目编号:18BJL111)的研究成果。

[**] 刘洪钟,辽宁大学转型国家经济政治研究中心主任,辽宁大学国际关系学院院友,教授。

的爆发对东亚经济带来严重冲击,各国出口普遍锐减,股市狂跌,经济下滑。危机使得支撑东亚繁荣的区域分工模式的局限性暴露无遗。危机后逆全球化趋势的不断加强,世界经济增长新常态的形成,特别是2017年以来的"特朗普冲击"进一步增加了国际环境的不确定性,对东亚经济未来发展形成巨大挑战。面对严峻的国际形势,东亚国家(地区)制定和采取了各种反危机措施和新增长战略,以期推动国内经济的再平衡发展。这些变化显然会对东亚地区的分工格局产生深刻的影响。那么,新的区域分工调整是否已经启动?如果是,变化的方向是什么?中国作为东亚核心国家,在这场历史性区域分工调整中会扮演怎样的角色?本文将围绕这些问题展开讨论。

一、东亚区域分工的历史演进

(一)雁型发展

20世纪60至90年代,东亚的区域分工是一种典型的雁型结构,这种结构的形成与地区内的产业转移直接相关。[①] 简单说,就是先行国在进行产业结构升级的同时,将本国不再具有竞争力的夕阳产业向后进国转移,从而形成一种地区性的联动式发展模式。从产品生产分工的角度看,它是一种由日本和新兴工业经济体向其他东亚后进国家提供高质量的零部件和资本品,再由它们组装为最终产品,最后出口到美国和欧盟市场的发展模式。

日本是东亚第一个进入发达经济体行列的国家,在区域发展过程中

---

① Kaname Akamatsu, "A Historical Pattern of Economic Growth in Developing Countries," *The Developing Economies*, Vol.1, No.1, 1962.

一直作为"头雁"保持着领先的地位。作为发展模式、技术、资本的传播者,这一时期,日本对东亚经济增长发挥着首要的推动作用。通过承接日本的产业转移,70年代之后,亚洲"四小龙"逐步实现了经济起飞和快速现代化,此后则是80年代相继起飞的东盟主要成员国,包括马来西亚、泰国、印度尼西亚、菲律宾等。作为第四梯队,中国大规模地融入区域分工起始于90年代。这种依次的产业转移使东亚各国(地区)呈现出一种多层次的雁型赶超形态,推动东亚地区在短短三十多年时间里就实现了整体性的区域繁荣。

(二)东亚生产网络

进入21世纪,诸多因素开始推动东亚的区域分工结构不断深入和复杂化,一种被称为区域生产网络的分工形态逐渐形成。新的区域生产网络由雁行分工结构演变而来,但在很大程度上改变了其产业间分工的本质属性,形成了一种以产业内分工甚至产品内分工为基础的区域生产与分工结构。在这种结构中,跨国的生产过程分散化和各国经济的一体化同时发生,其核心特点是零部件等中间产品在区域内去而复返的转运,以便在每一阶段进行更深入的加工,直到最终产品的出口。

在推进东亚区域分工结构转变的各种因素中,除了不断加剧的国际竞争、信息技术革命所导致的单位成本降低、各国的出口导向政策以及持续宽松的国际环境等因素外,中国开放式的崛起在其中扮演了至关重要的角色。总体看,在东亚的全球供应链条上,日本和东亚新兴工业经济体是主要的创新性中间产品的源头,中国则成为最重要的最终产品组装基地。从中国与东亚各经济体快速增长的贸易量可以看到中国经济不断增强的地区影响。在1998—2006年间,东亚新兴经济体对中国的出口占其GDP的比重从6.2%升至12.1%,提高了一倍,中国已经超过日本成为各经济体的最大贸易伙伴。

随着区域内劳动分工专业化程度的日益加深，东亚经济体的贸易模式与早期相比发生了很大变化。主要表现有二：一是产业内贸易的迅速扩大。1990—2004年在东亚地区贸易额中，产业间贸易大约从45%下降到22%，产业内贸易则从55%上升至78%。其中，以办公和通信设备、电子设备为代表的机械产品占到了东亚出口的50%以上和进口的42%，成为推动东亚分工深化的最重要贸易产品。这也使得各国的出口结构越来越相似。① 二是区域内贸易比区域外贸易增长更快。1986—2007年期间，东亚出口的区域内贸易比例从1986年的29.3%上升至44.5%，进口则从41.5%上升到62.7%。综合看，2004年东亚的区域内贸易占比达到56%，尽管低于欧盟的67%，但已经超过北美自由贸易区的52%。②

二、新一轮东亚区域分工调整的驱动因素

区域生产网络的形成与深化无疑是21世纪初东亚地区摆脱1997年亚洲金融危机并再次走向经济复兴的关键。但这种增长趋势并未持续太久，随着全球金融危机的爆发，东亚经济再次陷入衰退。危机以后，世界经济增长持续乏力，进入了所谓的"新常态"。更糟糕的是，低迷的经济使世界范围内一系列沉疴逐渐浮出水面。两种经济失衡，即国家间经济发展失衡和各国内部收入分配失衡，成为摆在世界各国领导人面前的两大难题。但不幸的是，在西方发达国家，全球化成了导致上述问题产生的罪魁祸首和替罪羊。于是我们看到，以邻为壑的贸易保护主义逐渐泛滥，

---

① ［美］印德尔米特·吉尔、［美］霍米·卡拉斯等：《东亚复兴：关于经济增长的观点》（黄志强译），北京：中信出版社2008年版，第94页。

② 数据来源：RIETI-TID 2017, http://www.rieti-tid.com/trade.php。

民粹主义则死灰复燃,去全球化俨然成为一种短期内难以逆转的趋势。在此背景下,受域内外各种因素的深刻影响,以中国为组装中心的东亚生产网络也遭受重大冲击,区域分工再次走上新一轮的大规模调整和重组之路。

(一) 全球金融危机对东亚区域分工网络的冲击

2008年,肇始于美国次贷危机的金融风暴席卷全球,在危机的最初阶段,一些经济学家认为,受益于亚洲金融危机后东亚各国金融部门的改革,东亚国家将逃过此劫。但随着金融危机迅速演变为全面的经济危机,美欧国家进口大幅下降,严重依赖外部出口市场的东亚经济也迅速陷入衰退。[1]

与欧洲不同,全球金融危机对东亚经济的传导与冲击主要发生在实体层面。这种冲击方式充分表明了以东亚生产网络为基础而形成的"东亚生产—美欧消费"的全球分工格局的脆弱性。其暴露出的深层问题是,该区域内生产网络的复杂程度和延伸广度意味着生产链的管理不再仅仅限于某个企业、某个产业或某个国家,任何一个由于全球风险冲击而造成的某一小型供应链的断裂都可能最终危及全球经济体系。因此,供应链在实现经济效益最大化的同时也使得风险日益集中于某一环节或地区。

---

[1] 有研究认为,如果不是因为金融部门的健康,东亚遭受全球金融危机的打击会更大。比如巴斯卡兰和高希 (Bhaskaran and Ghosh) 从两个方面证明了东亚金融体系的抗危机能力:一是富有弹性的货币市场,大部分东亚各国(地区)的弹性汇率体制保证了应对资本外流的货币调整能力,而充足的外汇储备则使各国(地区)能够免受突然的流动性冲击;二是健康的金融体系,主要表现为东亚银行普遍具有较高的资本充足率和较高的抗压指数,这使得它们在面对突然的外部冲击时具有足够的化解能力。参见 Manu Bhaskaran and Ritwick Ghosh, "Global Economic and Financial Crisis: Impact on Developing Asia and Immediate Policy Implications," in H. Kohli, A. Sharma eds., *A Resilient Asia Amidst Global Financial Crisis: From Crisis Management to Global Leadership* (Singapore: SAGE Publications Pvt. Ltd, 2010), pp. 19-66。

随着 21 世纪以来中美贸易失衡规模不断扩大，以及美国国内经济失衡问题不断加剧，这种分工结构的脆弱性日益放大，其风险也被许多人一再强调。国际货币基金组织（IMF）自 21 世纪初期以来就不断强调全球经济失衡问题的严重性。[①] 不过，以格林斯潘为代表的主流新自由主义者一直坚持认为，在全球化的道路上，市场有足够的弹性、人类有足够的能力避免出现类似于大萧条那样的经济大危机。[②]

　　从东亚各国所受的影响看，越是处于生产链上游的国家受到的冲击越大。具体看，日本是受冲击最严重的国家，原因主要有两点：一是相对于东亚其他国家，日本的出口产品具有更高的需求弹性。在日本的出口中，很大一部分产品都属于资本品和高端耐用消费品，比如汽车、电器、机械工具及其零部件等。这些产品的主要出口目的地是美国和其他发达国家，因此更容易受到全球经济衰退的影响。二是美欧对中国最终产品的需求下降也会间接影响日本出口。随着中国作为世界制造工厂的崛起，日本跨国公司纷纷以中国为基地重构其区域生产网络，将许多原来位于本国或东亚其他地区的生产环节转移到了中国。这种分工转换导致了一个直接结果，即日本对中国出口依赖度的提高和对美国出口依赖度的降低，而且对中国的出口依赖主要集中在零部件等中间产品领域。因此，当中国遭受美欧需求下降的冲击时，会转而引发对日本零部件进口的下降，从而使日本在对美欧直接出口下降的同时，还要遭受间接出

[①] 国际货币基金组织关于国际失衡的论述可见于各期的《世界经济展望》，参见 Dunaway, Steven, "GlobalImbalancesand the Financial Crisis," *Council Special Report*, No.44, March, *The Council on Foreign Relations (CFR)*, 2009。

[②] 2008 年，时任美联储主席伯南克（Ben Bernanke）在给再版的弗里德曼和施瓦茨的专著《大衰退》一书撰写序言时就写道："我想借用一下我作为美联储官方代表的身份，对弗里德曼和施瓦茨说：'在大衰退的问题上，你们的看法是正确的。我们问心有愧，感谢你们的指正，我们不会再次犯错了'"。然而，《大衰退》刚刚出版，全球金融危机就爆发了。参见［美］米尔顿·弗里德曼、安娜·施瓦茨：《大衰退：1929—1933》（雨珂译），北京：中信出版社 2008 年版，序言，第 XXIV 页。

口下降的双重打击。与日本相比,韩国和中国台湾遭受的影响要小一些,但还是大于东亚其他国家和地区。对这两个经济体来说,过去对中国出口的快速增长并没有为其提供一个抵抗世界需求下降冲击的安全垫。不过,在危机初期,东亚新兴经济体受到的冲击总体上小于日本,① 可能反映了危机时期消费者对更具价格竞争力的低端产品的偏好。

(二) 贸易保护主义和去全球化对东亚区域分工的影响

20 世纪初的经济全球化由于 1929—1933 年的大萧条而出现逆转,2008 年全球金融危机后,全球化停滞乃至逆转的趋势再次出现,集中表现为全球贸易增速大幅下滑,甚至已经低于全球经济增速;国际直接投资增速下降,外资撤出现象明显;移民数量增幅下降;等等。瑞士经济研究所 (Swiss Economic Institute) 从 2013 年开始公布全球化指数,根据其 2018 年最新公布的数据,与 1990—2008 年相比,全球金融危机以来,世界范围内的全球化指数都出现了停滞现象 (或缓慢增长)。作为一个整体,全世界的全球化指数从 1990 年的 45.39 上升到 2008 年的 56.45,提高了 24.4%。此后则进入缓慢增长阶段,2016 年时为 58.35,仅比 2008 年提高 3.4%。发达国家是导致这一结果的主要原因,这些国家作为一个整体的全球化指数从 1990 年的 57.09 上升到 2008 年的 68.56,提高了 20.1%,此后则完全陷入停滞,2016 年时为 68.72,基本没有发生变化。②

除了经济增速下降的自然影响,导致危机后全球化逆转的主要原因

---

① 比如 2009 年前三季度,日本的出口增长率分别为-40.6%、-33.9%和-24.5%,同时期韩国的出口增长率则分别为-25.2%、-21.1%和-17.6%。

② 数据来源于瑞士经济研究所 (Swiss Economic Institute),http://globalization.kof.ethz.ch。

是发达国家民粹主义的抬头和贸易保护主义的泛滥。① 右翼政党在欧洲纷纷崛起、英国脱欧以及特朗普政府上台，很容易令人想起1929年大萧条后笼罩在欧洲上空的民粹主义乌云。不同的是，当今世界存在着各类国际协调机制，它们会努力阻止世界经济重现1929年大萧条时的灾难性后果。但是，发达国家纷纷抬头的民粹主义现象预示着，在这些国家经济没有进入可持续性的复苏与增长轨道以及国内收入差距问题没有得到有效解决之前，全球范围内不断爆发贸易摩擦将会呈现一种常态。② 因此，在中期范围内，全球贸易增速持续低于全球经济增速将是一个大概率事件。

贸易保护主义在抑制全球贸易增长的同时，也会引发跨国公司重新评估其跨国经营风险，并在此基础上对其全球布局进行有选择的战略收缩调整。一系列的证据显示，全球金融危机以后，部分跨国公司开始收缩其全球生产链，进行战略性撤退。比如，2009年8月安永全球会计事务所总部就宣称，由于经济危机和全球监管环境的变化，旗下服务的许多公司正在考虑重组其供应链，向更小、更地区化的供应链方向发展。波音公司也表示，将放弃其越来越分散化的网络生产模式，将关键的生产过程集中在主要的几个基地进行。③ 根据2018年世界投资报告，2012年以来，全球价值链增长已处于停滞状态。国外增加值——一国总出口

---

① 有关民粹主义导致全球化逆转的相关研究可以参见罗德里克：《贸易的真相：如何构建理性的世界经济》（卓贤译），北京：中信出版集团2018年版，第4—8页；以及Dani Rodrik, "Populism and the Economics of Globalization," *Journal of International Business Policy*, Vol.1, No.1-2, 2018, pp. 12-33。

② 比如，在2009年9月一份由经济合作与发展组织（OECD）、联合国贸易和发展会议（UNCTAD）和世界贸易组织（WTO）联合完成并呈交给当月在美国匹兹堡举行的G20领导人峰会的报告中，提到大多数的全球领导国家都采取了"贸易防御机制"的保护措施，而各国不断攀升的失业率将会使这种贸易保护主义不断恶化。参见OECD, UNCTAD and WTO, "Report on G20: Trade and Investment Measures," September 14, 2009。

③ Hubert Escaith, "Trade Collapse, Trade Relapse and Global Production Networks: Supply Chains in the Great Recession," *MPRA Paper*, No. 18433, 2009, p. 10.

当中进口商品和服务的占比是衡量全球价值链的重要指标——在经历了20年的持续增长后于2010—2012年达到顶峰,此后就处于停滞甚至倒退的状态。如果把全球的总出口分解为国内增加值和国外增加值,那么从1990年到2010年,国外增加值在其中所占的份额持续上升,从24%提高到31%,20年期间提高了7%,为全球贸易增长做出了重要的贡献。然而,自2011年以来,这也是1990年以来的第一次,国外增加值的增长出现停滞,2017年其占比降至30%。这一变化在很大程度上反映了2011年以来全球化和国际直接投资的停滞和倒退。①

全球化逆转使过去几十年一直是全球化红利最大受益者的东亚地区面临巨大的发展挑战。过去几十年,正是在宽松的国际环境背景下,东亚各国充分利用区域内差异化产业结构形成的历史机遇,依据本国比较优势加入区域和国际分工网络,实现了经济的高速增长并形成梯次的赶超格局。而且,东亚能够比较快地摆脱1997年金融危机,重新走上复苏之路同样也得益于全球化的贡献。但是,在贸易保护主义盛行的后金融危机时代,东亚恐怕很难再享有以前那样宽松的国际环境,其高度出口依赖型的经济增长模式将遭遇更多更大的挑战。长期来看,改变这种增长模式对东亚来说是唯一的选择,否则,全球经济将再次陷入失衡的困境。②

(三) 中国经济结构转型对东亚区域分工格局的决定性影响

经过40多年的改革开放,中国经济高速成长,目前已经是全球第二

---

① 参见 UNCTAD, *World Investment Report 2018*, https://unctad.org/en/Pages/publications.aspx。
② Manu Bhaskaran, Ritwick Ghosh and Harinder Kohli, "Lessons of the Crisis and Global Imbalances: Should and can Asia Reduce Its Reliance on Exports to US and Europe and Focus More on Internal (Regional) Markets?" paper prepared by the Centennial Group as discussion materials for the "Regional Forum on the Impact of Global Economic and Financial Crisis", a regional technical assistance funded by the Asian Development Bank (ADB), January 4, 2010, p. 12.

大经济体和第一大货物贸易国家，也是全球100多个经济体的第一大贸易伙伴。不过，当前的中国经济，正站在一个新的历史节点上。2008年全球金融危机以来，随着世界经济进入低速增长与深刻调整期，中国经济发展也逐步迈入"三期叠加"①的新常态。虽然与世界主要经济体相比，中国经济增长速度依然最高，但与自身过去时段相比，经济增速已经开始放缓。

过去中国经济的高速增长主要依靠低劳动成本下的投资和出口拉动，但当前中国面临的国内外环境已经发生巨大变化，国内的低成本人口红利快速消失，资本投入效率不断下降，国际市场环境也显著恶化，贸易保护主义在全球蔓延，发达国家消费市场大幅萎缩。这一切使得中国经济传统的增长模式不可持续，转变增长方式以及结构转型成为摆在中国经济面前的一个巨大挑战。

实现上述转型目标需要长期的努力，从近几年中国政府的政策着力点来看，两个方面的努力令人印象深刻。

一是从投资和出口拉动型向国内消费导向型增长模式的转变。基于世界银行的数据，可以计算消费、投资和净出口对中国GDP增长的构成和贡献（参见表1）。结果显示，过去20年消费和投资对中国经济增长的贡献经历了不同的变化。投资的贡献经历了下降、上升、然后再下降的过程。消费总量，即个人消费和政府消费的总和，对经济增长的贡献则经历了完全相反的变化趋势。20世纪90年代一直处于60%左右的较高水平，但在2000年达到63.1%的峰值之后，开始一路下降，并在2010年到达48.5%的底部；此后，在经济增长方式转变战略的推动下，消费贡献率开始缓慢回升，2016年达到53.5%。2008年全球金融危机之前，净出

---

① 关于我国经济正处于"三期叠加"阶段的重要判断是2013年上半年政治局讨论经济形势会议上被首次提出的，主要是指增长速度换档期、结构调整阵痛期、前期刺激政策消化期。

口对中国经济增长的拉动作用也快速增长,从2000年的2.7%快速上升到2007年的9.1%。不过在危机之后,其作用逐渐下降,2016年降至2.2%。总的来说,这些证据为中国经济增长从投资和出口拉动型向消费拉动型的结构性转型提供了支持。①

二是产业结构与技术水平的提升。通过优化生产要素配置提高增长质量和效益,促进经济增长由主要依靠扩大生产规模和增加物质资源消耗的模式,向主要依靠技术进步、劳动者素质提高、管理创新的模式转变,以此推动产业结构优化升级,推动产业迈向中高端,并最终催生新业态、新制造、新资源、新物流,使其成为中国新的主导产业和战略性支柱产业,这无疑是最主要的发展方向。

站在全球供应链和东亚经济再平衡的角度,中国的经济转型必将对东亚地区的区域分工产生深刻的影响。其一,中国经济增长模式的转型成功,国内的消费市场无疑会大幅扩大,从而增加进口,这将为东亚其他国家扩大对中国的出口提供机遇;其二,中国经济产业结构的不断升级,会为东亚其他后发国家更加深入地融入亚太地区的全球供应链提供更多的空间,从而推动这些国家的经济走上振兴之路;其三,中国经济的技术进步与产业升级会在一定程度上对日本、韩国等东亚先行经济体产生一定的竞争压力,短期内可能会对这些国家的经济产生负面冲击,迫使其做出调整。但如果调整过程能够顺利推进,则将会与东亚其他国家经济形成新的良性互动,区域分工会在更高层面运转,从而摆脱全球金融危机之前那种失衡的、不可持续的"东亚生产—欧美消费"的国际分工格局。

---

① 作者根据香港环亚经济数据有限公司(CEIC)的数据计算得出。

表1 消费、投资和净出口对中国GDP增长的构成和贡献

	GDP(%)	消费				投资		净出口	
		占比（%）			贡献度	占比（%）	贡献度	占比（%）	贡献度
		小计	私人	政府					
1996	9.9	59.3	46.3	13.0	5.9	37.9	3.8	2.7	0.3
1997	9.2	59.9	46.2	13.7	5.5	36.5	3.4	3.5	0.3
1998	7.8	59.9	45.2	14.7	4.7	35.4	2.8	4.6	0.4
1999	7.7	62.0	45.9	16.1	4.8	34.7	2.7	3.3	0.3
2000	8.5	63.1	46.6	16.5	5.4	34.3	2.9	2.7	0.2
2001	8.3	61.3	45.3	16.0	5.1	36.1	3.0	2.6	0.2
2002	9.1	60.4	44.9	15.5	5.5	36.8	3.3	2.9	0.3
2003	10	57.0	42.6	14.5	5.7	40.1	4.0	2.9	0.3
2004	10.1	54.4	40.6	13.7	5.5	42.4	4.3	3.3	0.3
2005	11.4	53.3	39.5	13.7	6.1	40.7	4.6	6.0	0.7
2006	12.7	51.3	37.6	13.7	6.5	40.2	5.1	8.6	1.1
2007	14.2	49.9	36.5	13.3	7.1	41.0	5.8	9.1	1.3
2008	9.7	49.5	36.2	13.2	4.8	43.4	4.2	7.1	0.7
2009	9.4	49.4	36.2	13.2	4.6	46.4	4.4	4.2	0.4
2010	10.6	48.5	35.6	12.9	5.1	47.9	5.1	3.7	0.4
2011	9.5	49.6	36.3	13.3	4.7	48.0	4.6	2.4	0.2
2012	7.9	50.1	36.7	13.4	4.0	47.2	3.7	2.7	0.2
2013	7.8	50.3	36.8	13.5	3.9	47.3	3.7	2.4	0.2
2014	7.3	50.7	37.5	13.3	3.7	46.8	3.4	2.5	0.2
2015	6.9	51.8	38.0	13.8	3.6	44.7	3.1	3.4	0.2
2016	6.7	53.6	39.2	14.4	3.6	44.2	3.0	2.2	0.1

资料来源：作者根据香港环亚经济数据有限公司（CEIC）的相关数据计算得出。

三、新一轮东亚区域分工调整的方向与中国的角色

在上述一系列内外部因素的影响下,新一轮的区域分工调整在东亚开始启动。从调整的方向看,一方面,传统的以中国为组装中心的东亚生产网络正在慢慢瓦解,后起的东南亚国家(如越南)开始赶超中国,逐渐成为新的组装中心;另一方面,在经济深度转型的推动下,中国正在逐渐摆脱处于全球价值链低端的"世界组装工厂"的角色,开始成为东亚地区新的消费中心和具有更高附加值的产品制造中心,从而推动东亚地区经济朝着一种内需与外需结构、生产与消费结构更加均衡的方向转型,最终实现东亚经济的再平衡增长。

(一)东盟替代中国成为新的生产组装中心

金融危机之后,东亚经济再平衡调整的同时,东亚地区的网络分工结构也随之发生变化。总的趋势是生产集聚从中国向东南亚转移。我们可以从两个方面观察这一现象。

一是中国吸引的外国直接投资有逐步减少(撤退)的态势。2010年,中国吸引的外商直接投资(FDI)当年达到1088亿美元,此后稳定增长,2017年时达到1310亿美元。但外商直接投资规模稳定增长的表象却掩盖了两个重要的内部结构变化:一是外商直接投资来源地结构的变化。观察中国吸引的外资,可以发现香港占比一直超过60%,根据肖耿(Xiao Geng)(2004)的研究,很可能存在高达46.5%的假外资情况。[①] 如果不算香港,情况就会大不一样。表2显示,2013年以来中国的主要

---

① Xiao Geng, "Round-Tripping Foreign Direct Investment in the People's Republic of China: Scale, Causes and Implications," *ADBI Research Paper Series*, No. 58, July 2004, p. 24.

外资来源国中,大部分国家(地区)对中国的投资呈现下降趋势,日本的下降尤为明显,从2012年的73.52亿美元持续降至2017年的32.61亿美元,下降幅度高达55.6%。整体看,从2012到2017年,除了香港之外的前九大投资国(地区)对中国的直接投资从260亿美元下降至216亿美元,下降幅度达到16.9%;相应地,其在中国外商直接投资中的占比也从23.3%降至16.5%,减少了6.8%。

表2 2012—2017年主要经济体对中国直接投资及其占比　　单位:亿美元

		2012	2013	2014	2015	2016	2017
中国香港		655.61	733.97	812.68	863.87	814.65	945.09
中国台湾		28.47	20.88	20.18	15.37	19.63	17.72
韩国		30.38	30.54	39.66	40.34	47.51	36.73
新加坡		65.05	72.29	58.27	69.04	60.47	47.63
美国		25.98	28.20	23.71	20.89	23.86	26.49
日本		73.52	70.58	43.25	31.95	30.96	32.61
德国		14.51	20.78	20.71	15.56	27.10	15.41
法国		6.52	7.52	7.12	12.24	8.70	7.90
英国		4.10	3.92	7.35	4.96	13.54	10.03
荷兰		11.44	12.75	6.39	7.52	5.56	21.74
合计 (不含香港)	总额	259.97	267.46	226.64	217.87	237.33	216.26
	占比	23.3%	22.7%	19.0%	17.3%	18.8%	16.5%

资料来源:中国国家统计局。

下面以日本为例考察中国外资的撤退情况。根据日本贸易振兴机构(JETRO)发布的《2016年度日本企业海外运营调查报告》,2010年以来,日本在华企业撤退数量逐年上升,2010、2013和2014年分别为232、780、798家,占日本跨国公司据点转移总额的比重分别为16.4%、26.3%和27.8%。而到了2016年,在所调查的458家日本跨国公司据点转移案例中,中国第一次超过日本本土,成为转移数量最多的国家,达到了其全世界总转移量的36%(日本占比为30.8%)。其中15.3%的据点转移到东盟国家,8.5%的据点回流到日本。①

二是外商直接投资产业结构的变化,主要表现为制造业外商直接投资数量的减少和第三产业外商直接投资数量的增加。根据中国国家统计局公布的数据,2010—2017年,中国制造业吸引的外商直接投资从496亿美元降至335亿美元,减少了32.5%。相反,服务业吸引的外商直接投资则从514亿美元大幅提高至916亿美元,增长了78.2%。

如果仔细考察导致制造业外商直接投资减少的原因,可以发现主要是由于劳动密集型产业吸引外商直接投资能力的下降。② 劳动密集型行业尤其是低技术劳动密集型行业的撤资主要源于工资的上涨。过去几十年,中国参与东亚分工经历了一个从简单到复杂、由浅入深的发展过程。但是,无论是在20世纪八九十年代的雁型分工阶段,还是21世纪初的东亚生产网络阶段,中国依靠的都是低成本劳动力的比较优势。然而近年来,随着工资收入的大幅提高,中国劳动力成本的比较优势相比东南亚国家

---

① 参见日本贸易振兴机构发布资料,JETRO,"FT 2016 Survey on the International Operations of Japanese Firms," 2017, https://www.jetro.go.jp/en/reports/survey/.

② 根据刘洪钟和郭胤含(2017)对日本在华企业撤资的分析,在细分行业日企撤资率在劳动密集型制造业、资本密集型制造业和第三产业表现出了较大差异。撤资主要发生在劳动密集型制造业,平均撤资率为3.73%,其中撤资率超过5%的食品加工业、纤维业以及煤炭业等三种行业均属于低技术劳动密集型行业。在资本密集型制造业和第三产业的平均撤资率则分别只有2.35%和3.09%。如果与日企在其他国家的海外据点撤资率比较会发现,在其他国家上述三个产业的平均撤资率分别为2.04%、2.15%和2.89%。也就是说,总体上日企在华撤资率确实稍高于世界其他经济体,但这种撤资主要体现在劳动密集型行业上,其他两个行业则差距不大。特别是在生产用机械制造、情报通信机械制造、输送机械制造、通信情报以及批发零售等行业,在华日企的撤资率还要小于在其他国家的日企撤资率。事实上,2010—2014年日企在中国上述五大领域的年均撤资率分别为2.53%、3.57%、1.07%、5.12%、1.97%和2.71%,而在其他国家则分别为2.89%、3.63%、1.35%、5.34%、2.28和3.64%。参见刘洪钟、郭胤含:《日本在华企业撤资潮真的会来吗"》,《当代世界》2017年第6期,第72—75页。

迅速消失，图1显示了日资企业在东亚（不包括日本）各主要国家城市的普通职工工资水平，其中首尔、香港、新加坡位列工资排名之首，中国台北和中国内地主要城市紧随其后，东亚其他国家城市位列榜尾。从中可以看到，北京的平均工资已经上涨到越南河内平均工资的三倍之多。近年来，随着中国各省制定的最低工资标准的上调，2015年中国的最低工资标准已经达到1270元/月（海南省），这个数字比越南日资企业普通职工的平均工资还要高，说明中国的低成本优势已基本被东盟低收入国家所取代。对劳动密集型的日资企业来说，中国在成本上的区位优势逐渐暗淡，出现劳动密集型制造业尤其是低技术劳动密集型制造业相对较高的撤资率，是对宏观经济变化的能动反应。既有的部分劳动密集型企业选择撤出中国是合情合理的。

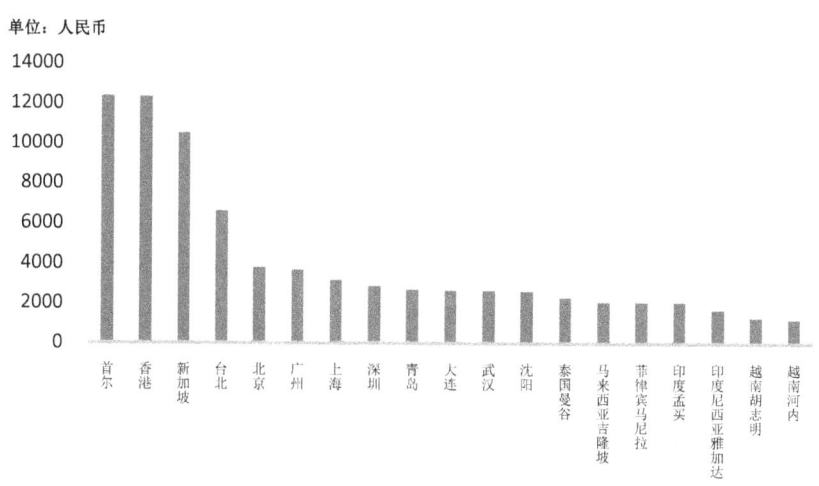

图1 日资企业在亚洲主要城市的普通职工工资水平

资料来源：日本贸易振兴机构海外调查部『在アジア・オセアニア日系企業実態調査』、2016年6月。

三是东南亚国家正在成为新的生产组装中心。外商直接投资从中国撤离的同时，2013年以来对东盟的国际直接投资则呈现持续上升的趋势，比较中国和东盟吸引的外资数量可以在一定程度上反映这一点（见图2）。2012年之前，中国吸引的外资数量一直大幅领先于东盟，但从2012年开始情况发生了变化，当年中国吸引外国直接投资1117亿美元，东盟则为1164亿美元，21世纪以来东盟第一次在吸引外商直接投资数量方面超过中国。此后，两国吸引的外商直接投资走势一致，数量基本相同。在外资来源国中，日本的投资区域变化是最大的，根据日本贸易振兴机构的统计，2012年时日本对中国的直接投资还高于对东盟的投资，但此后情况发生急剧变化，2013—2016年，日本对东盟五国（泰国、印度尼西亚、菲律宾、马来西亚、越南）的直接投资比对中国的直接投资分别高出108亿、33亿、30亿和39亿美元。

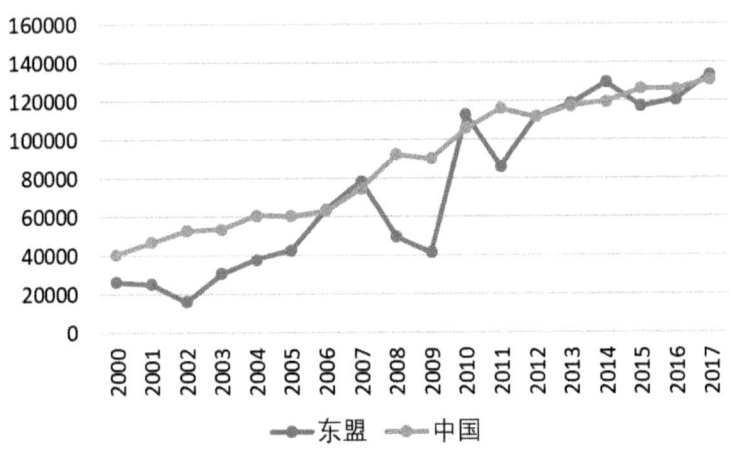

图2　2000—2017年中国与东盟外国直接投资比较（单位：百万美元）

资料来源：东盟（变化较大的曲线）的数据来自于联合国贸易和发展会议，中国（变化较小的曲线）的数据来自于国家统计局。本图为作者自绘。

图3进一步比较了2000年以来中国和越南在制造业领域吸引外资的情况。可以看出，两国呈完全相反的走势。全球金融危机之前，中国在制造业领域吸引的外国直接投资一路高歌猛进，从2000年的258亿美元大幅提升至2008年的499亿美元，增加了93.4%；受金融危机的影响，

2009年吸引外资额下降至468亿美元，随后反弹，2010年时达到最高值521亿美元。2010年是中国GDP超越日本成为世界第二的元年，但也是中国制造业吸引外资发生转折的元年，从此之后，在中国的外商直接投资一路下滑，2017年降至335亿美元，比2010年下降了35.7%。与中国相反，全球金融危机之后，越南作为一个新兴的制造业大国开始受到国际资本的关注，吸引的外国直接投资也一路走高，从2010年的60亿美元增加至2017年的164亿美元，提升了173%。虽然两国制造业吸引外国直接投资的绝对量还有较大差距，但从图中可以看出，这一差距正在迅速缩小。

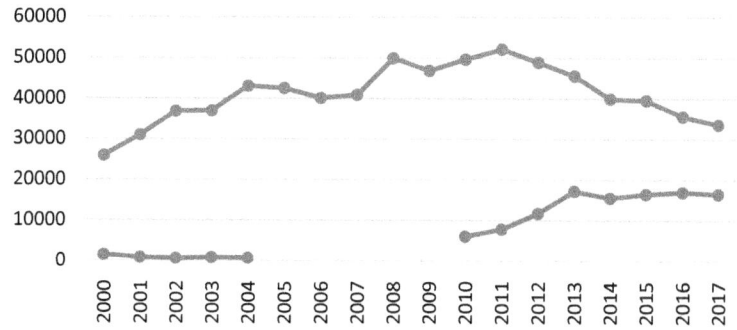

图3　2000—2017年中国与越南制造业外商直接投资数量比较（单位：百万美元）

注：中国（上面曲线）为实际利用外资数量；越南（下面曲线）为登记外资数量。

数据来源：香港环亚经济数据有限公司。

东南亚地区成为新的组装中心还体现在东亚地区的中间产品区域内贸易向东盟的聚集。表3显示了2000—2016年东亚区域内中间产品出口中各类国家的占比情况，从中可以发现中国和东盟在区域生产网络中的角色变化。2000—2007年期间，中国在东亚区域内中间产品出口中的占比从15.7%大幅提高至2007年的27.4%，同期东盟占比则从31.6%下降至27.8%；但此后情况开始发生逆转，中国占比在从27.4%微幅上升至28.3%的同时，对东盟的出口占比则从27.8%提高至31.9%，特别是越南的占比从 3.4% 大幅提升至 6.3%。这些变化说明，近年来东盟国家正在重新得到跨国公司的青睐，生产网络有向该地区集聚的趋势。

表 3　2000—2016 年东亚中间产品出口区域内各类国家（地区、组织）占比比较

单位:%

	东盟	中国	日本	中国香港	中国台湾	韩国	新加坡	东盟4国	越南
2000	31.6	15.7	13.9	20.1	9.5	9.3	11.2	18.5	1.7
2001	30.5	17.9	14.0	20.4	8.0	9.1	10.2	18.1	1.9
2002	30.3	20.0	12.5	20.0	7.9	9.3	9.6	18.6	1.8
2003	27.6	23.7	12.6	19.1	7.7	9.3	8.6	16.5	2.3
2004	27.5	25.0	12.4	17.9	8.1	9.1	8.5	16.4	2.4
2005	28.0	25.7	12.2	17.3	7.9	8.9	8.9	16.5	2.5
2006	27.9	26.3	11.8	17.3	7.8	9.0	9.1	15.8	2.7
2007	27.8	27.4	11.3	16.4	7.4	9.7	8.1	16.0	3.4
2008	30.2	26.2	11.9	14.7	6.7	10.2	9.1	17.3	3.7
2009	29.4	28.2	10.4	15.8	6.5	9.7	8.9	16.7	3.6
2010	29.9	28.1	10.3	15.5	7.1	9.2	8.8	17.5	3.4
2011	30.0	28.0	11.1	14.7	6.9	9.4	8.5	17.5	3.7
2012	31.5	27.1	10.9	15.4	6.2	8.9	8.5	18.6	4.0
2013	31.8	27.4	10.1	15.7	6.1	8.9	8.5	18.4	4.4
2014	31.3	27.8	10.2	16.0	6.2	8.6	8.1	17.9	4.9
2015	31.3	28.4	9.7	16.6	5.5	8.6	7.7	17.2	5.8
2016	31.9	28.3	8.9	16.6	6.1	8.2	7.5	17.5	6.3

注：东盟包括新加坡、泰国、马来西亚、印度尼西亚、菲律宾、越南、文莱等 11 国，东盟 4 国指泰国、马来西亚、印度尼西亚、菲律宾。表中不包括柬埔寨和老挝。

资料来源：RIETI-TID 2016, http://www.rieti-tid.com/trade.php。

(二) 东亚生产网络重构进程中的中国角色转变

随着中国产业结构升级以及经济再平衡调整的不断推进，其参与东亚生产网络的特性也在逐渐发生变化。在其作为全球组装中心地位日趋下降的同时，基于国内技术水平和创新能力的提升及产业结构的不断升级，中国正在从一个以低附加值生产为主的制造大国向以高附加值生产为主的制造强国转型。与此同时，经济增长模式从投资与出口拉动型向国内需求主导型转变，也将推动中国从东亚的生产中心向地区的消费中心转变。

其一，从全球组装中心向全球制造中心的转变。我们可以从两个方面观察到这种变化：其一，虽然近年来制造业领域吸引的外商直接投资呈下降趋势，但正如上文分析，主要是由于劳动密集型外商直接投资的减少引发。相反，在高新技术领域中国吸引的外商直接投资非但没有下降，反而呈现持续上升的势头（见表4）。比如在2015—2017年，与制造业整体吸引外商直接投资分别下降0.99%、6.09%和5.6%的情况相反，高技术制造业吸引外资却大幅提高，分别增长8.45%、2.97%和7.6%。2015年，除医疗仪器设备及仪器仪表制造业下降外，计算机及办公设备制造业增长接近一倍，信息化学品制造业增幅达66.33%，医药制造业和航空、航天器及设备制造业增幅也分别为45.21%和38.59%以上。2016年和2017年，医药制造业和电子及通信设备制造业则成为推进外资增长的主力军，前者两年分别增长22.48%和21.68%，后者则分别增长66.99%和64.7%。这种变化说明中国制造业的内部产业结构正在不断升级。

表4 2015—2017年中国高技术制造业实际吸收外资情况　　　　单位:%

	2015		2016		2017	
	制造业整体	高技术制造业	制造业整体	高技术制造业	制造业整体	高技术制造业
总计	-0.99	8.45	-6.09	2.97	-5.6	7.6
医药制造业		45.21		22.48		21.68
航空、航天器及设备制造业		38.59		0.39		0.8
电子及通信设备制造业		1.58		66.99		64.7
计算机及办公设备制造业		95		2.45		3.8
医疗仪器设备及仪器仪表制造业		-17.09		7.63		8.8
信息化学品制造业		66.33		0.05		0.4

资料来源：中国商务部：《中国外商投资报告》(2016)、(2017)和(2018)。

其二，这一转变还表现为中国在东亚地区全球价值链上的地位不断前移。由于低成本劳动力比较优势的消失，中国作为"世界组装工厂"的角色正在慢慢消失，而向更高级产业结构迈进正是中国经济转型的一个重要目标。那么，这一进程是否已经开始？它又会怎样塑造中国在东亚分工重构中的角色？

从组装中心向制造中心的转变需要中国形成越来越强的创新能力，技术进步在经济增长中的贡献不断提升。如何衡量中国的创新能力是一件困难的事情。魏尚进、谢专、张晓波（2017）[①] 基于国际经验的比较，讨论了中国的研发投入强度以及中国企业创新能力的增长趋势。他们的研究发现，2010年，中国的研发投入强度超过经合组织国家的中位数，到2012年则超过了经合组织国家的均值（2012年是1.88%），而2012年

---

① 魏尚进、谢专、张晓波：《从"中国制造"到"中国创造"》，《比较》2017年第3辑，第40—64页。

中国的收入水平连经合组织国家均值的1/5都不到。截至2014年，中国的研发投入强度上升至2.05%，整体上甚至超过了许多发达国家。他们还进一步计算了中国规模以上工业企业研发投入的资金分布，研究发现，这些企业2000年研发资金中的20%用于引进和消化国外技术，2%用于购买和消化国内其他企业的技术，78%用于技术的自主研发。随着时间的推移，第一项投资的占比呈现下降趋势，而后两项均呈上升趋势。截至2014年，在规模以上工业企业投入到技术提升的资金中，11%用于引进和消化国外技术，5%用于购买和消化国内其他企业的技术，84%用于技术的自主研发。这些数字在很大程度上表明国内制造业的创新能力正在提高。

关于中国企业创新能力的增长趋势，上述三位中国学者从企业的专利申请角度进行了衡量。结果发现，无论是企业的国内专利申请数量，还是在美国的专利申请数量，近年来都出现了大幅度的提高。在国内，中国国家知识产权局的专利申请从1995年的83045件火箭般地上升到2014年的230多万件，年均复合增长率高达19%。根据世界知识产权组织（WIPO）的数据，中国于2011年超过美国成为全世界最大的专利申请接收国。同期，中国企业申请人在美国专利商标局（USPTO）获得的专利授权数量同样增长很快，从1995年的62件增长到2014年的7236件。前一阶段（1995—2005）的年均增长率是21%，后一阶段（2005—2014）的年均增长率上升至38%。与同期的国家巴西、俄罗斯、印度、南非、德国、日本和韩国相比，只有印度达到了类似的增长速度。

不断提升的自主创新能力对中国在东亚区域分工重构过程中的角色转换形成了重要支撑。这一变化可以从中国对东亚地区产品出口结构的升级体现出来。中间产品的进出口通常能够反映一国参与区域分工的程度，从图4可以看出中国这一发展趋势。2001—2015年中国对东亚的出口当中,中间产品的占比从 34.2% 大幅提高至 51.4%,这一增长表明,中国参与东亚生产网络不断走向深入。不过,该比值的上升主要是在全球金融危机之前完成的。2008 年,该比值超过 50%,此后几年,则只有小幅上升,2016 年时达到 51.7%。

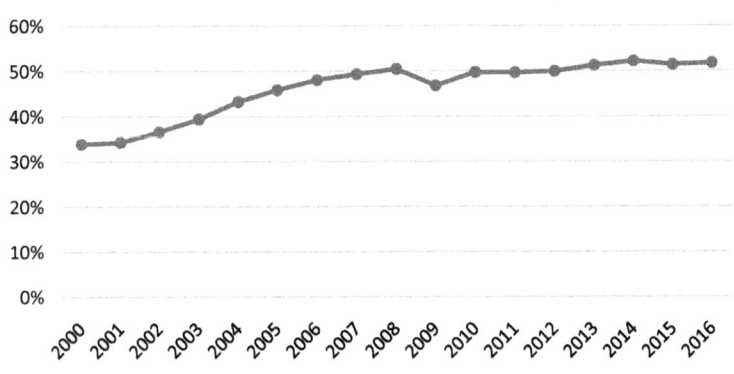

图 4　2000—2016 年中国对东亚出口中的中间产品占比

资料来源:RIETI-TID 2016, http://www.rieti-tid.com/trade.php。

其三,从区域生产中心向区域(全球)消费中心的转变。中国的经济增长模式正在发生深刻变化。根据前面的分析,中国经济正在经历从投资和出口拉动型向消费拉动型的结构转型。那么,中国有潜力成为继美国和日本之后又一个重要的地区最终消费品市场吗?

数据变化表明这一现象正在发生。经济增长模式的转变,加上低成本比较优势的逐渐丧失,使得中国对外贸易结构近年来逐渐改变。比较而言,日本、美国等发达国家的贸易产品结构则相对稳定。表 5 显示了这一变化。从出口结构看,最终消费品占比下降,而资本品和零部件占比上升;从进口结构看,则表现为中间产品占比下降,最终消费品占比上升。这一变化清楚地表明,中国正在摆脱传统世界工厂的角色,向成为一个消费大国和消费品进口大国方向加速前进。2019 年中国有望超越美国，成全球最大消费市场。①

表5 中日美进出口贸易的产品结构　　　　　　单位:%

国家及年度	出口					进口				
	初级产品	加工品	零部件	资本品	消费品	初级产品	加工品	零部件	资本品	消费品
中国										
2000	3.00	17.83	12.33	18.30	48.55	15.29	38.77	23.61	17.52	4.82
2007	1.37	21.84	16.54	27.02	33.23	23.07	30.53	25.37	16.87	4.16
2016	0.74	22.22	18.84	31.17	27.03	23.87	29.86	22.45	13.56	10.26
日本										
2000	0.38	19.51	33.75	27.88	18.47	20.27	25.33	14.49	13.30	26.61
2007	1.02	25.42	28.44	24.67	20.45	28.64	27.65	12.91	10.69	20.11
2016	1.27	25.91	30.19	22.42	20.20	18.27	26.60	14.11	13.90	27.12
美国										
2000	5.24	24.75	31.40	23.96	14.66	10.15	21.44	19.01	19.31	30.08
2007	8.14	29.93	23.84	21.58	16.52	16.10	24.40	13.58	16.80	29.12
2016	7.51	30.87	23.37	19.63	18.62	7.02	22.50	16.93	19.97	33.58

资料来源：RIETI-TID 2016。

表6进一步比较了中美日在吸收东亚最终消费品产品出口中的地位变化。从中可以看出，21世纪初，美国吸收了大多数东亚经济体30%左右的消费品出口，日本约占15%左右，而中国所占份额不足3%。然而到2016年，中国作为东亚经济体消费品目的地的份额在各国（地区）均有大幅提升，平均达到6.07%。而美国的份额大幅跳水，从2000年的平均34.22%降至2016年的21%。日本的份额也有所下降，从2000年的平均11.98%降至2016年的9.61%。尽管中国与美国（甚至日本）的份额仍

---

① 《美国仍是世界第一消费大国，但中国消费占GDP比重是美国的1.5倍》，新浪网，2018年7月3日，http://finance.sina.com.cn/roll/2018-07-03/doc-ihevauxi3066516.shtml。

存在明显差距,但作为最终消费品的一个重要区域市场,中国正在迅速迎头赶上。

表6 中日美在东亚各国(地区)消费品出口所占份额　　单位:%

出口国(地区)	进口国								
	中国			日本			美国		
	2000	2008	2016	2000	2008	2016	2000	2008	2016
韩国	2.06	4.94	6.84	14.01	5.11	5.25	37.21	22.99	34.14
新加坡	2.26	3.45	3.71	9.65	3.39	13.07	16.77	21.64	13.33
中国香港	4.93	6.03	7.11	2.02	1.97	2.11	31.18	16.74	12.96
马来西亚	1.06	2.19	4.40	12.64	6.16	9.28	28.76	17.28	14.54
印度尼西亚	0.65	1.63	4.94	12.44	6.65	7.24	35.02	30.69	26.96
泰国	1.18	2.51	7.82	16.47	11.25	11.47	36.18	19.83	15.45
菲律宾	1.23	3.10	7.67	16.62	18.80	18.84	54.41	33.27	29.26

资料来源:RIETI-TID 2016。

四、结论与政策含义

继雁型分工和东亚生产网络之后,东亚区域分工正在迎来新一轮的结构性调整。本文的分析表明,这一调整主要是由于全球金融危机爆发、金融危机后的去全球化趋势、东亚经济的再平衡调整以及中国经济转型的结果。从调整的方向看,研究表明,东亚正在逐渐赶超中国成为新的区域乃至世界组装工厂,而中国则将通过在全球价值链上的地位攀升,而从一个全球组装中心逐渐变成一个全球制造中心;与此同时,中国也将逐渐成为一个新的重要的区域最终消费品市场。

新的调整并不容易。区域分工结构的改变是东亚各国比较优势动态变化的自然结果,但这种改变无疑会带来各国之间利益分配的变化,进而引起一国国内利益分配格局的重新调整。对于中国而言，能否实现经济从高速增长向中速增长的平稳过渡，如何推进增长方式从投资和出口拉动型向消费拉动型成功转型，都是关涉未来经济前景的巨大挑战；对于东亚其他经济体而言，中国的产业升级和在全球价值链上的地位攀升，势必会对处在东亚区域产业价值链上游的韩国、中国台湾甚至日本等国家（地区）的经济产生竞争性冲击。但与此同时，从中长期来看，中国国内市场的扩大又为这些国家和地区大量产业和企业的发展创造了新的机遇。因此，总体上，中国的产业升级和经济转型给东亚各国带来的是挑战与机遇的并存。

面对上述区域分工调整带来的冲击，平稳实现本国在新的区域分工中的角色转型，无论是对中国，还是对东亚其他经济体，都需要在国内和对外政策方面做好前瞻性的充分准备：一是努力根据区域产业分工变化趋势采取适应性政策措施，通过内部调整推动本国在新的区域分工中找到新的定位；二是各国（地区）之间需要进一步加强政策协调和区域合作。亚洲金融危机后，东亚地区的区域合作曾经有过一段快速发展的历史，但由于一系列内外部政治经济因素的干扰，近十年来区域合作走走停停，过程很是艰难。从发展的角度看，各国在以下三个方面加强努力是一种比较现实的选择：一是加强政治对话和民间交流。这是增进彼此信任，逐步减小国家间差异，建立和强化东亚共同体意识，不断提高对区域合作未来预期稳定性的基础。二是继续加强功能性合作。通过不断提高贸易便利化水平，降低贸易交易成本，以此扩大各国参与区域分工的红利，增强各国推进区域合作的动力。三是不断深化东亚制度性区域合作。通过深化自由贸易区（FTA）合作，加强东亚各国的政策协调和经验交流机制，以此不断扩大国内消费需求。扩大区域内消费是解决东亚经济再平衡调整问题的关键，影响各国国内消费的因素众多，包括社会保障制度、收入分配方式、城市化水平、快速老龄化以及不断扩大的中产阶级等。东亚各国可以通过深化自由贸易区合作,加强彼此政策协调和经验分享,以此提高解决问题的效率。此外,当前东亚的区域一体化形式多样,彼此交叉,反映了各国之间的竞争性和对未来预期的不确定性,为了避免各类自由贸易区之间的意大利面条碗效应,也需要东亚各国积极协调,逐步推进竞争性一体化组织的融合。

"一带一路"建设中的廉洁问题

刘翔峰　苑生龙[*]

摘　要　"一带一路"倡议启动以来,逐渐带动沿线各国的经济和社会发展,正在成为中国进行全球开放合作和共同繁荣的重要平台。但持续上升的对外投资也不可避免存在各种风险和问题,目前,针对"一带一路"投资中出现的某些腐败现象对某些国家经济的负面影响,学界有一些新的认识和思考。通过对"一带一路"沿线主要国家的腐败指数和中国与对这些国家的直接投资进行计量分析,本文得出结论,认为"一带一路"投资中的商业腐败风险正在上升。因此,中国应加强对外投资反腐败的立法和执法,构建"一带一路"反腐败指数体系和反腐败合作机制,对腐败进行源头治理,共同推动可持续发展的"一带一路"廉洁之路建设。

关键词　"一带一路"　重大项目　腐败风险　源头治理　廉洁之路

---

[*] 刘翔峰,中国宏观经济研究院市场与价格研究所公平竞争室主任,研究员;苑生龙,中国宏观经济研究院对外经济研究所副研究员。

从"一带一路"倡议提出至2019年已经六年,共建"一带一路"成为中国参与全球开放合作和共同发展的世纪工程,其内涵在发展中不断丰富。正如中国国家主席习近平在2019年4月第二届"一带一路"高峰论坛的主旨演讲中所言,要坚持开放、绿色、廉洁的理念,坚持一切合作都在阳光下运作,共同以零容忍打击腐败,共建风清气正的丝绸之路。① 推动共建"一带一路",要坚持共商共建共享,遵循市场原则和国际通行规则,发挥企业主体作用,推动基础设施互联互通,加强国际产能合作,推动对外投资合作健康有序发展。② 目前,中美贸易争端不断升级,世界各国对全球化的认识鸿沟正在加大,新的国际经济秩序正在重塑中。为更好推动"一带一路"的对外投资合作健康有序发展,应细致梳理其投资风险,尤其是对不断上升的腐败风险进行理性评估,同时借鉴各国在国际投资中成熟的腐败治理经验,建设绿色廉洁的"一带一路"。

一、"一带一路"是国际经济合作的重要平台

"一带一路"其实是共商共建共享的合作方式,中国通过对外投资修建基础设施打造互联互通网络,通过经济合作的方式来帮助发展中国家共同发展。③

"一带一路"以基础设施重大项目投资为特征。"一带一路"倡议也是连接亚欧非大陆、东亚经济圈和欧洲经济圈的愿景图,④ 随着中国2015

---

① 《习近平在第二届"一带一路"国际合作高峰论坛开幕式上的主旨演讲(全文实录)》,来源:新华网,中国共产党新闻网,2019年4月26日,http://cpc.people.com.cn/n1/2019/0426/c64094-31052388.html。
② 李克强:《2019年国务院政府工作报告(全文)》,来源:新华社,中国金融网,2019年3月5日,http://www.financeun.com/newsDetail2/21609/platForm/jrh/lmid/1.shtml。
③ 张蕴岭:《期待峰会有更多执行性建议和成果》,国观智库公信号,2019年4月25日。
④ 刘翔峰:《"一带一路"倡议下的亚太区域经济合作》,《亚太经济》2018年第2期,第5页。

年成为资本净输出国带动产业对外转移的新格局出现,"一带一路"逐渐成为中国对外投资的重点区域和国际合作的重要平台。中国商务部数据显示,2018 年,中国企业在"一带一路"沿线对 56 个国家非金融类直接投资 156.4 亿美元,同比增长 8.9%,占同期对外直接投资的 13%,主要投向新加坡、老挝、越南、印度尼西亚、巴基斯坦、马来西亚、俄罗斯、柬埔寨、泰国和阿联酋等国家。2019 年 1—2 月,中国企业在"一带一路"沿线对 48 个国家直接投资 22.5 亿美元,占同期总额的 13.6%,主要投向新加坡、巴基斯坦、阿拉伯联合酋长国、越南、马来西亚、印度尼西亚、泰国、柬埔寨和沙特阿拉伯等国家。① 迄今为止,已有 150 多个国家和国际组织同中国签署共建"一带一路"合作协议,由此,共建"一带一路"倡议同联合国、东盟、非盟、欧盟、欧亚经济联盟等国际或地区组织的发展和合作规划实现对接,同各国的发展战略实现对接。一批重大标志性项目陆续开工建设或建成投产,"一带一路"建设项目的进程和成效远超预期。

就目前的项目建设情况看,"一带一路"重大项目建设主要包括交通、能源类等的基础设施项目、工业园区类项目、人文类项目等领域。在基础设施建设上,重点是推进国际骨干通道建设,逐步形成连接亚洲各次区域以及亚欧非之间的基础设施网络。目前,中欧班列已经成为国际物流陆路运输的骨干道;印度尼西亚雅万高铁、俄罗斯莫斯科—喀山高铁、匈塞铁路、中泰铁路、中老铁路、马来西亚南部铁路、肯尼亚蒙内铁路、尼日利亚阿卡铁路、亚的斯亚贝巴—吉布提铁路等项目深入实施;中巴经济走廊的重点项目瓜达尔港 2016 年正式开航;希腊比雷埃夫斯港、肯尼亚蒙巴萨港、斯里兰卡汉班托塔港等合作项目深入推进。在

---

① 中国商务部:《2018 年 1—12 月我对"一带一路"沿线国家投资合作情况》,《中国投资指南》,http://www.fdi.gov.cn/1800000121_33_11832_0_7.html。

能源类项目建设上,中国企业在"一带一路"沿线国家建设了60多个能源项目和油气合作项目,并承建了中俄、中哈、中缅原油管道,中俄、中亚、中缅的燃气输送管线等能源运输项目,还承建了一大批火电站、水电站和核电站以及电网的建设。在工业园区类项目建设上,沿线国家中有70多个境外经贸合作区已经建成或即将建成,"一带一路"在积极打造产业集群式"走出去"平台上建树颇丰。

中国对"一带一路"建设的投资快速上升,投资包括直接投资、跨境并购、工程承包等多种形式。根据中国保险业协会提供的资料,预计到2030年"一带一路"建设的项目总值为7.4万亿美元,其中,在中国境内的项目有2.3万亿,在中国境外"一带一路"沿线国家的项目有5.1万亿美元。基础设施中的交通类项目为2.2万亿美元,能源资源类项目为1.8万亿美元,通讯、供水供电和其他基础类项目为2万亿美元;工业园区类项目为3890亿美元,文化类大致为2430亿美元。中国的国有企业仍然是"一带一路"建设的主力军。国有企业以大型基础设施建设为先导,为民企走出去创造完备的路线、交通、资源、产业园区等基础条件,形成"国企搭台,民企唱戏"的格局。中国对外投资得到东道国政府不同程度的支持。

二、"一带一路"重大项目的商业腐败风险较高

"一带一路"建设成效显著,但投资风险逐渐显现,尤其近年来,腐败风险开始成为"一带一路"建设中备受关注的问题。腐败是世界性难题,国际上对腐败定义的共同特征是:滥用公权力以获取私人利益。其中,国际货币基金组织、联合国发展署、世界银行对其定义内涵均一致。腐败对社会稳定与国家安全构成了严重威胁,危害经济的可持续发展和

法律秩序。国际货币基金组织研究报告指出，全球的受贿等腐败行为造成全球经济每年损失 1.5 万亿—2 万亿美元（约合人民币 9.74 万亿—12.98 万亿元），约占全球经济总量的 2%。[①] 富裕和发展中国家均存在腐败现象，但最不发达国家和地区首当其冲，成为最主要的受害者。腐败呈现复杂化、跨国化的发展趋势，由此增加了反腐败难度。

根据研究发现，"一带一路"沿线地区商业腐败风险相对集中。2016 和 2017 年中国对"一带一路"投资存量分别为 1257 亿美元和 1405 亿美元，流量分别为 145.3 亿和 143.6 亿美元。[②] 通过对透明国际（Transparency International）2018 年 2 月 21 日发布的清廉指数（满分 100 分）与中国商务部 2017 年 9 月 30 日发布的《对外直接投资统计公报》中对"一带一路"各国投资存量和流量进行对比，存量国家选取 35 个，因为其海外投资流量占所有"一带一路"国家投资的 99.89%，能够代表"一带一路"的投资状况。如图 1 所示，就投资存量看，34.3% 的投资集中在清廉和较清廉国家，比如新加坡（84 分）、阿联酋（71 分）、以色列（62 分）、波兰（60 分）、捷克（57 分）；就投资流量看，41% 投资集中在清廉和较清廉国家，表明新增投资有逐步转向清廉国家的迹象。其中，新加坡清廉度在全球 180 个国家与地区中排名第六位，是中国"一带一路"投资的最大国，存量投资占 24%，流量投资占 22%。除上述五国之外的其他 30 个国家均是腐败高风险国，集中了约 66% 的存量投资和 59% 的流量投资。因此，中国"一带一路"投资有三分之二处于较高腐败风险环境之中。

上述有较高商业腐败风险的国家也都是中国重大项目的投资国，投资主体多为国有企业。商业腐败将导致国有资产流失和投资损失，损害

---

① 《IMF：全球经济每年因贪腐直接损失 2 万亿美元》，搜狐网，2016 年 5 月 13 日，http://www.sohu.com/a/75205943_117825。

② 中国商务部：《中国外资统计公报 2018 年》，第 24 页。

正常的国际市场竞争秩序和国际投资环境,助长沿线国的公务腐败,给项目发展带来重大隐患。

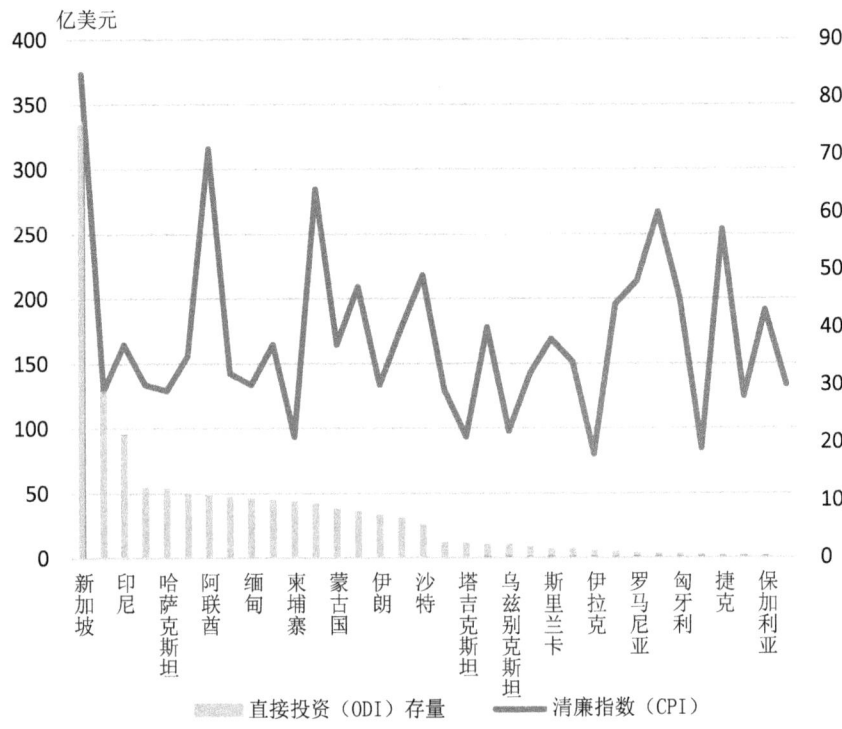

图 1　中国对"一带一路"35 国直接投资(ODI)存量与清廉指数(CPI)对比

注:上图纵轴的左轴为中国对其直接投资(ODI),右轴为透明国际的清廉指数(Corruption Perception Index, CPI)0—100。

资料来源:"一带一路"对各国直接投资存量来自中国商务部《对外直接投资统计公报》,2017 年 9 月 30 日;清廉指数来自透明国际,2018 年 2 月 21 日,www.transparency.org。

为进一步判断"一带一路"沿线各国的腐败情况,本文参考了透明国际及世界经济论坛发布的年度国别腐败(清廉)指数。其中,透明国际组织每年对外发布的国别清廉指数是当前评价世界各经济体腐败状况公认的重要指标之一。根据透明国际 2018 年公布的《国际清廉指数》报告,得分较高(较为清廉)的经济体主要位于北美、西欧、澳洲等地区,而"一带一路"沿线国家及南美国家普遍得分较低,是腐败问题的高发区域。该报告共统计发布了177个经济体的清廉指数,其中包含58个"一带一路"沿线国。根据统计结果,177个经济体的清廉指数均值为42.9,而58个"一带一路"国家的清廉指数均值为40.1,说明"一带一路"国家整体清廉水平要低于全球平均水平。

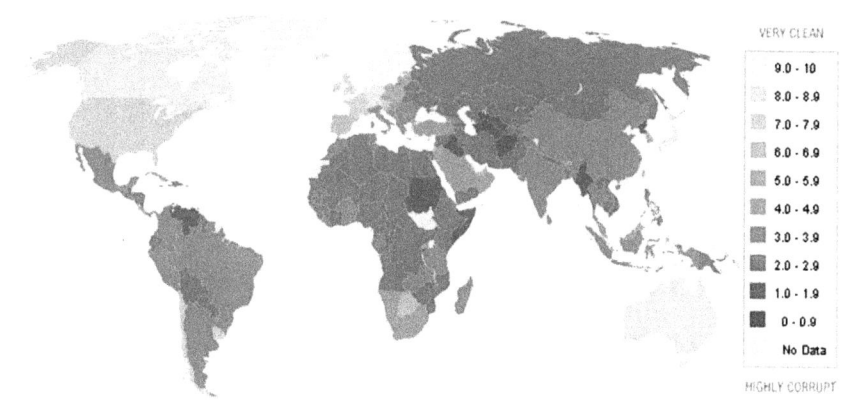

图2 2017年全球主要国家清廉状况

资料来源:透明国际:《2017年国际清廉指数》,www.transparency.org。

本文同时参考了"世界经济论坛"2017—2018年度的国别腐败指数情况,指数总分为7,分数越高说明该国腐败程度越低。在已公布的国家中,共包含53个"一带一路"国家。

总体上,虽然两个国际组织公布的腐败(清廉)指数存在较大的国别排序差异,但均能反映出"一带一路"沿线国家腐败情况较严峻的事实。此外,从国别腐败状况来看,部分"一带一路"在工程承包和直接投资领域与中国开展合作较多的重点合作国家腐败状况着实堪忧,这一现状提示我们,中国部分"一带一路"重大项目面临较高的腐败风险,必须引起相关部门的高度重视。

三、"一带一路"投资中的腐败根源探究

(一)腐败成为工业化国家的痼疾

探究国际投资中的跨国腐败现象可以发现,这是世界各国工业化进程中面临的普遍问题,其根源在于社会财富高速增长与收入分配严重失衡。腐败是工业化的痼疾,现代化和工业化带来了深刻的政治社会转型,社会价值观、财富占有量都在剧烈变化,新型利益集团出现后,通过进入政治体系,参与权力寻租的腐败现象非常普遍。经历了产业革命和城市化快速发展时期,美国1876年后的半个世纪被称为"美国贿赂的黄金时代",格兰特总统执政8年(1869—1877)被认为是最腐败时期,"几乎所有的人都难保清廉,几乎一切神圣的原则都被践踏"。[1] 英国启动工业革命后,1760—1820年间腐败猖獗,甚至蔓延到军队中,社会两极分化严重,演变成大规模骚乱。日本的情况更加严重,二战后日本的政府主导型经济成就举世瞩目,但腐败丑闻迭出,尤其是1976年洛克希德公司跨国行贿案,日本首相田中角荣收受5亿日元贿赂而促使全日空公司购买了22架洛克希德公司生产的民航飞机,田中角荣涉嫌受贿被判刑4年。由此可见,政府主导的经济发展模式导致政府对微观经济领域的不当干预,甚至"鼓励"行贿,行贿成为企业规避管制壁垒,获得政府补贴、政府合同乃至竞争优势的最佳路径。[2] 受此影响,跨国公司的全球投资也在"利润最大化"和"着眼于未来的国际业务快速发展"之间谋求

---

[1] 中央纪委监察部:《腐败是世界各国工业化进程中普遍面临的痼疾》,2014年6月9日,http://www.ccdi.gov.cn/special/hwfb/tbbd_hwfb/201405/t20140523_23369.html。

[2] 中央纪委监察部:《腐败是世界各国工业化进程中普遍面临的痼疾》,2014年6月9日,http://www.ccdi.gov.cn/special/hwfb/tbbd_hwfb/201405/t20140523_23369.html。

平衡。直至 1977 年美国的《海外反腐败法》实施并促使各国重新规范国际投资的公平竞争秩序，才重建了公众对市场的信心。

发展中国家同样如此，经济高速增长中，权钱交易、"金权政治"等腐败问题层出不穷。菲律宾在 1965—1986 年马科斯统治时期，经济建设显著与腐败猖獗同时存在，贪污腐败渗透到所有官僚机构及社会生活中，马科斯家族聚敛的财富达数十亿美元，各大企业和各大银行都是政治权贵家族的资产，官商勾结在利益分配中攫取巨额财富。印度尼西亚曾经以腐败闻名于世，政治家族、军人集团、家族企业和政府机构四种势力交织，反腐败成为印度尼西亚反苏哈托运动的一个重要动因。

（二）"一带一路"面临腐败治理困境分析

1. 海外投资监管缺位

监管缺位主要表现在以下三个方面。

其一，缺乏相关立法。目前境外投资的管理仅限于投资风向管理，例如，国务院国有资产监督管理委员会（国资委）的《中央企业境外投资监督管理办法》，国家发展和改革委员会（发改委）的《企业境外投资管理办法》，商务部的《境外投资管理办法》，以上都没有涉及对外投资的腐败风险管理。国资委、发改委、商务部等国有资产主管部门对境外国有资产的监管方式主要包括：大型项目事前核准、一般项目真实合规性核查、国内人员赴外抽查审计、企业信息上报、企业自主审查等方式。然而，目前这些方式在具体实施的时候，因为种种原因存在管理漏洞，起不到特别有效预防治理腐败的作用，给人员和机构的腐败行为留有较大空间。"一带一路"沿线国家的重大项目对外投资及工程合作，是中国对外重大项目的最大增长点，但对境外国有资产的法规远未完善。

其二，对境外资产监管不到位。对外投资重大项目由具有资金技术优势的中国央企主导,截至2017年年底,央企在"一带一路"沿线承担了3116个项目,已开工和计划开工的基础设施项目中,中央企业承担的项目数占比达50%左右,合同额占比超过70%。① 这些项目一般采用项目经理人负责制,全权负责企业的资金管理、运营维护、企业战略实施等,境外项目渐成为一些人的"法外之地",存在滋生腐败行为的重大隐患。②

其三,缺乏腐败财产追偿机制。一些企业存在争项目上马、轻项目运营的管理倾向,在推进项目中急于求成,对项目管理绩效奖惩机制不完善,对出现的各种问题,项目负责人最多承担被迫辞职的风险,对资产的损失和管理人员的腐败缺乏有效的问责制度,缺乏对腐败财产的追偿机制。

2. 东道国存在严重腐败

东道国存在腐败的情况主要表现在,其一,东道国制度环境普遍较差。从透明国际2018年发布的腐败指数看,高达61%的沿线国家属于严重腐败,极端腐败的比重也达到15%,在全球比较廉洁的11个国家中,沿线国家仅占1个。从政治风险看,"一带一路"是高政治风险之路,目前世界范围内覆盖面较广的衡量国际风险的指标体系是国际国家风险指南(International Country Risk Guide,ICRG),覆盖全球140个国家,该指南是以月为周期的百分制评价体系。国际国家风险指南数据包含的"一带一路"沿线国家有48个,其中高政治风险和最高政治风险等级的国家占38%,而最低政治风险等级的国家(2个)占4%,"一带一路"

---

① 饶恒:《义在利先,央企共建"一带一路"的共同选择》,《国资报告》2018年11期,第94页。

② 例如中纪委在2014年通报的中石油薄启亮腐败案例。薄启亮是中石油海外勘探开发公司总经理,其兄通过代理人开设公司,专门负责中石油海外业务材料采购,中石油80多个海外项目,80%都来自该公司的材料,每年收入在200亿左右。《国资委报告揭资产流失五宗最 中石油薄启亮上榜》,来源:证券时报网,国际石油网,2015年6月16日,http://oil.in-en.com/html/oil-2352134.shtml。

沿线国家总体上处于高政治风险状态。从法治水平看,"一带一路"沿线国家是低法治区域。全球治理指标(简称为"Kaufmann 指标"[①])是由世界银行学院施政部主任考夫曼(Daniel Kaufmann)等人构建的衡量各国政府治理水平的指标体系,包括 212 个国家的法治指标,取值在 -2.5—2.5 之间,数值越高,表示法治越良好。"一带一路"沿线国家中有 62 个国家在数据库内,新加坡依然是"一带一路"地区法治水平最高的国家,以 1.74 分位列全球第 11 位;伊拉克、叙利亚和阿富汗的法治水平最为低下,分别以 -1.47、-1.48 和 -1.67 列于全球第 200 名之后。从均值上看,"一带一路"所有样本国家法治指数的平均分为 -0.21,低于全球均值(-0.01),62 个国家中只有 24 个国家的法治指数得分高于全球均值,除中东欧之外的法治指数均值都明显低于全球均值,大部分国家得分为负值。"一带一路"沿线国家的法治水平较低,司法独立性较差,堪称"低法治区域"。具体来看,大多数东道国还没有公众信任的营商环境,政界和公职人员接受礼品,法律监管和会计系统并非公开透明。就经商便利度而言,东道国政府决策透明度并不高,其司法系统受到各方干预较多。在处理政府行政规定(许可证、执照、报表等)程序时出现公然索贿,税务申报需要好处费,海关需要额外付款,海外投资需要支付回扣,东道国招标项目不能排除有腐败罪行的公司参与公开招标,存在为确保或加快常规工作进程、司法程序或需要的行政程序而进行的速度付款,政府官员的道德信任度较低等现象。

其二,中国投资流量在 1 亿—15 亿美元的国家,国别腐败风险尤为

[①] "Kaufmann 指标"是世界银行学院施政部主任考夫曼(Daniel Kaufmann)等人(2007)从 37 个不同来源的数据库中,选取了几百个指标进行综合分析而给出的对各国治理状况的评分。该评分度量了一国参与选举、言论、结社等的自由程度,契约的执行程度,法治水平,政府的腐败程度等。请见李新、王翠竹、谭桑:《制度与国际贸易关系研究进展》,《经济学动态》2013 年 11 期,第 127—128 页。

突出。本课题组对各国来自中国的对外直接投资（ODI）与其腐败指数相关性的计量分析发现，中国在"一带一路"投资的腐败有三种情况：所在国清廉指数高、投资多；所在国腐败程度高，投资也多；所在国腐败程度高，投资少。尤其需要注意的是，当前中国对"一带一路"国家投资项目合作许多处于"腐败危险区"，在危险区内的国家，同时具有较高的投资流量和腐败风险。这些国家是中国的重大项目合作国，投资流量处于"一带一路"国别中上水平，未来仍有较大提升空间，但同时腐败风险较高，腐败的可能性较高，是完善反腐监管体系建设和细化事前事中监管的重点区位。

（三）"一带一路"项目中腐败治理的困境

投资腐败不再是局部问题，而是一种影响社会和经济的跨国现象，开展国际合作控制腐败至关重要，也不可避免地会遭受到以下立法与执法的困境。

第一，某些国家未将跨国贿赂列为犯罪。跨国贿赂是指一国公民或企业以各种形式贿赂外国政府官员，目的在于获得政府采购和工程项目合同，或进出口贸易许可证。[①] 有些贿赂被认为是保证投资顺利和获得当地政府帮助的正常开支，贿赂东道国公职人员已经习以为常，过去包括德国、英国这样的发达国家的法律曾经规定，贿金支出可以免于纳税或减税。目前"一带一路"沿线的发展中国家还存在这种现象。虽然多数国家对打击本国公职人员的腐败行为不遗余力，但对私营部门之间的行贿规范却较宽松。中国已将贿赂外国官员或私营部门作为法律制裁的对象，在刑法上将其作为犯罪，但在实际执行上，还需要对海外投资腐败

---

① 梅新育：《反跨国贿赂：国际贸易政策新热点》，《世界经济》1998年第4期，第21页。

行为进行专门的法律规定。

第二，遭遇到腐败域外管辖权困境。发展中国家传统法律的管辖原则存在漏洞。从法理学角度上，法律惩治犯罪的管辖原则主要是属地原则和属人原则，而面对跨国贿赂，传统法律的管辖原则有漏洞。对那些使用贿赂手段的跨国公司而言，从属地管辖看，犯罪的发生地在东道国；从属人管辖看，采用贿赂手段的往往是在东道国成立的子公司，属于东道国法人。对贿赂罪行的惩治者在多数情况下只能是东道国，但在某些东道国的法律环境下，这样的贿赂罪行面临惩罚的可能性极小或者根本不会受到惩罚。此外，如果惩治受贿的外国官员，必须有国际社会的共同认可。

美国和英国对海外腐败都有域外管辖权，即"长臂管辖权"。美国是最早使用并反复论证域外管辖权的国家。[1] 例如，当被告和美国有某种最低限度的联系，原告所提权利和这种联系有关，那么美国对于被告有属人管辖权。[2] 美国十多年前开始加大与中国相关的腐败执法，但目标以跨国公司在华子公司为主，近期美国以违反《反海外腐败法》（FCPA）为名，加强了针对中国企业海外投资的执法。例如，2017年9月，美国政府宣布对中石化瑞士子公司涉嫌通过中间人向尼日利亚官员违法提供1亿美元的贿赂案展开调查。而时隔仅两个多月，香港民政事务局前局长何志平与塞内加尔前外长加迪奥因涉嫌代表一家中国民营公司行贿非洲官员在美国被捕。伴随着中国"一带一路"倡议的推进，中国企业参与全球投资经营的步伐加快，面对美国和英国反海外腐败全球执法的风险将日渐增大。

第三，遭遇国际司法协助的困境。东道国意图对跨国贿赂行为实行

---

[1] 王中美：《美国反托拉斯法域外管辖权研究》，《美国研究》2007年第12期，第57页。
[2] 张博：《美国的长臂管辖权原则》，《人民法院报》2011年7月15日，第8版。

管辖，仅可管辖在其境内的子公司。如果贿赂行为是通过设立在东道国境外的母公司或其他子公司施行，要进行管辖，必须通过引渡。这不仅仅需要两国之间签订引渡条约或满足其他引渡条件，还受制于"双重犯罪"原则，即该罪行在被引渡国也必须被认定为犯罪。① 而某些国家并不将贿赂外国公职人员或私营部门认定为犯罪，因而引渡可能难以进行。此外，调查取证、查封、扣押、没收违法所得等司法协助行为也需要国家之间的合作。

第四，缺乏引渡条约等反腐合作机制。梳理评估中国和其他相关国家在反腐败国际合作方面的机制，可以看出反腐败合作治理面对诸多问题，例如：中国和其他相关国家是否存在引渡条约；是否存在刑事、民事司法协助的协定；《联合国反腐败公约》当中的引渡条款是否可以作为引渡依据。值得一提的是，在64个"一带一路"建设相关国家中，既没有与中国签订引渡条约、也不存在司法协助的政府协定、还不承认以《联合国反腐败公约》为引渡依据的国家有12个。与这些国家开展反腐败合作，面临着没有正式合法渠道的难题。

四、构建"一带一路"反腐败指数

量化国别投资环境中的腐败风险，在助力"一带一路"项目合作方面具有重要的指导意义与实用价值。但是，基于腐败问题的隐蔽、发散及复杂性特征，现有的量化指数及国别排序均难免存在不足与偏差，特别是针对发展中经济体的腐败问题评价，受西方发达国家意识形态影响

---

① 现代刑事司法协助条约摒弃了传统上要求罪名和构成要件完全统一的做法，采用"实质类似"的标准，即只要某一行为按照请求国的法律和被请求国的法律都作为犯罪加以触犯，就符合双重犯罪的要求，而不必要求罪名的表述和犯罪构成的要求相一致。

仍较为明显，这对进一步客观评判大型项目合作的腐败风险具有不利影响。因此，应加强对腐败问题量化指标的研究，尽早建立更加客观、实效，具有现实指导意义的"一带一路"国别腐败指数。

（一）构建"一带一路"国别腐败指数的必要性

腐败测量体系的构建目前主要有两种路径，一种是利用主观打分或自报来构建腐败指数，另一种则是利用各种客观数据构建腐败指数。前者主要依靠专家和知情人士打分或以民意调查数据构建腐败指数；后者则依靠各类公开资料收集客观数据（如腐败案件数）来测量腐败。尽管国外腐败指数开发已取得丰富的经验，常用的腐败指数依然存在量化结果偏差。[①] 以被引用最广泛的透明国际的清廉指数（CPI）为例，该指标集中反映了世界各国企业、学者、一般民众和风险分析人员对各国腐败状况的主观感受。清廉指数自创建起就被各国政府、学者和跨国公司广泛使用和借鉴，成为当前使用最广泛的腐败衡量指标。然而，清廉指数也存在明显不足，特别是中国引用其作为评价"一带一路"沿线国家腐败状况的指标时，容易出现概念偏差、客观性不足等一系列问题：一是清廉指数主要反映各国政府官员向在本国投资的外国公司收受贿赂或回扣，不包含以央企为代表的国有企业海外项目相关责任人利用职务便利谋取私利的行为。二是清廉指数统计结论偏于定性化。清廉指数建立在各种调查报告的基础之上，调查结果在很大程度上取决于被调查者的主观心理评价，因此清廉指数的"定性"特征明显高于"定量"特征。三是统计方式存在偏差。清廉指数数据源于采用不同衡量体系的调查报告，在对这些数据采取标准化处理时，无法从根本上消除衡量体系之间的差

[①] 江卓、季程远：《怎样测量腐败：国内外测量方法述评》，《新视野》2016年第3期，第123页。

异，尤其是在西方研究机构及涉外企业的主导下，所反映的信息容易被主观偏见强化，进而降低对部分国家和地区腐败问题度量的客观性和准确性。

从中国对外项目合作的实际情况看，构建"一带一路"国别腐败指数具有较大现实意义。基于对2016年数据指标的统计分析发现，中国对"一带一路"沿线国家的直接投资，在总体符合投资流量负相关于东道国腐败状况的同时，存在着一个较为显著的"腐败危险区"（见表1标灰区域）。在该区域内，中国直接投资流量与东道国腐败情况存在正相关性。即，在中国对"一带一路"沿线国的投资中，部分合作密切、投资较为集中的国家，同时也是腐败较严重的国家。表1所示的灰色区域是2016年的"腐败危险区"，区域内国家的平均腐败排名达到42，中国对这些国家的平均投资流量规模超过6.3亿美元。目前看，处于"腐败危险区"的投资东道国被认为存在较高的腐败风险、较低的营商环境质量，但同时也具备与中国较高的合作意愿和较大的合作空间，有利于中国走出去企业资本、技术实力等优势的发挥，对中国探索海外市场、共享产能具有重大价值，因而具有开展合作的必要。

表1 中国对主要"一带一路"沿线国投资流量及相关国家腐败状况

直接投资单位：万美元

国家编号	国家名称	直接投资（ODI）	透明国际
1	新加坡	317186	1
2	以色列	184130	5
3	马来西亚	182996	15
4	印度尼西亚	146088	31
5	俄罗斯	129307	44
6	越南	127904	39
7	泰国	112169	34

续表

国家编号	国家名称	直接投资（ODI）	透明国际
8	巴基斯坦	63294	40
9	柬埔寨	62567	55
10	哈萨克斯坦	48770	45
11	老挝	32758	43
12	缅甸	28769	49
13	塔吉克斯坦	27241	52
14	乌兹别克斯坦	17887	54
15	白俄罗斯	16094	27
16	埃及	11983	37
17	卡塔尔	9613	8
18	印度	9293	28
19	伊朗	9037	47
20	蒙古	7912	30
21	匈牙利	5746	16
22	科威特	5055	26
23	孟加拉国	4080	51
24	巴林	3646	22
25	马尔代夫	3341	33
26	菲律宾	3221	35
27	塞尔维亚	3079	23
28	沙特阿拉伯	2390	19
29	斯洛文尼亚	2186	7
30	格鲁吉亚	2077	11
31	罗马尼亚	1588	17
32	约旦	613	18
33	阿曼	462	21
34	立陶宛	225	9

续表

国家编号	国家名称	直接投资（ODI）	透明国际
35	阿富汗	221	57
36	乌克兰	192	46
37	捷克	185	12
38	斯洛伐克	22	13
39	克罗地亚	22	14
40	阿尔巴尼亚	1	29
41	爱沙尼亚	0	2
42	不丹	0	4
43	拉脱维亚	0	10
44	黑山	0	20
45	东帝汶	0	36
46	亚美尼亚	0	38
47	摩尔多瓦	0	41
48	黎巴嫩	0	50
49	叙利亚	-69	59
50	保加利亚	-1503	24
51	土库曼斯坦	-2376	53
52	波兰	-2411	6
53	阿塞拜疆	-2466	42
54	尼泊尔	-4882	48
55	伊拉克	-5287	56
56	斯里兰卡	-6023	32
57	土耳其	-9612	25
58	阿联酋	-39138	3
59	也门	-41315	58

资料来源：本课题组根据中国商务部发布的《2017 年度中国对外直接投资统计公报》和透明国际发布的《2017 年国际清廉指数》整理。

显然，未来有必要加强对"腐败危险区"动态调整情况的持续关注，建立更加客观有效的国别腐败评价及预警机制，既有利于防范投资风险，也有利于把握投资合作机遇，优化海外产能合作布局，切实推进"一带一路"建设。在有效开展投资合作的同时，加强风险管理及预警，提高海外资本的安全运营绩效。

（二）建立"一带一路"国别腐败指数的方法分析

基于以上分析，建立非西方主导的、更加全面客观地评判"一带一路"沿线国别腐败的风险指数，需要在积极吸纳现有普遍引用的、成熟腐败指数经验的基础上，进一步完善不足，突出可操作性、客观性与适用性的有机统一。要遵从腐败指数建立的一般规律，也要突出"一带一路"沿线国家的客观状况，提高客观数据的采用比重，减少部分国家或地区因商业活动稀缺而数据不足带来的信息偏差问题。

因此，有必要将主观法与客观法进行有效整合，建立综合性"一带一路"国别腐败风险指标体系。该指标体系所需变量从类别上应包含现有腐败指数、问卷调查结果（应包含外方问卷及中方企业问卷两类）、对象国经济发展质量、对象国营商环境状况、对象国法制环境状况等五大类信息。从数据来源上包含主观信息与客观信息，从数据属性上包含绝对量、变化率、定性指标、动态指标和静态指标。建议采用整合分析法和属性分组法，并利用分析法明确二级子指标分类，在各类别中再进行属性分类。

在具体指标建模过程中，建立将德尔菲法（专家调查法）和层次分析相结合的计算指标权重（理论介绍略），如图3所示。具体步骤为：第一步，采用德尔菲法对初选指标进行专家评分，对指标的重要性进行基本排序和筛选，意在弱化初选指标的人为因素干扰。第二步，应用AHP

法（层次分析法）对第一步的评分结果形成指标权重，并对指标进行细排序。第三步，采用重要性指标筛选法选出对指标体系（指数）具有重要影响的评价指标和变量。模型的二级子指标体系变量选择建议如表2所示，在"一带一路"腐败指数构建中，其他机构发布的腐败指数权重设为20%，中国问卷统计信息权重为30%，对象国经济发展质量的指标权重为15%，对象国营商环境指标为15%，对象国法治环境权重为20%，从而创建中国的"一带一路"腐败指数，作为中国对"一带一路"大型项目投资的重要参照。

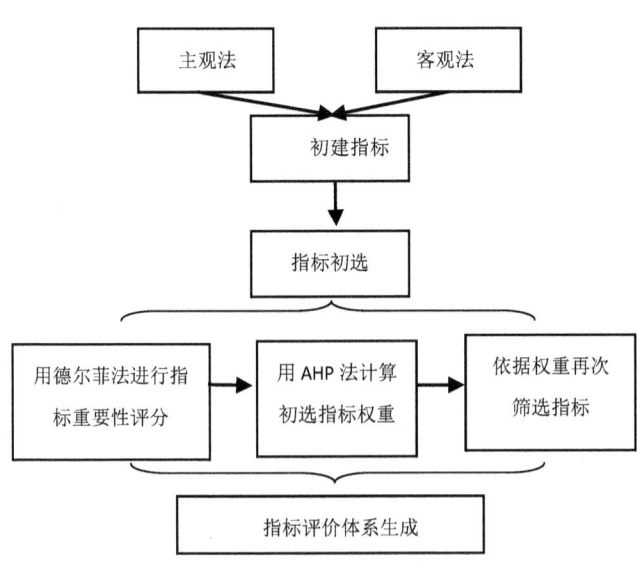

图3 "一带一路"国家腐败指数的建模与统计流程图示

表2 评价腐败指数体系模型结构及二级子指标备选变量

"一带一路"国别腐败指数	其他机构发布的腐败指数 （参考权重20%）	透明国际清廉指数（CPI）
		透明国际行贿指数（BI）
		全球竞争力报告（Global Competitiveness Report, GCR）腐败指数
		世界发展报告腐败指数
	中方问卷统计信息 （参考权重30%）	对象国非中方企业问卷调查
		对象国中方企业问卷调查
		对象国本国专家问卷调查
		中国专家问卷调查
	对象国经济发展质量 （参考权重15%）	人均GDP"一带一路"国家排名
		人类发展指数"一带一路"排名
		过去五年实际GDP平均增速
		过去五年失业率平均值
	对象国营商环境 （参考权重15%）	政府效率指标
		海关便利化举措
		税费等引资措施
		基础设施建设情况
	对象国法律环境 （参考权重20%）	法律体系建设情况
		司法体系建设情况

资料来源：本课题组整理。

五、共建廉洁绿色"一带一路"

（一）遵循市场规律和国际通行规则

"一带一路"的项目投资应依据市场规律进行，要遵循安全原则，投资企业要客观评估自身条件、能力，全面研究目的国投资环境，稳妥开展境外投资,防范投资风险,保证投资或贷款按期收回。投资要遵循市场导向原则,由行政主导转向市场主导,让市场起决定性作用,无论国企还是私企都要讲求投资效益,要有合理投资盈利,避免亏损。投资要遵循国际规则,建立"一带一路"反腐败工作机制。

加强立法与监管,加强国内法律与国际公约对接。法治反腐是"一带一路"可持续发展的内在要求,唯有制度化反腐才能从根本上解决腐败问题。加快制定中国版的《反海外腐败法》,目前中国现有法律虽然规定了行贿外国公职人员罪和反腐败案的国际合作,但远远不能适应中国对外投资防范腐败风险的需要。应当制定专门完整的反海外腐败法律,更好地承担《联合国反腐败公约》成员义务。[1]《反海外腐败法》应当包括跨国腐败定义和预防机制、定罪和执法机制、资产追回机制、实施机制、国际合作机制等五大机制。鉴于立法时间较长,可先制定《海外投资腐败管理办法》,明确行贿的主体范围、管辖权、引渡、司法协助、财产追回办法、惩罚措施等内容。

(二) 从源头治理商业腐败

找准腐败源头,从侧重遏制到重在治本,要从源头上全力防治腐败。[2] 从行贿者开始,从会计条款、内部控制、合规程序入手,严防公司及高管行贿和受贿。完善的内控机制还可以成为企业应对美、英及国际组织的反腐执法的合理抗辩的依据。应当考虑东道国的腐败程度,选择不同的投资模式,在腐败程度较高的国家应选择与本地企业合资的模式才能更有效地保护投资者利益,规避东道国腐败的商业环境带来的损失。

---

[1] 刘翔峰:《借鉴国际经验加强"一带一路"腐败风险治理》,《全球化》2018年第6期,第47页。

[2] 王晓达:《提前预控廉洁风险源头防范治理腐败》,《现代国企研究》2018年第18期,第212页。

在借鉴各国机构及企业在反贿赂、反腐败方面先进经验的基础上，为中国企业反腐提供标准化管理的一系列措施，将标准化的手段引入到预防贿赂的犯罪中，使企业对贿赂行为的监管具有可测量性，有利于企业间反贿赂认证体系的形成，帮助企业预防管控商业贿赂行为，落实对腐败的"零容忍、零漏洞"原则，健全拒绝腐败机制，消除腐败源头。

（三）建立"一带一路"腐败监测指数

构建"一带一路"腐败风险评估框架，可以包括国别腐败评估、行业腐败风险、重大项目腐败风险评估等三项评估内容。"一带一路"腐败监测指数可以包括两个监测指标体系，一个是基于企业调查报告和专家评价构建的主观腐败指数，另一个是基于腐败统计数据构建的客观腐败指数，将两者结合，创建有中国特色的、真实可信、具有连续性和稳定性的"一带一路"腐败监测体系。

关注腐败高发地区，分步推进"一带一路"跨国反腐合作。建议中国应重点与投资存量前15位的国家（投资存量占比90%）建立双边反腐合作关系，逐步扩充到上述的35个国家，最后扩展到所有共建国家；加强双边反腐机构合作，及时监测和评估这些国家和投资企业的商业腐败状况和反腐工作，改善投资营商环境，建立腐败风险治理机制；使中国方案成为"一带一路"反腐的重要组成部分，推动反腐合作向纵深发展。

（四）建立"一带一路"反腐治理机制

为维护"一带一路"沿线各国的贸易和投资活动的公平竞争秩序，维护资本输出国和输入国的共同利益，中国应联合"一带一路"共建国家制定《反腐败公约》，进行区域联合反腐，彰显打击一切领域内的腐败现象的决心，从根本上扭转"一带一路"沿线区域腐败高发的局面。通过引渡、司法协助、追回腐败所得等手段，消除腐败避风港。全力推动预防、调查、起诉和惩治腐败犯罪的国际合作。鼓励中国与沿线各国在适当情况下签署、缔结双边引渡条约和司法协助协定，并效法成功范式推进双边和多边反腐败执法合作。

应对美国海外反腐败执法，增加合同保护条款。评估美英的域外管辖权，加强项目尽职调查。美国《反海外腐败法》存在"承继者责任"，即如果被收购方在并购前有违反《反海外腐败法》或其他相关法律的行为，相应的法律责任将由收购方继受承担，因此要做好并购/投资前的尽职调查，分析判断是否存在潜在的法律风险。增加合同保护条款，中国企业开展相关投资活动的相关投资交易文件应加入反腐败与合规条款。其中，应要求交易对象做出合规陈述与保证，赋予中国企业对合作方进行审计的权利；应添加若对方违反相关条款应对中国企业承担赔偿责任的条款。建立内部合规程序，根据《反海外腐败法实施指南》的内容，美国当局在查处违反《反海外腐败法》的行为时会考虑企业是否建立了良好的内部合规程序，从而决定是否减轻甚至免除企业责任而仅追究直接违法个人。企业应设计并提供具有针对性的培训内容，加强合规培训，不定期更新培训内容。扩展中国的域外管辖权。根据《联合国反腐败公约》的规定，中国也可以积极扩展海外投资反腐管辖权，考虑与中国企业有关联的对贿赂外国公职人员或国际组织官员的管辖权的扩张，也应主张和实行对外国公职人员或国际组织官员受贿罪的管辖权。

总之，应牢固树立将"一带一路"建设成廉洁之路的理念，通过对外反腐败立法来加强"一带一路"项目中对外投资的腐败治理，规范对外投资秩序，从源头上预防腐败，规范企业海外经营行为，指导预防和妥善应对跨国商业贿赂风险。实行制度反腐，彻底改善中国企业"走出去"的商业文化。

思想与社会

韩国人口结构变化与高龄人口就业促进政策[*]

李雪威[**]

摘　要　随着人口不断高龄化，韩国正从高龄化社会步入高龄社会，即将面临劳动年龄人口减少的危机。为延缓这一危机的到来，韩国政府将促进高龄人口就业作为应对方案之一。近年来，韩国高龄人口就业呈上升趋势，韩国政府、企业、家庭都存在高龄人口就业的需求，高龄人口自身的就业意愿也有所增强。为促进高龄人口就业，韩国政府采取了一系列具体措施：依法给予高龄人口平等就业的权益，避免出现高龄人口就业歧视；为企业和高龄就业人口提供就业援助金服务；增设职业生涯规划服务，构建终生教育培训体制，帮助高龄人口学习新的知识技能，提升职业适应性；打造高龄人口亲和型的就业市场；创造高龄人口就业的便利条件，为具有工作意愿和工作能力的高龄人口提供广阔的就业机会和发展平台。

关键词　韩国　人口结构　高龄人口　就业政策

---

[*] 本文为国家社科基金重大项目"东北亚命运共同体构建：中国的思想引领与行动"（项目编号：18ZDA129）成果。

[**] 李雪威，山东大学东北亚学院教授。

近年来，韩国人口高龄化持续加速，在经济合作与发展组织（经合组织，OECD）国家中，韩国是低出生率和平均寿命延长数值增长最快的国家。据韩国统计厅的人口预测显示，2000年，韩国65岁以上人口占韩国总人口的7.22%，已经步入高龄化社会。2017年，韩国65岁以上人口占总人口的13.8%，2018年将达到14.3%，步入高龄社会。如果以韩国居民登记注册人口为基准，2017年65岁以上人口占总人口的14.02%，韩国人口结构已出现重大变化，提前一年步入高龄社会。2026年前后，韩国65岁以上人口将超过韩国总人口的20%（约占21.1%），步入超高龄社会。韩国从高龄社会到超高龄社会仅用不到十年时间，将是经合组织国家中最快进入超高龄社会的国家。2017年，韩国劳动年龄人口占总人口的比重为73.1%，此后开始逐年呈下降趋势。总和生育率也创近年新低，下降至1.05人。韩国在经济高度增长时期涌现出大量优质劳动力，对经济发展起到积极作用。但目前韩国人口增长缓慢，劳动年龄人口面临短缺的危机，将对韩国经济、社会产生很大的负面冲击，韩国政府缓解劳动力短缺的方案之一就是促进高龄人口就业。

早在20世纪90年代，韩国政府就开始关注高龄人口就业问题。近年来，为进一步缓解劳动年龄人口减少和步入高龄社会的双重冲击，韩国政府采取多项具体措施推动高龄人口就业。在政府的长期推动下，韩国就业市场年龄结构已逐渐发生变化，高龄人口就业比率呈现上升趋势。据韩国统计厅2017年高龄人口就业动向数据统计，55—64岁人口的就业率持续增长，2003年为57.8%，2009年为60.4%，2016年为66.1%。特别是从1997年至2016年的高龄人口就业率来看，1998年至2010年约13年间，高龄人口就业率为2.1%；而在2011年至2016年的5—6年间，高龄人口就业率迅速增加至5.2%。目前，我国人口结构正呈现出高龄人口比重增加和劳动年龄人口减少的趋势，韩国促进高龄人口就业的一些做法值得我们借鉴。

一、韩国人口结构变化及其影响

（一）韩国人口结构变化

目前，韩国人口结构处在新的变化时期，正在从高龄化社会步入高龄社会，高龄化程度日渐加深，主要表现在以下几个方面。

1. 人口数量与人口增长率总体呈下降趋势

如表1所示，据韩国统计厅未来人口预测，2015年，韩国总人口为5101.5万人，人口增长率为0.53%。此后，人口增长率持续下降，2065年将至-1.03%。2030年左右，韩国人口总量将达到最高值，此后，开始呈下降趋势，2065年减少至4302.4万人，与1991年的总人口数量4329.6万人相近。0—14岁和15—64岁年龄段的人口均呈持续减少趋势，0—14岁人口所占比重从2015年的13.8%减少至2065年的9.6%；15—64岁人口所占比重从2015年的73.4%减少至2065年的47.9%。而65岁以上人口数量迅速增加，所占比重从2015年的12.8%增加至2065年的42.5%。80岁以上人口2015年至2065年增长5倍多，2015年所占比重为2.6%，2065年增至19.2%。[①]

从统计数据来看，韩国人口减少速度和高龄化速度远远超过经合组织国家。从2017年至2037年，经合组织国家人口年均增长率为7.5%，韩国仅为1.3%；经合组织国家0—14岁人口增长率为-2.7%，韩国为-11.5%；经合组织国家15—64岁人口增长率为-0.1%，韩国为-18.9%；

---

① 韩国统计厅：《未来人口预测：2015—2065》，2016年，http://kostat.go.kr/wnsearch/search.jsp。

经合组织国家 65 岁以上人口增长率为 47.4%，韩国为 118.6%。与经合组织其他主要国家相比，韩国人口减少速度也是最快的。从 2015 年至 2020 年，韩国人口增长率为 0.4%，同期，日本和德国已出现负增长，分别为 -0.2% 和 -0.1%。但从 2035 年至 2040 年，韩国人口增长率将迅速降至 -0.2%，同期，日本和德国则缓慢下降，分别降至 -0.6% 和 -0.3%。2060 年至 2065 年，日本人口增长率保持不变 -0.6%，德国降至 -0.4%，韩国则将骤降至 -1%。①

表 1　韩国人口变化趋势（2015—2065）　　　　单位：万人;%

年份	总人口	人口增长率	0—14 岁	15—64 岁	65 岁以上	80 岁以上	老年赡养比	高龄化指数
2015	5101.5	0.53	13.8	73.4	12.8	2.6	17.5	93.1
2016	5124.6	0.45	13.4	73.4	13.2	2.8	18.0	98.6
2017	5144.6	0.39	13.1	73.1	13.8	3.0	18.8	104.8
2018	5163.5	0.37	12.9	72.8	14.3	3.2	19.6	110.5
2019	5188.3	0.34	12.8	72.4	14.8	3.4	20.5	116.4
2020	5197.4	0.31	12.8	71.2	15.6	3.6	21.8	123.7
2030	5294.1	0.07	11.5	64.0	24.5	5.7	38.2	212.1
2040	5219.8	-0.32	10.8	56.4	32.8	9.9	58.2	303.2
2050	4943.3	-0.72	9.5	52.4	38.1	15.1	72.6	399.0
2060	4524.6	-0.97	9.4	49.6	41.0	18.1	82.6	434.6
2065	4302.4	-1.03	9.6	47.9	42.5	19.2	88.6	442.3

资料来源：韩国统计厅：《未来人口预测：2015—2065》，2016 年。

2. 低出生率和预期寿命延长加深了韩国社会的高龄化

韩国育龄女性人口减少和晚婚、不婚者的增多是造成低出生率的直接原因。2004 年，韩国 20—39 岁女性人口占总人口的 16.9%，65 岁以上

---

① UN. *World Population Prospects: The 2015 Revision*, https://population.un.org/wpp/Publications/Files/Key_Findings_WPP_2015.pdf.

人口占总人口的 8.3%，二者相差一倍。2015 年，20—39 岁女性人口占总人口比重减少至 13.4%，65 岁以上人口所占比重增加至 13.1%。[①] 2015 年，韩国女性平均初婚年龄为 30 岁，生育年龄为 32.2 岁，出生率为 1.24 人，大大低于世界平均 2.51 人的水平。2016 年，韩国总和生育率为 1.17 人，2017 年降至 1.05 人。韩国政府很重视提高人口生育率，预计在政府的积极推动之下，2050 年将会增加至 1.60 人，但与法国 1.96 人和美国 1.92 人相比（如表 2 所示），仍处于非常低的水平。2015 年，韩国平均预期寿命为 82.1 岁，预计 2030 年将增加至 85.2 岁，2065 年增加至 90 岁。低出生率和高预期寿命促使韩国社会高龄化加速。韩国高龄化指数呈跳跃式增长，2015 年为 93.1%，预计 2065 年将达到 442.3%，在 50 年的时间里将增长近 5 倍。65 岁以上人口也将出现不同的变化趋势，据统计厅未来人口统计和预测可知，1990 年，65—69 岁人口占高龄人口的 41%，70—79 岁人口占 45.2%，80 岁以上人口占 13.8%；2017 年 65—69 岁人口下降至 32.4%，70—79 岁人口略增加至 46%，80 岁以上人口直线上升，增长至 21.7%；预计 2060 年，65—69 岁人口和 70—79 岁人口将分别降至 19.5% 和 36.2%，80 岁以上人口则将上升至 44.3%。

表 2　经合组织主要国家总和生育率　　　　　单位：%

年份区间	世界	韩国	日本	美国	加拿大	英国	法国	德国	澳大利亚
2005—2010	2.56	1.23	1.34	2.06	1.64	1.88	1.97	1.36	1.95
2010—2015	2.51	1.26	1.40	1.89	1.61	1.92	2.00	1.39	1.92
2015—2020	2.47	1.33	1.46	1.90	1.56	1.91	1.99	1.44	1.86
2025—2030	2.38	1.45	1.57	1.91	1.58	1.90	1.98	1.51	1.81
2045—2050	2.25	1.60	1.69	1.92	1.67	1.89	1.96	1.62	1.78

资料来源：UN, *World Population Prospects: The 2015 Revision*。

---

① 韩国雇佣信息院：《关于韩国地方消亡的七种分析》，2016 年，https://www.keis.or.kr/main/index.do。

3. 劳动年龄人口开始减少

2015年，韩国15—64岁劳动年龄人口为3744.4万人，2016年为3762.7万人，均占总人口的73.4%。2017年，韩国15—64岁劳动年龄人口为3762万人，占总人口的73.1%。此后，劳动年龄人口占总人口的比重将逐年呈下降趋势，预计2065年只占总人口的47.9%（2062万人），比2016年减少45.2%。在15—64岁劳动年龄人口中，25—49岁人口是国家经济发展的中坚力量。如表3所示，2015年，25—49岁人口占劳动年龄人口的52.8%，2050年将降至44.7%，2065年将略有回升，增加至49.3%，但仍未恢复到2015年的水平。与之相反，2015年，50—64岁人口占劳动年龄人口的29.2%，2050年将增至40%，此后略有下降，2065年将降至36%，但仍明显高于2015年的水平。这表明未来50年韩国将面临劳动力供应缺口扩大的局面。

0—14岁少儿人口2015年为703万人，所占比重为13.8%，2018年为668.1万人，所占比重为12.9%，2065年将为413.2万人，所占比重为9.6%，劳动年龄人口的后备力量也呈减少趋势。[①] 随着人口高龄化、劳动年龄人口和少儿人口比重减少，赡养高龄人口的负担不断加重，2010年老年赡养费比是14.8%，2015年为17.5%，2016年为18%，2017年为18.8%，预计2065年将增至88.6%。随着人口高龄化的快速发展，韩国劳动年龄人口数量将逐年减少，从长期来看，这不可避免地会对韩国劳动力的有效供给造成压力。

[①] 韩国统计厅：《未来人口预测：2015—2065》，2016年。http://kostat.go.kr/wnsearch/search.jsp。

表3 韩国劳动年龄人口变化趋势（2015—2065） 单位:%

年份	占总人口比重	15—24岁	25—49岁	50—64岁
2015	73.4	18.0	52.8	29.2
2020	71.7	15.6	51.2	33.3
2025	68.0	13.4	50.6	36.0
2030	64.0	13.5	49.7	36.8
2035	60.0	13.7	48.4	37.9
2040	56.4	13.8	49.0	37.2
2045	54.3	14.7	46.5	38.8
2050	52.4	15.3	44.7	40.0
2055	51.5	14.8	45.4	39.8
2060	49.6	14.5	47.8	37.7
2065	47.9	14.8	49.3	36.0

资料来源：韩国统计厅：《未来人口预测：2015—2065》，2016年。

（二）韩国人口结构变化对高龄人口就业的影响

韩国人口结构高龄化的加速推进对韩国社会产生深刻影响，政府财政负担加重，企业劳动年龄人口短缺，家庭养老模式改变，高龄人口贫困化加深，这一系列问题使高龄人口再就业问题越发引人关注。政府、企业、家庭对高龄人口再就业的需求迅速增长，高龄人口自身再就业的愿望也受到激发。

第一，对政府来说，高龄化的加深导致高龄人口医疗费、养老金等各种财政负担越来越重。据韩国健康保险审查评价院统计，2015年，韩国健康保险中医疗费为58万亿韩元，人均114.9万韩元。其中65岁以上人口的医疗费为21.4万亿韩元，人均343.3万韩元。2016年为64.7万亿韩元，比上年增加11.5%。人均医疗费为127.4万韩元，比上年增加

10.9%。其中65岁以上人口医疗费约为24.6万亿韩元，比上年增加15%，人均医疗费为381.1万韩元，比上年增加11%，是全国人均医疗费的3倍。① 为此，政府需要有工作能力的高龄人口继续发挥余热，创造社会财富，减轻财政负担。

第二，对企业来说，高龄化加剧企业劳动年龄人口短缺的危机。目前，韩国劳动年龄人口不断减少，但企业对高龄社会的应对存在滞后性。在机械化和外包服务盛行的当下，韩国企业尚未普遍意识到雇用高龄人口的重要性。大企业对高龄人口雇用比重较低，高龄人口的就业岗位多集中在中小企业，特别是中小制造业企业。尽管全球金融危机使人们再次认识到制造业的重要性，但青年人仍回避在中小制造企业就业，大量的岗位空缺需要技能熟练的高龄人口加以补充。人口高龄化的日渐深化，迫使企业对高龄人口的认识发生转变，从而缩短对高龄人口的潜在需求转化为现实需求的进程，加快高龄人口雇用常态化的步伐。

第三，对家庭来说，高龄化促使人们对父母的赡养义务所持态度发生变化，将会引起韩国社会家庭养老模式的改变。近年来，高龄化使韩国家庭赡养老人的负担不断增加，主张父母自己解决养老问题的人越来越多，2010年这一比率为18.4%，2012年为22.3%，2014年为23.8%，2016年为27.2%。以2016年为例，32.6%的人认为养老义务应当由家庭承担，其中60%的人认为应当由所有子女共同承担；32.6%的人认为应当由家庭和政府、社会共同承担；7.6%的人认为应当由政府和社会承担；但也有27.2%的人认为养老应当由父母自己解决。② 这意味着高龄人口很难完全依赖青年人和中年人，家庭养老模式已不能满足高龄人口的

---

① 韩国健康保险审查评价院：《2008—2016 诊疗费统计指标》，2017 年，http://www.hira.or.kr/main.do。

② 韩国统计厅：《社会调查报告书》，2016 年，http://kostat.go.kr/wnsearch/search.jsp。

养老需求。

第四，对高龄人口自身来说，高龄化会加深高龄人口的贫困化。韩国高龄人口贫困化是个不容忽视的问题。事实上，韩国退休人员的养老金额度并不高，约为50万韩元左右，还不能很好地满足退休之后的安稳生活。[①] 而且目前韩国离职年龄平均为49岁左右，提前离职的主要原因是企业、特别是大企业面对高龄社会的到来，危机意识不足，不愿承担高龄员工的费用，惯于通过内部机构调整，辞退高龄员工。这些离职人员未能按规定年龄退休，无法领取社会养老金，往往陷入经济困境。韩国保健社会研究院（2017）的调研结果表明，对于晚年生活，韩国高龄人口最担心的是生活贫困，其次是疾病困扰。[②] 高龄人口的养老金领取比率总体上呈上涨趋势，2016年至2017年，55—79岁人口领取养老金的比率从44.1%增加至45.3%，但仍有超过半数的人领不到，还需要子女供养。高龄人口为摆脱生活困境，提高自身生活水平，将会有意愿再次走上工作岗位，谋求自食其力。此外，在韩国政府的积极扶持之下，出于在工作中获得成就感、保持健康快乐等动机，有再就业意愿的高龄人口也在逐渐增多。

二、韩国高龄人口就业动向

韩国人口结构的变化对高龄人口就业产生深刻影响，政府和家庭都需要有工作能力的高龄人口通过就业减轻养老负担；部分企业虽然存在提前辞退高龄员工的现象，但面对劳动年龄人口逐年减少的趋势，企业

[①] 韩国健康保险审查评价院：《2008—2016诊疗费统计指标》，2017年，http://www.hira.or.kr/main.do。

[②] 韩国保健社会研究院：《超高龄社会后期老人生活政策援助方案研究》，2017年，https://www.kihasa.re.kr/。

不可避免地存在雇用高龄人口的现实需求；一些家庭希望高龄人口能够分担家庭日常开销；高龄人口为摆脱贫困、提高生活质量就业意愿也有所增强，上述因素促使高龄人口就业率稳步提升。

受到法律、社会观念、代际划分、企业状况等因素的影响，韩国对高龄人口的年龄界定有多种标准：第一，《禁止雇佣中的年龄歧视及高龄者就业促进法》规定55岁以上为高龄者。第二，《禁止雇佣中的年龄歧视及高龄者就业促进法》规定的退休年龄为60岁以上。有人据此认为60岁以上为高龄者。第三，《老人福利法》规定的适用对象是65岁以上高龄者，高龄者就业帮扶对象也指65岁以上人口，也可根据某些就业岗位的特点将60—64岁的高龄者作为就业帮扶对象。第四，从经济活动人口的代际状况来看，韩国社会代际关系的两代，一个是指1971年以后出生的后冷战时期、信息化时代的一代，占总经济活动人口的50.38%；另一个是指1970年以前出生的产业化、民主化时期的一代（占总经济活动人口的41.87%）和殖民地、冷战时期的经历者（占总经济活动人口的7.75%），这两代人共占总经济活动人口的49.62%。高龄者是产业化、民主化时期出生的一代，即1970年之前的出生者。第五，韩国大企业管理人员平均晋升年龄节点是51岁以上，但高龄者的标准也会因为企业不同而存在差异，例如幼儿园教师41岁以上算是高龄者；疗养医师60岁以上算是高龄者，40岁属于年轻人；职业游戏选手平均年龄是22.48岁，30岁算是超高龄者；而在平均工作时间超过15年的造船业、重工业领域，30岁算是年轻人；等等。① 由此可见，韩国对高龄人口的年龄界定因对象年龄各项指标的性质与政策关注点不同、所规定的具体年龄范围也存在差异。但在探讨高龄人口就业问题时，普遍依据《禁止雇佣中的

---

① ［韩］金罗正：《人口高龄化和人力资源管理研究》，《人事组织研究》2017年第4期，第75页。

年龄歧视及高龄者就业促进法》的规定,即55岁以上为高龄人口。

据韩国统计厅调查显示,近年来,韩国55—79岁人口数量持续增长,就业人口数量缓慢上升。2015年为1180.7万人,2016年为1243.8万人,2017年为1292.9万人,比2016年增加了49.1万人,增长率为3.9%。在55—79岁人口中,经济活动人口和就业人口逐年增加。2015年,经济活动人口为654.2万人,就业人口637.6万人,55—79岁人口中就业人口占54%。2017年,经济活动人口为728.7万人,就业人口711.7万人,55—79岁人口中就业人口占55%。其中55—64岁人口、经济活动人口、就业人口均不断增加。2015年,55—64岁人口为658.2万人,经济活动人口454.1万人,就业人口441.3万人,55—79岁人口中就业人口占67%。2017年,55—64岁人口为735.4万人,经济活动人口515.7万人,就业人口503万人,55—79岁人口中就业人口占68.4%。[1]

从最长工作时间来看,2017年,55—64岁人口平均最长工作时间为15年零3.8个月,比2016年增加4.7个月,比2015年增加6.4个月。从各段工作时长所占比重来看,近年来,在55—64岁人口中,工作10—20年的人口所占比重最大,工作30年以上的人口所占比重最小,但工作30年以上的人口数量呈稳步增长态势。

从离职年龄来看,55—64岁人口平均离职年龄为49岁。离职的首要原因是事业不振、经营中断、休业或停业。其次是健康状况不好。再次是照顾家庭。最后是劝退、离休、裁员。到法定退休年龄正式退休的人口比重仅为8%。

从求职和就业经历来看,在55—79岁人口中,有就业经历者约占62%左右,此外,有求职经历者约占16%左右。以2017年为例,在55—

---

[1] 韩国统计厅:《各年龄群体经济活动状况》,2017年,http://kostat.go.kr/wnsearch/search.jsp。

79岁人口中,有就业经历的占61.7%,一次就业成功者占85.1%,二次就业成功者占8.4%,三次以上就业成功占6.4%。未就业者不就业的首要原因是健康问题,占37.7%,年龄问题占24.4%,家务多、家庭成员反对的占22.7%。与2016年5月相比,年龄问题下降1.6%,家务多、家庭成员反对上升的占1.2%,健康问题和不想工作都上升的0.6%。

从领取国家养老金情况来看,在55—79岁人口中,2017年,领取养老金的占45.3%,比2016年5月上升1.2%。月均领取额为52万韩元,比上年增加1万韩元。10万—25万韩元的养老金领取者占46.8%,25万—50万韩元占26.2%,50万—100万韩元占13.6%,150万以上占8.7%,100万—150万韩元占4%,10万韩元以下占0.7%。①

从是否有工作意愿来看,近年来有工作意愿的高龄人口逐步增加。在55—79岁人口中,2015年,有工作意愿的占61%,2016年略增至61.2%,2017年又比上年同期增加1.2%。期待劳动上限年龄平均为72岁,比经合组织国家平均高7—8岁。有意愿继续工作的理由占首位的是补贴生活费用,占58.3%;喜欢工作占34.4%;因为无聊占3.3%;因为社会需要占2.3%;保持健康占1.6%。从目前的工作状态来看,有92.1%的在职高龄人口有继续工作的意愿,有就业经验、尚未就业的占28.2%,没有工作经验的占4.8%。关于将来的工作模式,选择全日制的占64.5%,钟点工占35.5%,年龄越大的人越倾向于选择钟点工。②

从就业岗位选择标准来看,在55—79岁人口中,有意愿工作者在选择就业岗位时的首要标准是工作量和工作时间段,其次是收入水平。此外,长期工作的可能性、工作内容、与以往就业经历相关性也是很重要

---

① 韩国统计厅:《经济活动人口调查:青年与高龄群体附加调查结果》,各年度5月,http://kostat.go.kr/wnsearch/search.jsp。
② 韩国统计厅:《2017年高龄者统计》,2017年9月,http://kostat.go.kr/wnsearch/search.jsp。

的选择标准。从教育程度来看,中小学毕业者最关注工作量和工作时间段,高中毕业者最关注收入水平,大学以上毕业者最关注工作内容。学历越高的就业者越关注工作内容、与以往就业经历的相关性等因素。①

此外,从就业企业规模分布来看,高龄人口在不到5人的企业和10—29人的企业就业比重最高。从就业的产业分布来看,在55—79岁人口中,在矿业和制造业领域就业的最少,在服务业领域就业的最多。在服务业领域当中,事业服务业、个人服务业和公共服务业领域就业最多,其次是餐饮住宿业,再次是电气、运输、通信、金融业和建筑业。从就业职业分布来看,在55—79岁人口中,从事单纯劳动的人口最多,服务部门和销售部门人口增长速度最快。在55—64岁人口中,技术、机械、雕刻工作者增长最快,在65—79岁人口中,从事单纯劳动的人口增长最快。从职业能力开发培训来看,2017年,55—79岁人口的职业能力开发培训参与率为13.5%。他们参与职业培训的途径主要有企业提供培训(74.2%)和个人自我培训(22%),职业培训面临的最大困难是培训机构和培训课程不足。②

综上可知,近年来,韩国高龄人口的就业意愿逐步上升,平均最长工作时间经历了多年的缩短趋势后稳中有增。高龄人口倾向于选择弹性工作时间和与以往工作经历有相关性的就业岗位,年龄稍低的高龄者越来越重视需要特定技能的工作岗位,年龄稍长的高龄者则多选择从事技能要求不高的单纯劳动岗位。韩国50—59岁人口离职比重最高,平均离职年龄不到50岁,这表明韩国中高龄人口的就业稳定性有待提高,高龄人口的就业岗位多集中在中小企业,大企业对高龄人口雇用的比重较低。

---

① 韩国统计厅:《经济活动人口调查:青年与高龄群体附加调查结果》,各年度5月,http://kostat.go.kr/wnsearch/search.jsp。
② 韩国统计厅:《2017年5月经济活动人口调查:高龄群体附加调查结果》,2017年第7期,http://kostat.go.kr/wnsearch/search.jsp。

在职业培训方面,通常能够对员工进行职业培训的多是拥有一定实力的大企业,广大中小企业提供职业培训的能力不足;高龄人口也对职业培训的必要性缺乏足够的认识,企业和高龄群体对高龄社会的应对都存在滞后性。

三、韩国高龄人口就业促进政策

韩国政府在高龄人口就业问题上积极介入,统筹安排,旨在有效预防和减缓高龄社会带来的冲击,提高高龄人口的老年生活质量。1991年12月,韩国政府制定了《高龄者就业促进法》,1992年7月,《高龄者就业促进法》施行。2004年,韩国政府就设立了"高龄化与未来社会委员会",韩国就业劳动部(负责高龄人力银行)与健康福利部(负责高龄就业中心、高龄就业坊)具体负责高龄人口的就业问题。2007年,韩国政府对《高龄者就业促进法》及其实施令进行修订,规定50岁以上、55岁以下的人口为"准高龄者",55岁以上人口为"高龄者"。2008年,为避免高龄人口就业过程中的年龄歧视问题,韩国政府将《高龄者就业促进法》名称修改为《禁止雇佣中的年龄歧视及高龄者就业促进法》,禁止对高龄人口的年龄歧视,制定高龄人口在就业中遭受歧视后的救济制度。2012年,韩国雇佣劳动部在《禁止雇佣中的年龄歧视及高龄者就业促进法》部分修正案中,计划将50岁以上、65岁以下的人口称为"长年",用"长年层"一词代替"高龄者"。为促进高龄人口就业,韩国政府依法保障高龄人口就业时的平等地位,将退休年龄延长至60岁,加强对高龄人口就业的服务援助。为了鼓励企业雇用高龄者,韩国政府还引导企业实施工资封顶制、不断修订《就业保险法》和《就业保险法施行令》。

在政策规划方面,韩国政府先后制定了三个低生育、高龄社会基本计划。在第一次低生育、高龄社会基本计划（2006—2010）和第二次低生育、高龄社会基本计划（2011—2015）期间，尽管韩国政府做出了积极努力，但韩国社会的高龄化现象依然不容乐观。2016年，韩国政府又推出第三次低生育、高龄社会基本计划（2016—2020）。如果说第二次低生育、高龄社会基本计划着眼于老后所得保障，那么第三次低生育、高龄社会基本计划则重点强调对劳动力短缺危机的预先应对，扶持企业为高龄人口创造稳定的就业岗位，提升高龄人口就业综合服务。其具体政策如下：注重依法避免对高龄人口的就业歧视；提供就业援助金服务；增设职业生涯规划服务；构建终生教育培训体制；打造高龄人口亲和型就业市场；创造高龄人口就业的便利条件，在高龄化时代为具有工作意愿和工作能力的高龄人口提供广阔的就业机会和发展平台。

（一）保障高龄人口的平等就业权益

2016年9月，韩国雇佣劳动部公布了《禁止雇佣中的年龄歧视及高龄者就业促进法》部分修正案的立法草案，将"准高龄者"（50岁以上、55岁以下）和"高龄者"（55岁以上）的表述变更为"长年"。[①]"高龄者"一词给人以就业市场上"应该退休的人"或就业上需要受照顾的对象的感觉；而"长年"一词强调这些人具备社会经验和资历，是积极活跃在就业市场上的主体，韩国政府期望用这一改动修补"高龄者"一词所带来的负面认识。据韩国雇佣劳动部2016年10月统计，韩国就业市场实际平均退休年龄为72岁，男子为72.9岁，女子为70.6岁。有鉴于此，在2016年12月27日召开的国务会议上，韩国国会通过了立法草案，正式取消"准高龄者"和"高龄者"的表述，将"高龄者"一词变更为

[①] 韩国雇佣劳动部：《韩国雇佣劳动部公告第2016—298号》，2016年9月12日，http://www.moel.go.kr/index.do。

"长年"(55岁以上)。①

(二)提供多种就业援助金

为了加强员工就业稳定性、减轻企业负担,韩国政府为实行工资封顶制的员工提供工资补贴援助。2016年1月1日,《延长退休年龄法》开始正式生效,退休年龄由50岁延长至60岁。2016年开始,公共机关和300人以上工作单位实施60岁退休制,2017年开始,60岁退休制已扩大至300人以下的工作单位。55—60岁的企业员工工资每年会比封顶工资减少10%,政府会对这些员工的工资进行额度不等的补贴,补贴最高额度每人每年不超过1080万韩元,从2016年施行到2018年。从55岁工资开始减少以后,年薪超过7250万韩元的员工不在援助范围之内。这项补贴将支付至2018年12月31日。

为创造更多的就业机会,2017年,韩国雇佣劳动部为有意愿在中小企业就业的、职场经验丰富的高龄未就业者提供了就业援助金。政府为45岁以上未就业者提供在企业实习的机会,提升他们的就业信心和职场适应能力。对雇用45岁以上未就业者的5人以上规模的企业提供优先援助,对提供3个月实习机会的企业提供60万韩元/月的援助,正式录用后提供每人最高540万韩元(60万韩元/月,共6个月)的援助。对雇用60岁以上员工1年以上的企业每季度提供每人18万韩元的援助(要求企业雇用60岁以上员工数量占总员工数量的20%,大企业占10%)。要求企业60岁以上员工雇用率必须超过基准雇用率(1%—23%)。2017年,为了缓解企业的负担,保障高龄人口就业稳定,政府提出将60岁以上人口的雇佣延长援助金再延长3年,从之前援助到2017年延长至2020年。

---

① [韩]朴镇范:《取消"高龄者"的说法,55岁以上人口都称为"长年"》,《东亚日报》2016年12月27日。

政府计划2018年将投入援助金173亿韩元（1.8万多人），每季度每人18万韩元，但这一数字到2020年将提高至30万韩元。

为促进高龄人口就业稳定增长，改善高龄人口就业环境，韩国政府为企业在高龄者亲和设施和设备的安装、改善、替换、购买等方面的投入提供融资服务。企业贷款以10亿韩元为上限，3年保留，5年分期偿还，融资金额达到1亿韩元的企业需雇用1名高龄者。政府指定的融资银行为国民银行、产业银行、企业银行等16家银行，年利率为1%。[①]

（三）增设职业生涯规划服务

为支持高龄者再次成功就业，韩国政府从2015年开始进行相关制度准备，即对高龄在职者提供免费职业生涯规划服务。该服务项目实施的初期存在诸多不足之处。例如，服务对象主要集中于大企业的在职者，中小企业在职者的受惠依然不足；而且职业生涯规划服务实施范围较小，只提供给12个高龄就业岗位希望中心，尚未惠及其他地区；服务项目也过于单一化，主要以职业生活为中心，尚未均衡至闲暇生活、人际关系等其他领域。尽管如此，该项服务仍获得很高的满意度，高龄者对其需求也持续增加。

2017年3月，为了更好地帮助求职者规划职业生涯，提高职场工作能力，韩国雇佣劳动部进一步扩大了职业生涯规划服务范围，服务对象从在职者扩大至求职者，次数也从1次增加到3次。雇佣劳动部规定为40岁以上的求职者在其40岁、50岁、退休前后最少提供3次职业规划服务。政府向全国31个高龄就业岗位希望中心提供服务，高龄人口就业信息网也于2017年4月1日开始与专门工作网站www.work.go.kr合并运

---

① 韩国雇佣劳动部：《2017就业奖励金援助制度》，2017年3月21日，http://www.moel.go.kr/index.do。

营，高龄求职者如需要职业生涯规划服务可以先注册为网站会员，再进行服务申请。该网站还发布招工或求职公告、提供申请职业生涯规划服务计划（针对在职者提供的6—12个小时的服务计划、针对求职者提供的6—20个小时的服务计划）、再飞跃计划（针对求职者提供的20个小时的服务计划）、转岗学校计划（针对计划退休者提供的A—F六级服务计划）等各种服务，积极推动高龄人口就业服务的务实化。随着职业生涯规划服务机会的增多，参与的人数迅速增加，2016年申请职业生涯规划服务者约1万人，2017年增加至2万多人。①

（四）构建终生教育培训体制

以往韩国政府对高龄人口职业技能培训准备不足，企业受提前退休惯例的影响，对50岁以上在职者的教育培训不够，培训机构的职业培训对高龄者缺乏吸引力，高龄在职者和失业者的参与率都很低。随着年龄的增长，高龄人口的劳动技能水平越来越低，特别在第四次科技革命背景下，众多高龄者在信息和通信技术方面的能力亟待提高。韩国政府为提高高龄人口的职业技能，积极构建终生教育培训体制。

第一，支持企业制定按年龄分类的教育培训计划。即制定从劳动者步入职场到退出职场的系统的教育培训计划，鼓励和引导在职者通过学习不断提高职业技能熟练度。2017年向30个民间专门机构提供人力资源咨询，在韩国技术教育大学对企业人事负责人进行人力资源培训。政府对制定教育培训计划和展开职业培训的企业提供相应奖励。

第二，投资推动企业提高培训能力。政府支持企业对打算离职员工进行转职培训，向开展转职培训的企业提供培训费，发掘和推广优秀培

---

① 韩国雇佣劳动部：《中高龄者职业生涯规划服务援助》，2017年3月22日，http://www.moel.go.kr/index.do。

训模式。并将转职培训模式由企业自我培训模式扩大至委托培训机构培训模式，使自我培训能力不足的中小企业可以利用委托培训模式对员工进行培训，逐步扩大高龄人口参与职业技能培训的机会。

第三，激活劳动者主导型职业能力开发模式。政府针对因参与培训而减少工作时间者，推出明天学习卡制度，尽量将培训时间调整到周末，该卡的有效期也被延长至1年或3年。为了弥补工作时间缩短而减少的工资，政府设立了工作时间缩短援助金，还针对在就业中心申请工作时间缩短援助金者，提供自动链接职业培训指导咨询计划的服务，引导其参与职业培训。针对45岁以上求职补助金领取者，职业稳定机构负责人会积极指导其在新产业领域实现再就业，或通过全国17个创造经济革新中心进行创业援助。针对非正式员工等不能长期参与培训的弱势群体，提供培训延长补助金，促进其职业能力的提高。

此外，政府还设立针对高龄人口的特殊课程，将信息与通信技术学习课程模块化，普及标准应用程序，推动高龄者提高信息与通信技术能力。针对为50岁以上、工作超过10年的员工进行带薪休假培训的企业，政府向其提供培训费和培训讲师的劳务费。

（五）打造高龄人口亲和型就业市场

为应对高龄社会的到来，在企业层面，以中坚企业为中心，构建以岗位和业绩为主的企业文化，打造不计年龄按照能力获取工资待遇的、高龄人口与青壮年人口互融共生的工作场所，支持企业发掘适合高龄人口的业务。在产业层面，以产业、行业协会为主导打造无年龄歧视的工作场所，支持企业制定实施适合高龄人口的就业指南。此外，政府也引导和支持业绩和工资水平较高的企业实行工资封顶制，持续提供岗位工资改革咨询，引进符合企业特点的、以岗位和业绩为中心的工资制度。

扩大适合高龄人口的派遣就业机会。在基础产业领域,派遣就业年龄被放宽至 55 岁以上,以扩大高龄人口的就业机会。为提高高龄人口就业质量,政府强化派遣高龄人口的权益保护,扶持公益型高龄人口派遣企业。政府还支持高龄人口就业援助机构、社会企业、免费职业介绍所的希望机构向高龄人口派遣企业转变,并提供运营费、教育培训费等援助。

支持空缺岗位雇用高龄人口。如果中小制造业的空缺岗位雇用高龄人口,政府将每月补贴 60 万韩元的就业促进奖励金,引导企业缩小企业支付工资和求职者希望工资之间的差距,改善以高龄就业者为主的企业的劳动条件和工作环境。针对高龄人口低工资的比重较高的问题,政府强化对高龄人口就业较多的保安、运输业、保健和社会福利服务业等行业是否遵守劳动关系法的审查和指导,重点关注最低工资、周末休息日工资、加班补贴等的支付情况。此外,政府还支持企业购置高龄人口亲和设施(工作设备和装备等)的资金融入。

(六)创造高龄人口就业的便利条件

韩国政府为了增加高龄者的就业机会,积极支持劳动力的自由流动。首先,构建促进高龄人口就业组织机构。近年来,政府除了此前设立的就业劳动部和健康福利部负责高龄人口就业问题之外,还整合了提供高龄人口就业服务的多个机构,将高龄就业岗位希望中心、高龄人力银行、骨干专业人才就业援助中心等机构合并为高龄就业援助机构,构建一站式服务体系。其次,强化对有离职意愿者提供再就业援助,引导再就业援助服务民间市场的发展。目前,韩国就业市场变动性日渐增大,为适应离职或转职的需要,提高再就业援助服务的能力,韩国政府于 2017 年新设国家技术资格项目,开发"离职能力顾问"资格项目,修订国家技术资格法实施规则,引进并推动民间再就业援助服务优秀模式认证制,扩大高龄就业岗位希望中心提供的上门服务,帮助企业提升雇用能力。

第一,缩小就业援助服务盲区。增加就业成功全方位服务项目的年龄范围,从 64 岁以下延长至 69 岁;扩大 50—64 岁人口就业成功全方位服务项目的参与规模;针对早期有就业意愿者,最大限度缩短求职各阶段所需时间,强化对就业促进援助金、高龄就业援助金等的宣传介绍;针对有意愿提高能力者,保持、提高其职业能力,以免落后于经济数字化、技术高速发展等职场环境的变化。

第二,强化高龄人口就业安全服务。扩大雇用高龄人口较多的企业参加就业保险。在清洁、保安、护理等高龄人口就业较多的行业,查找未参加就业保险的企业,通过上门投保服务提高参保率。针对回避参加就业保险的企业,强化对其自觉改善工作条件等薄弱环节的集中查改。规定 65 岁以上人口在雇佣关系存续期间,即使企业负责人出现变更,仍可享受失业援助金。

第三,扩大高龄人口的就业岗位。以往高龄人口就业岗位大都是公益型岗位,因才就业的岗位不多。为帮助有劳动能力的高龄人口就业,有计划地扩大市场型高龄人口就业岗位的比重,社会贡献活动援助项目要与高龄人口就业岗位项目差别对待,尽可能充分利用高学历、熟练度高的高龄专门人才。政府还规定公共部门的清扫、保安等 47 种职业优先雇用中高龄人口,其雇用年龄从 50 岁扩大至 55 岁。

四、韩国高龄人口就业促进政策对中国的启示

截至 2017 年末,中国 60 周岁及以上人口为 24090 万人,占总人口的 17.3%(2014 年为 15.5%);其中 65 岁及以上人口为 15831 万人,占总

人口的 11.4%（2014 年为 10.1%），16—59 岁人口（含不满 60 周岁）90199 万人，占总人口的 64.9%（2014 年为 67%），可见，我国人口结构正呈现出高龄人口比重增加和劳动年龄人口减少的趋势。① 高龄人口就业是克服劳动年龄人口减少问题的主要途径之一。因此，借鉴韩国高龄人口就业促进政策的经验，中国可以从以下几个方面加以准备。

（一）增强对高龄人口就业重要性的认识

随着劳动年龄人口的减少，高龄人口就业将成为不可回避的问题。目前，中国对于高龄人口就业问题关注不足。从组织机构来看，中国负责就业的人力资源与社会保障部未设立高龄人口就业相关部门；负责老年人工作的老龄工作委员会及其下设的老龄办的工作重点主要在养老和福利方面，对于这一人群的就业问题也未给予足够关注。借鉴韩国的经验，中国可在人力资源与社会保障部设立管理高龄人口就业的专门机构，并建立负责具体事务的各级高龄就业援助机构。从法律制度来看，中国尚未制定保障高龄人口就业的法律制度体系，不能有效制止高龄人口就业中的年龄歧视问题。为此，中国可以借鉴韩国《禁止雇佣中的年龄歧视及高龄者就业促进法》制定的相关法律，针对高龄人口就业各项政策支持和年龄歧视作出明确规定。

（二）开展职业生涯规划和终生教育培训

在以人工智能、机器人技术等为主的第四次科技革命背景下，是否具备掌握新知识和新技术的信心与能力是高龄者就业所面临的一大挑战。目前，中国职场偏重对年轻人的职业技能培训和职业生涯规划，大多数

---

① 中国国家统计局：《2017 年国民经济和社会发展统计公报》，2018 年 2 月 28 日。

40多岁以上的在职者或求职者的职业发展开始遭遇瓶颈，五六十岁以上的高龄者则更加缺乏继续学习的动力和培训途径。目前中国服务于老年群体的老年大学是以增长知识、丰富生活、陶冶情操、促进健康、服务社会为目的，作为职场培训其专业针对性和强度仍显不足。可见，中国中老年人的职业生涯规划和终生教育培训存在很大的发展空间。借鉴韩国的经验，中国可以从政府、企业、民间组织等多个层面增设职业生涯规划服务，构建终生教育培训体制，促进高龄人口学习新的知识技能，提升高龄人口的职业适应性和竞争力。

（三）创造高龄人口就业的市场条件

目前，中国多数高龄人口在就业市场上的处境较为尴尬，或被视为年轻人的岗位竞争者而受到排斥，或被认为迟钝、僵化而受到企业的歧视。然而，高龄劳动者具有丰富的经验和技能，拥有良好的职业稳定性，承载着企业文化的沉淀与传递，多数企业往往会忽视高龄人口的这些优势，在招聘时设置年龄限制，减少了高龄人口的就业机会。为了更好地增加高龄人口就业，中国可以借鉴韩国的经验，构建忽略年龄而以岗位和业绩为主的企业文化，打造世代互融共生的工作环境，为企业和高龄就业人口提供就业援助金服务，化解企业因实行延迟退休而受到的冲击，引导再就业援助服务民间市场的发展，创造高龄人口就业的便利条件。通过促进高龄人口就业，缓解政府、社会和家庭的养老负担，提高高龄人口的生活质量，改善企业劳动年龄人口短缺问题，从而缓解高龄化长期持续产生的诸多负面影响。

（四）提供高龄人口就业资金支持

为解决日渐严重的人口高龄化和劳动年龄人口减少问题，中国正酝酿延迟退休方案。延迟退休方案延长了在职者的工作时间,但同时也增加了高龄者因竞争力不足而在退休前失业的风险。可见,落实延迟退休方案应以促进高龄人口就业为前提。目前,中国高龄人口的就业竞争力仍有待提高,还需强化针对高龄人口的职业能力培训,为此,政府应加大对高龄人口就业的资金援助力度。虽然企业为了赢取利益也对部分员工进行培训,但鉴于企业人员流动性大,培训任务繁重,培训经费不足,企业尚无力承担所有员工的培训。因此,中国可以借鉴韩国的经验,推行政府为主、企业为辅的援助模式,政府向求职者、企业以及相关就业援助机构提供必要的资金援助,提高高龄人口职业技能,优化高龄人口就业环境,打造高龄人口就业机会,构建高龄人口就业服务体系。

历史与文化

空间维度下《蜻蛉日记》叙事艺术研究*

楚永娟**

摘　要　空间作为叙事的基本要素,不仅指涉故事发生的一处或多处物理载体,还承载着社会、文化以及叙述主体的心理意象,包含超越人类一般经验的异界等虚幻空间。本文以日本平安朝时期女性日记文学的代表作《蜻蛉日记》为例,从故事中"我"的实体空间位移,以及梦境叙事所映射的心理空间两个层面探析了空间形态与叙事功能的关联。女方在自己家中等待男方造访的走婚制,以及一夫多妻的婚姻状态下,夫妻间感情距离的远近与空间距离成正比。当陷入与丈夫的感情危机而无助苦闷时,幽闭"家"中的"我"——藤原道纲母,只有通过不断外出参诣神社、拜访寺院来逃避"家"中的哀愁,试图通过寻求神灵相祐,祈求神佛在灵梦中给自己谕示。对梦境叙事态度的不同,映射了作者执笔时处于不同时间轴的不同心境历程。文本中人物的空间转换与流动推动着叙事的进展,与叙事时间和主题相映衬。

---

* 本文为山东省高等学校（人文社科）科研发展计划项目"日本日记文学的叙事艺术研究"（项目编号：J17RA049）的研究成果。
** 楚永娟,烟台大学外国语学院日语系副教授。

关键词 《蜻蛉日记》 空间 梦境 叙事

日本平安朝时期（794—1192），女性文学大放异彩，其中中下层贵族女性用假名描述自我心灵与人生百态的系列作品纷纷诞生，如《蜻蛉日记》《和泉式部日记》《紫式部日记》《更级日记》《赞岐典侍日记》等，被近代以来的学者称为"日记文学"。除却被誉为日记文学嚆矢的《土佐日记》是由男性作者纪贯之假托女性口吻所写外，其他皆出自真正的女性之手，故常在日本被称为"女流日记"，翻译成汉语通常为"女性日记文学"。日记文学不仅助推了日本女性文学的繁荣，在世界文学史上也显示了独特的存在。

"平安时期形成的日记文学，作为一种文学体裁，不同于通常所言的日记，指基于某个人一生或者特定阶段的人生经历，作者用来再建人生、表述内心的系列作品。"[①] 时间成为日记文学的必要要素，"日记文学是基于时间才得以成立的文学"，[②] 因此对《蜻蛉日记》为代表的日记文学中时间要素的研究成果较多。但是，对文本中同样重要的空间因素的却关注较少。故事的发生与发展，既离不开时间历程，又有自身固有的空间环境，空间的转换与变异也成为时间的标识物，时间与空间作为叙事的两个基本向度，互相渗透与影响。空间作为叙事的基本要素，不仅仅是故事发生的一处或多处物理载体，还承载着社会、文化、意识以及叙述主体的心理意象，以及超越人类一般经验的异界等虚幻空间。"空间叙事"包含文本的结构形式空间、文本中故事发生的实体空间、人物的想象空间等空间形态的叙事功能层面。"研究各类空间形态和叙事之间的关

[①] 木村正中『日本古典文学大辞典 第四卷』、東京：岩波書店、1986年、608頁。

[②] 石原昭平「日記文学における時間—日次と月次をめぐって」、『日本文学』、1977年11月、58頁。

系，探究各类空间之间的关系以及对艺术效果的影响，都属于空间叙事研究的范围。"①

本文选取被视为日本女性日记文学先锋与代表作的《蜻蛉日记》作为研究文本。作者藤原道纲母按照历法时间的线性序列，以生活中的日志、和歌、书信、旅行手记等为素材，以第一人称"我"的视角叙述了自己与丈夫藤原兼家 21 年的婚姻生活。"通过人物视角展现的故事空间，通常可以是真实空间，也可以是想象空间。"② 因此，本文接下来从"我"所处物质空间的转换以及心理空间中的梦境两大方面，探究在空间纬度下的人物活动、心理世界、意识形态等空间建构与主题生成之间的关联。从空间视角探讨"我"的生活轨迹与心像风景，既能为日记文学研究提供新的视角，深化其研究，又能丰富空间叙事学的研究个例。另外，《蜻蛉日记》为非虚构文学，对人物生活环境、梦境、心理世界的解析，还有助于我们了解千年前日本贵族女性的生存环境与自我成长，具有文学与史料价值。

一、物质空间的位移系心像

物质空间，也就是实体的地理空间，或称物理空间，是人类的生存之基，也是借以确认自我的第一空间维度。故事中的物质空间不仅为人物活动提供了必要的场所，又常与人物的心境相映照，也是投射人物心理活动、烘托人物形象、展开故事情节、揭示作品主旨的重要方式。笔者将《蜻蛉日记》中人物道纲母活动的不同时间段的主要实体空间整理

---

① 刘保庆：《空间叙事：空间与叙事的历史逻辑关系》，《云南社会科学》2017 年第 3 期，第 178 页。

② 申丹、王丽亚：《西方叙事学：经典与后经典》，北京：北京大学出版社 2010 年版，第 135 页。

如下。

表1 《蜻蛉日记》中道纲母的物质空间位移

时间段	主要居所	到神社与寺院的参拜	
天历八年（954）夏至康保四年（967）十一月	居于一条院的娘家	应和二年	七月，随兼家去某山寺避忌四十五日
		康保三年	九月，参诣稻荷神社、贺茂神社
康保四年十一月至安和二年（969）正月	搬至兼家邸附近	安和元年	九月初濑参拜（1次）
安和二年正月至六月	搬至离兼家邸稍远处	安和二年	
安和二年六月至天延元年（973）八月	搬回娘家旧宅（天禄二年三月末至五月，因避忌暂居父亲处；同年七月搬至斋戒的父亲处七八日；天禄三年九月，因避忌暂时搬至别处）	天禄元年	六月，前往唐崎参拜（2次）
			七月，前往石山参拜（3次）
		天禄二年	六月，鸣泷般若寺闭关修行（4次）
			七月，再度前往初濑参拜（5次）
		天禄三年	闰二月，前往贺茂神社
			三月，参拜清水寺
			四月，与别人参诣贺茂神社；前往知足院参拜
			十月，参拜常去的山寺
天延元年八月至天延二年（974）末	迁居至广幡中川一带	天延元年	冬天参拜某处
			十一月，参拜贺茂神社
		天延二年	二月，参拜某山寺
			五月，参诣稻荷神社

从上表可见道纲母的主要活动空间是位于平安京（日本的京都的古称）不同的家宅，同时又有多处参拜神社、寺院的"物诣"记载。其中

京外出行的有初濑两次、唐崎、石山各一次，以及平安京近郊的鸣泷般若寺、稻荷神社、清水寺、贺茂神社等寺社。彼时的平安京是日本文化的象征及繁荣之地，平安贵族居住在平安京，以宫廷或自家府邸庭院为活动中心。京郊外坐落着大大小小的寺院、神社，被排除在政治之外的贵族女性们在封闭的深宫帐帷内，赏景咏月、看书作歌、冥思遐想，她们只有偶尔外出参拜神社、寺院，才既能近距离接触大自然。《蜻蛉日记》中人物的行动基本遵循线性时间绘制行动地图实现空间转换，本文接下来探析时间的流动与空间的转换如何推动叙事的进展，与叙事时间、主题相映衬。

（一）距离相近下的幸福

在各式各样的建筑中，由于住宅与人的关系最为密切，所以常常成为叙事者用来表征人物形象的"空间意象"。不同于《紫式部日记》《和泉式部日记》《更级日记》《赞岐典侍日记》的作者那样或多或少有宫廷女房的任职经历，作者道纲母是完全没有宫廷供职经历的"家的女人"①。因此对大部分时间只能在帷幔遮掩下的房间里度过的道纲母而言，"家"是物质生活的据点、自己身心栖息的地方，也是痴痴等待心上人到来的寂寞空间。在男士晚上到妻妾处过夜的"通い婚"（走婚）婚姻状态下，拥有一处居所，对贵族女性的意义非同小可。道纲母却只能依仗自己的丈夫或者父亲，自始至终都没有属于自己的真正的"家"，居无定所。

表中出现的第一处居所，是道纲母位于一条院的娘家，同时也是道纲母婚姻开始的地方。从文本开端天历八年（954）夏，兼家派使者径自

---

① 菊田茂男「家の女—蜻蛉日記」、『国文学』、1975 年 12 月、65—72 頁。

来敲门送求婚之意的信件等多处叙述都可知，当时道纲母的住处为自己娘家。高群逸枝早在《招婿婚的研究》①一书中对日本平安时期的婚姻状态、府邸的居住及传承问题做了详细研究。他指出，10世纪初期至11世纪中期，日本通行"純婿取婚期"（纯纳婿婚），新郎前段时间可能会和妻子的父母一起生活，但女方一直不与丈夫的父母生活在一起，具有较强的母系家族制特征。因为当时贵族们的住宅被称为"寝殿造"的建筑样式，以面南的"寝殿"为正殿，面东西北设置配殿，所以能与丈夫同居北殿的女人成为正妻，称为"北の方"。《大镜》等文献中藤原兼家的第一位妻子即"元妻"——时姬为"北の方"，但是不意味着元妻一定是正妻。比如应和二年（962）六月称时姬为"通ひ所"（常去的地方），说明兼家对时姬也是走婚形式，后来才逐渐成为正妻。道纲母在康保三年（966）感慨自己十余年的婚姻生活时言道，"我一直依赖的父亲，这十几年作为地方国守四处任职，偶尔在京时，也是住在四五条周围，而我住在左近马场旁边，相隔甚远。现在的住处没人为我修缮，愈发荒凉。"②依据《和海抄》，"左近马场"在一条西洞院，故通常据此推测作者的府邸在此，也是其母春道女的住处，而四五条处则是其父藤原伦宁与正妻的本府所在。③

　　道纲母与兼家婚后经历过短暂的甜蜜，于翌年八月生下儿子道纲，而九月便发现了兼家写给其他女子的和歌，居于町小路的女人出现。兼家对"町小路女人"的移情别恋，虽然在当时一夫多妻的婚姻状态下属

---

① 高群逸枝『招婿婚の研究』、東京：講談社、1953年。
② 藤原道綱母『蜻蛉日記』（新編日本古典文学全集）、木村正中・伊牟田経久（校注）、東京：小学館、2000年、147頁。
③ 道纲母以及家人房屋的地理考证及传承问题不是本论的研究重点。可参考：服藤早苗『平安王朝社会のジェンダー』、東京：倉書房 2005年；加奈重文『平安文学の環境　後宮・俗信・地理Ⅲ編第一章「蜻蛉日記」の邸宅』、大阪：和泉書院、2008年等。

于正常，但却给"我"带来了莫大的痛苦，倍觉人生"はかない"（无依、不安、虚无）。天德元年（957）十月后，町小路女人失宠，"我"与兼家的关系有所升温。康保四年（967）十一月，兼家不断晋升，在自己的住宅附近为道纲母提供了一处合适的房子，并让其搬了过去。从后文可知，此处是道纲母一生中离兼家最近的居所，能够搬入丈夫提供的离自己府邸较近的住处，是丈夫对自己身份的认可，也是种荣耀，可以说道纲母当时成为正妻的希望很大，"接近于兼家夫人的生活"①。

在搬至兼家附近、与贵族高层交游等明快的记事之后，上卷安和元年（968）九月，文中出现第一次前往初濑参拜的有关"物诣"的记事。"这些年来有个夙愿，想设法去趟初濑。"②"夙愿"可能既指去初濑参拜本身，也指去初濑参拜以祈多生子女。因为九月份时姬与兼家所生的女儿超子，担任此次冷泉天皇大尝会被禊仪式的女御（妃嫔的一种，地位仅次于皇后与中宫）代理，所以兼家建议被禊仪式过后十月一同前去。道纲母表面装作不在乎，实际上内心是不平衡的，于是拒绝了兼家的邀请，决定暗自动身。或许因为是第一次参诣，得以从宫闱中解压，"我"的内心充满新奇感，接触到京城见不到的自然风景，亲身感受到和歌、屏风画、物语中出现的景物。返途中，兼家声势浩荡地特地迎接至宇治川，并受到权任要职的兼家叔父藤原师氏的盛情款待，在周围人的恭维声以及兼家爱的包围下返京。故此次的初濑之行，不同于下文为排解心情压抑、浸有悲情的纪行，被视为"幸福之记"③。

---

① 渡辺久寿「道綱母が兼家に最も近かった時―『蜻蛉日記』における「家移りと妻意識」」、『論集日記文学の地平』、東京：新典社、2000 年。
② 藤原道綱母『蜻蛉日記』（新編日本古典文学全集）、木村正中・伊牟田経久（校注）、東京：小学館、2000 年、158 頁。
③ 松原一義「蜻蛉日記の原初形態―『幸せの記』の想定」、『国語と国文学』、1976 年 8 月。

(二) 距离较远时的苦恼

但是安和二年（969）正月，道纲母的下人与元妻时姬的下人发生了冲突。"他（兼家）表面偏袒于我，觉得我甚是可怜。可我觉得原因在于住处离得太近，不该搬至他附近住，于是跟他商计搬家，最终在他的安置下搬至稍微远点儿的地方。"① 搬离更远处，其实意味着在与时姬的此次冲突中，"我"应该算是失败。尽管搬家后兼家特地声势浩大地频繁来访，其实更是源于对弱者的同情。同年六月，在兼家侍从的帮助下又搬回娘家旧宅，原因未叙。但是接下来的天禄元年（970）三月，未能如愿搬入东三条院的新建府邸，对"我"是个巨大打击。"最终搬入新宅与我无关，也是意料之中。转念一想，反正无论居于何处都一样，如此下去也极好。他违背诺言，却还若无其事，让我心灰意冷，断念后竟不再去争风吃醋，越发平静。"② 兼家曾口头约定将来接她入住东三条院的新建府邸，因此不免仍然抱有一线希望。虽知自己仅有一个儿子，而时姬有多位子女，而且其女儿超子已正式入宫成为天皇女御，时姬被迎入合情合理。希望破灭后，只能甘拜下风的道纲母对兼家死心，痛感人生不幸与悲苦。"作者道纲母不幸意识的背后，是现实中与时姬相比处于劣势，以及由此引发的挫败感。"③ 未被迎入新府邸成为正妻所引发的挫败感被认为是藤原道纲母执笔日记的契机，之后的叙事笔调也由明快转向哀愁。天禄元年（970）四月起，"我"与兼家"已有晚上三十余日，白日四十

---

① 藤原道綱母『蜻蛉日記』（新編日本古典文学全集）、木村正中・伊牟田経久（校注）、東京：小学館、2000 年、170 頁。

② 藤原道綱母『蜻蛉日記』（新編日本古典文学全集）、木村正中・伊牟田経久（校注）、東京：小学館、2000 年、187 頁。

③ 宮崎荘平「右大将道綱母論―『蜻蛉日記』の作者として―」、『女流日記文学講座』第二巻、東京：勉誠社、1990 年、302 頁。

余日未见",心中郁闷无法释怀。为了排解这种失落和郁闷,道纲母自天禄元年六月起频繁踏上旅途,开始了对家庭的回归与从苦恼中逃避的循环。伊藤博将道纲母天禄元年六月以后的记事整理为:家居记——唐崎祓——家居记——石山参拜——家居记——鸣泷般若寺隐居——家居记——再度参拜初濑——家居记(中卷末)。①

天禄元年六月,想"到个凉爽的地方,散心之余顺便祛祓,决定前往唐崎"。② 在自然风光的慰藉下,内心得到些许安慰与救济。正如文中所言,到了清水附近,"将手脚都浸到水中,不愉快的回忆都烟消云散,顿觉内心清爽"。③ 此行洗涤了内心的忧郁,一时间摆脱了世俗的羁绊。但因为兼家依然对自己淡漠,回家后日子又回到了日常的郁闷中。七月,听闻兼家又与新欢近江有意,于是,距离六月份的唐崎之行仅仅一个月,道纲母便再次前往石山寺。当时观音作为实现人们现世利益的佛而受到信奉,石山寺则是当时知名的观音道场。面对兼家新欢的出现,此次的石山寺参拜,道纲母完全没有了观赏自然的兴致。去的时候只带了少量随从便匆忙悄然出行,而且从"走る"(跑)、"步み"(走)等词中推测是徒步前行。"当时有种观点认为徒步参拜较有灵验",④ 道纲母可能希望徒步参拜所蕴含的虔诚能打动神灵,让灵验的观音赐福于她。踏入佛寺的神圣空间,意味着俗世空间的暂时中断,"我"做了第一个灵梦(本文将在"心理空间"部分详细解析梦境)。对当时的人来说,灵梦也是一种宗教体验,做了灵梦即意味着参拜修行的目的达到。返程路上的情景

---

① 伊藤博『蜻蛉日記研究序説』、東京:笠間書院、1976 年、73—74 頁。
② 藤原道綱母『蜻蛉日記』(新編日本古典文学全集)、木村正中・伊牟田経久(校注)、東京:小学館、2000 年、193 頁。
③ 藤原道綱母『蜻蛉日記』(新編日本古典文学全集)、木村正中・伊牟田経久(校注)、東京:小学館、2000 年、197 頁。
④ 増田繁夫『蜻蛉日記作者 右大将道綱母』、東京:新典社、1983 年、151 頁。

描写有着不同于来时的清新感,道纲母内心得到了净化。

石山参拜结束后,与兼家的关系并未迎来好转,道纲母又回到了哀怨的日常生活中。自天禄二年(971)元月起,听到兼家多次从自己家门前经过直接前往新欢近江的处所,道纲母受到了莫大的伤害,感到"碎心之痛"。当听闻兼家在近江处连过三夜后,道纲母再次流露出出家的意愿。"如果出家能够拯救我的内心的话,就去个世人不能轻易打扰的地方,自己也能离开俗世,落发为尼吧。"① 在重重压力下,道纲母于四月份起在父亲家开始长期斋戒,厌世并寻求菩提救济,期间两次经历灵梦。虽然身居俗世的家中,但这种虔诚的长期斋戒可视为对"圣"的世界的模仿。斋戒结束搬回自己家后,为了逃避兼家堂而皇之从自家门前过而不入带给自己的苦恼与烦闷,道纲母迫切地需要兼家不在场的空间疗伤,她决定前往常去的西山寺庙(鸣泷般若寺)闭关祈祷。前后 21 天的鸣泷般若寺闭关经历占据了中卷叙事的一半,可见这段经历对作者道纲的影响之大。

前往鸣泷般若寺途中的描述,字里行间都流露出"我"痛苦的心情。"以前与他因事一起经过此路。以前我生病的时候,大约也是这个季节,他三四天都未去朝廷,陪我在鸣泷居住,于是边流泪边走过这条曾经的路。"② 在"过去"与"现在"的对比中体味人生的凄凉。记忆涉及过去,与时间和空间都发生了关联。故地重游,此处相关的往事便在回忆中苏醒。对寺院的参拜原本是脱离日常生活进入"圣"的空间,但在鸣泷般若寺 21 天的闭关期间,世间传言道纲母出家,于是兼家、姨母、妹妹、藤原道隆(兼家与时姬的长子)、父亲等都以不同形式劝"我"下

---

① 藤原道綱母『蜻蛉日記』(新編日本古典文学全集)、木村正中・伊牟田経久(校注)、東京:小学館、2000 年、219 頁。

② 藤原道綱母『蜻蛉日記』(新編日本古典文学全集)、木村正中・伊牟田経久(校注)、東京:小学館、2000 年、228 頁。

山，将家的世俗性带到了非世俗的空间，已经从外部破坏了"圣"的时空。道纲母执意前往鸣泷般若寺，并非仅仅是为了在清净之地寻求佛祖的救济，"对道纲母来说类似一种赌注"①，也是对兼家与自己感情深度的试探。最终表面上是被兼家强行带下山，但道纲母意识到自己不能对兼家抱有过多的期待。假装出家也不能挽回兼家的心，只好任凭自我在命运之流中挣扎。因此鸣泷闭关祈祷的结束被认为是道纲母人生抵抗的失败。以鸣泷闭关修行为转折点，道纲母放弃了对兼家正妻身份的执着后，心境渐趋从容。同年七月，道纲母与父亲等诸多家人热热闹闹再次前往初濑参拜时，已经没有了初次参拜初濑时的落寞，也没有了石山与鸣泷般若寺之行的悲怆感和佛教意识，只是静静地回想过去，频用"有趣"（おかし）一词描述风景，并在中卷末的天禄二年末达到人生观照的透彻心境。

（三）距离相隔后的断念

与兼家的心理距离愈来愈远，最终在天延元年（973）八月，面对丈夫兼家的不可靠，"我"在父亲的建议下迁居至广幡中川一带父亲的府邸。广幡中川按文中描述，东边是片稻田，早晨河里雾气笼罩，是个风雅的地方。但如兼家所说，是"不便的地方"，伴随着地理空间的远离，道纲母与兼家的关系更加疏远了。后文中再无兼家来访的叙事，也就是到了"离床"（床離れ）分居的地步，宣告着夫妇关系的名存实亡。所谓"离床"分居，"通常是妻子觉察到丈夫逐渐不来自己处过夜时，妻子提出；即使夫妻间不再同床，但是还会有书信往来与生活上的帮助等，并非永不往来"②。自此以后，文中道纲母的"物诣"或者应他人所邀，

---

① 川村裕子『蜻蛉日記の表現と和歌』、東京：笠間書院、1998 年、53 頁。
② 柿本奨『蜻蛉日記全注釈 下巻』、東京：角川書店、1973 年、131 頁。

或者为养女之事，不再主动去求神灵相助挽回夫妻感情。去的也尽是近郊的稻荷、贺茂、清水以及一些未记名的山，经过不再被详叙。如天延元年冬天，应别人邀请前去参拜某神社的叙事，对殿堂上垂下的冰柱、吃冰柱的人的描写，充满了游玩的乐趣。可见"我"终于从婚姻的苦闷中走出，回归了"家"中平淡的日常生活。即使情意未尽，也只能心灰意冷。最终在天延二年（974）年末，《蜻蛉日记》在道纲母在京外的中川家等待宫中驱鬼仪式的人们来敲门时迎来了终章。

从上述居所的变迁可知，"我"同兼家的空间距离与两人的心理距离相系。兼家对"我"情浓意切时，"我"搬至离兼家较近的府邸，而且差点入住代表兼家正妻身份的东三条新府邸。而在感情出现隔阂时，便远离兼家的住处，而与兼家空间距离拉远的同时，又加深了感情距离的裂痕。作为兼家妻室之一的道纲母最终未能被迎入兼家府邸与夫同居，说明她的婚姻状态一直处于序文所言的"はかない"（缥缈、虚无）状态，与主题映衬。但她又无法完全舍弃俗世，于是通过不断外出参诣神社、拜访寺院，来逃避"家"中的哀愁，在与大自然观的照中短暂地舒缓身心，并试图寻求神灵相祐。在女性没有社会地位的时代，在一夫多妻与"访婚制"的婚姻状态中，"家"并不能为人带来稳定感，"我"难以摆脱不可靠与不安定感，因此冲淡了家园在通常意义上所代表的安全隐喻。外出参拜带来的短暂心灵安慰与在家中的郁闷反而形成悖论，营造了独有的情感空间。

二、梦境倾心语

叙事不仅离不开物质空间，也包含有意识或者无意识催生的虚化空间。在千年前的日本平安时代，梦被看作是神佛托梦谕示于己的途径和人神交流的神秘空间，寄托着人的愿望，是神圣、神秘与值得敬畏的。人们常常通过祈祷、斋戒、参拜等方式期望神佛托梦，以获得神灵与佛祖的启谕与点播。"神佛通过梦来传授旨意。作为获得神佛谕示的方法，只有梦是谁都可以采用的。"① 《蜻蛉日记》中也有多处描写了作者本人以及他人所做的数个灵梦。《蜻蛉日记》中包含"梦路"（夢路）、"解梦"（夢解き）等有关"梦"（夢）的词，前者出现24次，实际所做的梦10例（作者6例，他人4例），具体如下。

表2 《蜻蛉日记》的梦境一览表

序号	时间	做梦者	梦境情况
（1）	安和元年（968）五月	藤原登子（贞观殿的女官）	登子对道纲母说自己"做了不吉利的梦"，而且"频繁做不吉利的梦"，想找人解梦避祸。
（2）	天禄元年（970）七月	道纲母	石山寺的总管僧师将清水注入酒器中洒在"我"的右膝盖。
（3）	天禄二年（971）四月	道纲母	在父亲藤原伦宁家中长期斋戒时，梦见自己剪去了长发，并分开了额前的头发。
（4）	天禄二年（971）四月	道纲母	仍在父亲住处的斋戒期，梦（3）过去七八天后，梦见蛇在自己腹中蠕动，要吞食"我"的内脏，要想治退大蛇，需要向脸上浇水。
（5）	天禄三年（972）二月	石山寺的僧师	天禄元年七月石山参拜时，拜托替自己祈祷的石山寺僧师托人捎口信说："十五日晚上梦见夫人袖藏日月，将月踏脚下，日抱胸中。烦请询问下占梦人。"
（6）	天禄三年（972）二月	某人（通常解释为身边某侍女）	梦见所住府邸改成了四角门（此种门，大臣公卿的高官才能居住）。
（7）	天禄三年（972）二月	道纲母	梦见自己右脚底，突然被写了"大臣门"几个字，受惊而缩脚醒来。

---

① 森田兼吉『日記文学論叢』、東京：笠間書院、2006年、85頁。

续表

序号	时间	做梦者	梦境情况
(8)	天禄三年（972）七月	道纲母	梦见自己八月将死。
(9)	天禄三年（972）八月	兼家	十一日，兼家来信说自己"做了个不可思议的梦，总之去趟你那里"。但是梦的内容文中未体现，详情不明。
(10)	天延二年（974）二月	道纲母	"二月二十日左右，做了个梦。"缺少梦的后文，详情不明。

从上表可见，道纲母所做的梦，从时间上来说，未出现在上卷的十五年间，从内容上看，跟神灵、佛祖有关，没有丈夫、朋友、亲人等的出现，更多是睡眠时所做的灵梦。《蜻蛉日记》围绕"我"与兼家的情感主轴展开，也有苦念恋人而不得相见的时候，但是文中的散文与韵文部分都没有通过梦境向兼家诉说思念的叙事。只有天延元年八月，在父亲建议下搬至广幡中川后，道纲母哀叹"此后，连梦中都不得相见，此年已过"①。可见，此前多次与兼家在梦中相见，这也是符合常理的，但是却未记载。笔者认为，这是因为《蜻蛉日记》属于事后回忆，可能一方面缺少当时记录梦境的资料，另一方面作者执笔时觉得那些资料与作品的基调或者主题不符而有意略去。接下来，本文将结合文中有关梦的叙事出现的语境、时空来探析其折射出的作者的深层内心世界。

表2中梦（2）是对道纲母本人所做的梦的初次叙事。如前文所述，天禄元年，道纲母在听闻兼家与近江相好的苦恼状态下，七月份徒步前往石山，希望自己的虔诚能感动神灵赐福于她。道纲母在佛堂进行各种

---

① 藤原道綱母『蜻蛉日記』（新编日本古典文学全集）、木村正中・伊牟田経久（校注）、東京：小学館、2000年、318頁。

祈祷，哭至天明，黎明前小睡时，梦见这个寺里总掌寺务的法师，用铫子这种带长柄的斟酒器装满水，拿来浇到自己的右膝盖上。猛地醒来后，她"想到这应该是佛祖所示启谕，更受触动，不禁悲从心生"①。关于此梦日本学界有着诸多解读。川口久雄指出"想到这应该是佛祖所示启谕"，可见此梦与观音的灵验有关。他同时指出，总掌寺务的法师是男性形象，带柄的酒器是男性性器的物化，此梦暗示了道纲母的性压抑。② 冈一男从精神分析的角度将梦简单化，认为酒器形状以及水的出现乃为性的象征，此梦是道纲母性欲望被压抑后苦恼的典型体现。③ 河东仁认为，当时的人们相信参拜石山寺与长谷寺等观音灵验寺就会得到灵梦，从这种时代精神来看，只能解释成灵梦。④ 因为做梦时，道纲母与兼家已经长时间未见，将水与酒器解释为作者被压抑的性欲望，从现代精神分析的角度解读也可以理解。作者将此梦记录下来，是想倾诉自己的心声，毕竟当时的道纲母并未意识到这是性压抑使然。如道纲母自己所言，"想到这应该是佛祖所示启谕，更受触动，不禁悲从心生"。认为自己的虔诚终于打动了观音，在佛前得赐灵梦，给当时陷入苦恼与无助的"我"以极大的安慰。梦里总掌寺务法师的出现，是因为当时人们相信神佛是以僧侣的姿态出现在梦中。

石山参拜结束后，道纲母与兼家的关系并未迎来好转。面对兼家与近江感情的日益加深，在时姬面前也是甘拜下风，道纲母的痛苦与绝望在长期斋戒前可谓达到了作品中的顶点。她企图寻求菩提救济，并在父

---

① 藤原道綱母『蜻蛉日記』（新編日本古典文学全集）、木村正中・伊牟田経久（校注）、東京：小学館、2000 年、209 頁。
② 川口久雄「かげろふ日記評釈（十）」、『国文学 解釈と教材の研究』、1960 年 12 月、146 頁。
③ 岡一男『道綱母―蜻蛉日記芸術攷―』、東京：有精堂、1986 年、145 頁。
④ 河東仁『日本の夢信仰―宗教学から見た日本精神史―』、東京：玉川大学出版部、2002 年、111—112 頁。

亲处居住时的斋戒期间做了（3）与（4）两次灵梦。在父亲家斋戒的这段时间，"应该是道纲母宗教信仰的最高点"[1]。梦（3）是在斋戒持续了二十几日所做，她自我补充说，"不知此梦吉凶"。大约又过了七八天，梦见腹中有蛇后，再次补充"虽然不知梦的吉凶，暂且记下，留待了解我最终命运的人，来判断、印证梦与佛是否可信"。[2] 梦（3）一般解释为佛祖劝告道纲母削发为尼，出家修行。关于梦（4），川口久雄、[3] 冈一男[4]仍然从现代精神分析角度，将蛇、水视为男性性器异化的象征，认为该梦体现了道纲母性压抑的苦闷。品川和子、[5] 岩濑法云[6]则从佛教信仰的角度将蛇视为作者的苦恼，浇水为带有咒术性质的水疗法，被浇水治愈类似密教的醍醐灌顶，暗示道纲母要通过密教或者出家助其祛除执念。与性压抑相比，被灌顶的水治愈由蛇所代表的欲望带来的苦闷，可能更接近当时人物的感觉。因为这时平安时代贵族的佛教还是以天台宗和真言宗为代表的咒术佛教，追求现世安稳。道纲母所参拜的初濑、石山、鸣泷般若寺都是真言寺。梦（2）（3）（4）的体验都脱离了道纲母自己日常生活的"家"，在其看来，在进行佛教修行的场所具有神圣性，这样的时空下的梦自然也有灵验性。

对于作者"梦与佛是否可信"的叙述补充，西乡信纲[7]认为这表现了道纲母"对于梦的独特清醒态度"，意味着人们对梦深信不疑的神话时

---

[1] 小野村洋子「『蜻蛉日記』の宗教意識」、『一冊の講座 蜻蛉日記』、東京：有精堂、1981年、201頁。

[2] 藤原道綱母『蜻蛉日記』（新編日本古典文学全集）、木村正中・伊牟田経久（校注）、東京：小学館、2000年、223頁。

[3] 川口久雄校注『蜻蛉日記』（日本古典文学大系）、東京：岩波書店、1957年、347頁。

[4] 岡一男『道綱母—蜻蛉日記芸術攷—』、東京：有精堂、1986年、150頁。

[5] 品川和子「蜻蛉日記における仏教的周辺について」、『学苑』、1965年1月。转引自品川和子『蜻蛉日記の世界形成』、東京：武蔵野書院、1990年。

[6] 岩瀬法雲『源氏物語の仏教思想』、東京：笠間書院、1972年、223—224頁。

[7] 西卿信岡『古代人と夢』、東京：平凡社、1972年、199頁。

代已经结束,梦信仰在平安时期出现了重要转折。日本《古事记》(712年)《日本书纪》(720年)作品中出现的"梦"是无意识的,是人神交流的神秘空间,神托梦与人,人按旨行事,不违神意。到了平安时期,"人们对于梦的信仰态度,已经有别于神话时代对梦的那种深信不疑"。①但是笔者更倾向于从作者当时的心境来考虑。或许是因为石山参拜时的第一次灵梦并没有给自己带来命运的转机,因此,"我"再次经历灵梦时,已经没有了初次灵梦的感动与安慰。而叙述者"我"更是清楚,此梦以及其后的鸣泷般若寺修行都未曾挽回兼家的心,多年的四处参拜也没有为自己带来更多的子嗣,因此叙述者道纲母,也就是执笔时的作者道纲母对两个梦都只是淡淡地写到"不知吉凶"(悪し善しもえ知らず),记录此梦是为让知晓自己命运的后人评判。但经历灵梦时的"经验自我"或许还对神佛抱有一线希望,而且应该意识到此梦是劝其出家,因此道纲母随即前往鸣泷般若寺闭关修行。最后修行以失败而终,执笔时的叙述者道纲母也不愿承认。对梦的怀疑但更多体现了叙述者道纲母,也就是作者执笔时的心境,反映出其对自己的命运抱有一种绝望感。这三个灵梦都是发生在道纲母与兼家感情极度不和的时期,都是"我"内心无助时所得。当内心的苦闷减弱时,求道之心也随之减弱,因此到了下卷"我"的心态渐趋平和。

从《大镜》《今昔物语集》等诸多文学作品中可知,这一时期的人们普遍认为梦具有预言性,可以告知今世的凡事,诸如生男生女、自己何时死去等,甚至告知前世和来世。但是梦的预言大多数情况下都不以明确的形式出现,因此要想知道正确的旨意,需要求助于有某种灵验之力的解梦者解梦(夢合せ、夢解き)、占梦(夢占),才能得知梦的吉

---

① 陈燕:《藤原道纲母之梦信仰再考》,《日语学习与研究》2009年第5期,第95页。

凶，并设法化险为夷。《蜻蛉日记》中的梦（1），时任贞观殿"尚侍"（侍奉天皇的内侍司官职）的女官藤原登子，频繁得到不吉利的梦谕（夢のさとし）并为此苦恼，其试图通过方向避忌、寻求占梦者等方式避祸为安，可见时人对梦谕的敬畏。

到了下卷三天禄三年（972）二月，适逢有解梦的占卜师去自己住处，便将石山寺僧师所做的梦（5）、身边侍女所做的梦（6）、自己所做的梦（7）都请求占梦人评判。从梦的内容以及占梦者所言，通常将三个梦视为预示道纲将来前途无限的吉梦。虽然"我"觉得梦（5）的僧师特地派人说梦有点小题大做，甚至怀疑他在夸大其词，故也未特地请人占梦。但是假装当作别人的梦求助占梦师解梦时，"不出所料"（うべもなく）是预示家里有人将来能左右朝廷的吉梦。"不出所料"一词，透露出道纲母对此梦的吉利谕示也是有所预期。正如她本人所言"因为这个家族也是有这种可能性的，心中暗想或许我的独生子道纲将来能有意想不到的幸运"，[①] 并用接下来稀有的两人同梦来印证吉梦的可信性与可能性。毋庸置疑，在与兼家感情产生裂痕的时刻，预示儿子道纲美好前程的吉梦带给"我"莫大的安慰与支撑。可见，道纲母对佛与梦的态度存在理性，但并非完全不信。

天禄三年的梦（8）同样是有关梦示神谕的。道纲母七月份梦见自己将于下个月去世，因此在八月小心翼翼，谨言慎行，最终平安度过时不免感慨，"也许像我这样薄幸之人不会轻易死去，而那些幸运的人反而可能寿命不长"[②]。作者同样用了"不出所料"（うべもなく）一词来形容自己平安地过到九月，说明作者对预言自己将会死去的"神谕"（さと

[①] 藤原道綱母『蜻蛉日記』（新編日本古典文学全集）、木村正中・伊牟田経久（校注）、東京：小学館、2000 年、279 頁。

[②] 藤原道綱母『蜻蛉日記』（新編日本古典文学全集）、木村正中・伊牟田経久（校注）、東京：小学館、2000 年、308 頁。

し）并非完全相信。梦（10）是道纲母的梦，但是梦的内容与后文的叙述呈现断层，与梦（9）兼家的梦通常都被视为原文的文字脱落。大仓比吕志也提出了不同意见，"大胆推测下，此两处叙事，是因为叙述了道纲母满意的内容，或者道纲母执笔回想与兼家的关系时，觉得内容过于空洞而删去的呢"。①

作者道纲母对梦境的不同叙事态度反映了其不同时期的心境。在故事中，道纲母与丈夫感情稳定时，她无意神佛；当她与丈夫的感情开始有裂痕而无助苦闷时，她只好希望自己的虔诚感动神佛，在梦中给自己谕示。当她数度外出参拜修行，斋戒向佛，都依然挽救不了自己与丈夫的感情危机，不能如愿多生子嗣时，她对佛与灵梦的可靠性表示了怀疑，但是依然希望预示儿子道纲前途美好的吉梦能够成真。当道纲母对丈夫断念后，丈夫兼家、虔诚的参拜、灵梦等叙事逐渐从日记文本中消失，取而代之的是身边的自然、日益成人的儿子与养女，以及自己的人生感悟。道纲母只是在人生失意时才去向佛，追求的是现世幸福。当她觉得神佛也不能救助自己时，便逐渐把目光转向了现世的子女身上。也有着当时佛教信仰环境的不同。源信的《往生要集》被视为净土教思想基础，完成于宽和元年（985），晚于《蜻蛉日记》的最终天延二年（974）年。因此，视现世为秽土，追求极乐净土的净土宗，在《蜻蛉日记》时期尚未流行。道纲母向神佛倾诉现世的不幸，追求的是现世的利益，并非来世。她的现世利益就是兼家对自己的爱，当得不到满足时便向佛求助。平安中期以后，伴随着律令制国家的解体，社会的不安加深了人们的无常感，人们开始向往净土宗宣扬的极乐净土，祈祷临终前能有阿弥陀佛、观音、大势至诸菩萨将自己迎至净土。

---

① 大倉比呂志「『蜻蛉日記』の夢と信仰」、『日記文学講座』第二巻、東京：勉誠社、1990年、247 頁。

三、结　语

　　道纲母几经易宅也没能与兼家同居荣升为正妻，作为没有经济能力的女性，只有寄住在别人提供的家宅内，被动地等待丈夫的造访。而丈夫兼家造访的时断时续，感情的忽冷忽热，让"我"随着兼家的脚步一喜一忧，内心始终处于不安的状态。在出行极为不便的当时，道纲母前往寺院、神社的神圣空间参拜，不仅是散心之旅，更是为祈求神灵赐予子嗣，保佑夫妻恩爱，也是跳出日常生活得以自我观照的异质空间。她向神佛表心，即使流露出出家意愿，也并非真心欲皈依神佛追求来世，而只是将其当作夫妻感情僵滞期的清凉剂、内心痛苦的避难所，最终还是回归了家庭。旅行空间和梦境空间都是迥异于日常生活轨迹的异质空间，却有彼此呼应。正因为与日常生活的脱离，得以远距离更好地进行自我审视。空间架构承载着作者的情感体验，与叙事主题紧密相连。每次空间的变换都是道纲母对兼家爱的变相索求，是她为夫妻感情长存所作的努力，叙事的主线始终是道纲母与兼家的感情起伏。

学术信息

山东大学东北亚研究院访朝

2019年3月23—27日，应朝方邀请，山东大学东北亚研究中心代表团访问了朝鲜社会科学院和社会科学大学。双方探讨了合作与交流的相关事宜，并与金日成—金正日主义研究所、经济研究所、社会政治研究所的研究人员进行了广泛的学术交流。代表团还访问了金正淑纺织厂、平壤教员大学，并考察了与山东半岛最近的南浦经济开发区、西海匣门以及青山里农场。

山东大学国际问题研究院揭牌

2019年3月28日，山东大学国际问题研究院揭牌仪式暨百年大变局高端对话会在山东威海举行。山东大学校长樊丽明、威海市委副书记张宏伟、山东大学威海校区校长刘建亚、山东大学威海校区党工委书记尹作升等出席揭牌仪式。高端对话邀请了上海社会科学研究院前副院长黄仁伟，南京大学国际关系研究院院长朱锋教授、复旦大学国际问题研究院院长吴心伯教授、中国社会科学院学部委员潘家华、华侨大学国际关系学院院长林宏宇教授、《全球化》副总编辑王晓红研究员和山东大学经济学院张丽娟教授就"百年大变局"做主旨发言。山东大学人文社科一级教授张蕴岭担任研究院院长。

山东大学东北亚学院代表团访韩

2019年4月8—11日，威海校区党工委副书记、东北亚学院院长赵玉璞为团长的东北亚学院代表团访问庆熙大学和平福祉研究生院，正式签署两院之间的交流与合作备忘录。在韩期间，代表团与延世大学、庆熙大学、成均馆大学等就朝鲜半岛问题进行了学术交流，就未来双方机构间的交流与合作事宜进行了深入探讨。

"多学科视阈下的边疆历史"学术研讨会

2019年4月13日，"多学科视阈下的边疆历史"学术研讨会在东北亚学院召开，来自山东大学、中国社会科学院、复旦大学、吉林大学、中央民族大学、东北师范大学、长春师范大学、云南大学等专家就中国边疆历史问题进行了深入交流，探讨了新时代背景下中国边疆历史研究的价值和意义。

"多边贸易体系改革"专题会议

2019年4月21日，山东大学国际问题研究院与对外经济贸易大学中国世界贸易组织研究院联合举办"多边贸易体系改革"专题会议。来自山东大学、对外经济贸易大学、中国社会科学院、商务部研究院的专家与会。与会专家从世界贸易大趋势与多边贸易体系、中美贸易谈判与多边贸易体系改革、世界贸易组织与国有企业、世界贸易组织与国际投资规则、世界贸易组织争端解决机制改革、世界贸易组织与数字贸易规则等不同视角各抒己见，提出对策性建议。

"东北亚海洋命运共同体构建：机遇与挑战"专题会议

2019年5月21日，山东大学国际问题研究院海洋战略与发展研究中心举办"东北亚海洋命运共同体构建：机遇与挑战"专题会议。来自山东大学、自然资源部海洋发展战略研究所、海军研究院、上海国际问题研究院海洋和极地研究中心、中国太平洋学会海洋安全研究中心、中国海洋大学以及山东大学国际问题研究院的专家与会，与会专家就海洋命运共同体构建、东北亚海域争端与合作、东北亚海域新变化与中日海洋合作等问题进行了讨论，提出了对策性建议。

国外学者访问

2019年2—5月，多位国外专家学者访问东北亚学院。"东北亚学术讲坛"邀请韩国全南大学李腾渊教授主讲，日本九州大学益尾知佐子教授、韩国统一部前部长李钟奭教授、英国伯明翰大学尼古拉斯·豪斯伍德（Nicholas Horsewood）等访问东北亚学院，开展学术交流，商谈合作。

《东北亚地区关系概览》出版

2019年5月，由中国社会科学院学部委员、山东大学国际问题研究院院长张蕴岭教授与东北亚学院副院长毕颖达副教授主编的《东北亚地区关系概览》一书由世界知识出版社出版。本书是山东大学东北亚学院规划组织的"东北亚研究丛书"第一部,本书将作为东北亚学院国际政治学科教学参考书。《东北亚地区经济概览》《东北亚政治概览》《东北亚历史概览》等系列图书将陆续出版。